【第十七屆聯合盃全國作文大賽】

寫作力實踐

探索文字新風貌

目錄

第十七屆聯合盃全國作文大賽全國總決賽

高中職組

國中九年級組

國中八年級組

國中七年級組

國小高年級組

國小中年級組

第十七屆聯合盃全國作文大賽十四區初賽

各分區得獎名單

各分區得獎作品

縣市長序

以筆思考展現生活態度
大數據分析讓閱讀更適性

新北市長
侯友宜

聯合盃全國作文大賽新北市初賽邁入第十七屆，由新北市政府與聯合報連續多年共同辦理，今年共計六千五百八十六人參與新北市初賽、二百一十人進入全國總決賽，並有二十三位學子於決賽斬獲佳績，為全國得獎人數最多縣市。

自聯合盃全國作文大賽開辦以來，作文命題從傳統引導式寫作轉變，納入圖像、生活情境、圖表資料和媒體訊息等多元創意元素，近年貼合聯合國永續發展目標（SDGs），鼓勵學生連結各年齡層學生的生活經驗，藉由文字敘述自己的看法以及行動的力量。

第十七屆各組題目包含環境永續、海洋生態，性別之間的平權等議題，以「我想對鳥媽媽說」、「○○的獨白」、「親子之間」、「我對先入為主的看法」、「送上我的關懷」、「成為自己的英雄」等，連結各年齡層學生的生活經驗，敘寫平常生活中的觀察與體驗，進而培養獨立且全方位的思考能力。

寫作是多元能力展現，並非單純文字應用，背後隱藏邏輯思考、系統化、組織的能力，因此新北市一直很重視寫作能力。而寫作前提是需要大量閱讀，新北市在閱讀教育推廣著墨很多，透過寫作能夠讓學生將平時觀察、學習到的內容，有層次的思考並且加以表達，培養學生關鍵的核心競爭力。

另外為深化孩子寫作能力，新北市成立閱讀推動教師社群，從一一〇學年度起以永續發展指標（SDGs）為主軸發展課程模組，將於一一二學年度已完成十七項指標課程模組，讓學生學習觸角能夠更加廣泛而多元。此外，新北市持續以適性閱讀與圖書館智慧升級，引進大數據平臺，並結合跨領域議題，深耕孩子的閱讀興趣及能力。

閱讀教育一直是新北市最重要的政策之一，同時也是能培養孩子寫作能力的重要策略及途徑。新北市攜手國立臺灣師範大學推動智慧適性閱讀，透過適性測驗搭配圖書分級，讓教師落實差異化教學、學生能夠適性閱讀，進而達到拔尖扶弱的效果，讓孩子都能夠「智慧選、聰明讀」。

縣市長序

化想像為文字 在創作中豐富自我

桃園市長

桃園不僅是科技城市，也是注重人文素養的文化城市，市府傾力推動閱讀教育，並推廣寫作風氣，透過投稿者遍及海內外的國際性文學賽事「桃園鍾肇政文學獎」，以及國內同級賽事個別及總獎金最高的「全國高中生文學獎」等文學獎項，持續打造文學創作園地。

此外，閱讀可培養理解、反思及創作的能力，開拓寫作的視野，市府持續充實各圖書館學習資源及館藏，並先後推出「桃園閱讀節」、「閱讀存摺」服務等活動，鼓勵市民朋友以借閱圖書、參與講座等多元方式投入閱讀，享受閱讀樂趣，進而提升本市寫作風氣。

聯合盃全國作文大賽今年邁入第十七屆，作為全國具指標性的大型寫作賽事，長年來吸引各級學校的學生投入。今年桃園區亦有二千一百四十四名學生投入初賽，我對於聯合盃全國作文大賽長年支持教育議題，重視學生的書寫及創作能力，由衷感到佩服及感謝，比賽透過生活化的寫作題目，讓學生抒發情感、詮釋觀點，在提升學子的閱讀及寫作能力方面貢獻良多。

本屆聯合盃全國作文大賽國小中年級組第一名是我們桃園的孩子，西門國小的林千翔同學，他面對一幅黑色與白色筆尖相對、充滿對立感的圖片，化想像為文字，選擇以〈父子之間的激烈戰爭〉為題，描繪父子衝突的場景及其應對方式，字裡行間流露出的親情，得以感受到孩子的赤誠，以及透過文字傳達情感的卓越能力。

最後，我要恭喜所有從同儕間脫穎而出的得獎者，能創作出優秀的作品，而本次比賽只是一個里程碑，未來仍有許多創作機會，期待每位學子持續發揮想像力、提筆創作，源源不絕地產生更多獨一無二的作品。

縣市長序

寫出生命的力量與關懷

……

我們是空心人
我們是稻草人
彼此相靠著
頭顱塞滿了稻草。唉！
我們一起竊竊私語時，
我們的乾嗓子
寂靜且沒有意義
像乾草中的風

……

新竹縣長
楊文科

美國詩人湯瑪士・艾略特曾有《The Hollow Men》一詩，描述稻草人沒有心，它所有的動作都不是發自內心，而是外在力量所牽動，它的一舉一動都是沒有意義的。這首詩主要告訴我們，處於科技文明高度發展的都會社會，其實有很多是靈魂空虛的人，在快速的步伐裡，充滿著虛無和不安，藉此讓人們省思，忙碌的生活不是生命的落腳處，關懷周遭的人事物才是「活生生」之生命本質和生命情調，寫作亦應如此。

聯合盃全國作文大賽向來著重學生情意之感受、抒發及知性之詮釋、議論等能力，以此思維提升學生的寫作素養。學生不再為寫作而寫作，而是將自己置於生命的時間、空間脈絡之中，感知、覺知自己與自己、自己與他人、自己與社會，以及自己與大自然間，應該有的省察和關注，於是真誠寫出最具生命力，以及生命涵養的作品。

感謝聯合盃全國作文大賽以「一筆縱橫、啟動實踐，協作共融新視界」為主軸，一方面讓學子走進生命深處，進行生動又精彩的描寫；另一方面開啟寫作寬廣的天地，讓學子的寫作格局更有高度。以此觀之，甚幸也！

光彩來自文采

作文是表達的藝術，是表情達意的方式。文字如織錦，豐富而細膩地將心靈的波瀾、思想的結晶形塑成結晶，呈現在眼前。讓大家透過文字理解你、感受你，又或是串聯出一篇篇奇妙的篇章，成為心靈的鑰匙，跨越時空的藩籬，聯繫每一個人。

浩如繁星的歷史中，多少文人墨客用筆墨書寫著人世間的喜怒哀樂、悲歡離合，也將知識、文化與情感代代相傳，成為人類文明的瑰寶，更照亮了無數人的心靈與前行的道路。

文采的光芒不僅來自華美的辭藻、工整的對仗或優美的韻律，也不僅是以巨細靡遺的敘事寫實呈現眼前的景象，更重要的是情感與想像力，如同是作文的超能力，將「文字」提升成「力量」，轉化為人與人情感連結。

新竹市是傳統與現代並存共榮的城市，懷抱著舊城的人文美學，展現科學城的新風貌，在傳統與現代交織

新竹市長

高虹安

下的新風貌、新科技、新文化或新生活故事，這座城市隨風而動的底蘊及不斷向前的軌跡。感謝聯合盃全國作文大賽長期以來，推廣作文比賽不遺餘力，讓新竹市的學子們找到生命出口的成就，彷彿原本寂寂的世界，因為文采，而擁有了光彩。就像塵封已久的劇本遇到了一直等待著的導演。歌賦詩詞，經由自己的詮釋體悟，才成為真正存在的文字。

文采來自光彩，再次感謝新竹學子用獨一無二的光彩把這座我們深愛的城市照亮得更加美麗動人，讓城市的故事悠遠流傳。

縣市長序

聯合舞文藝 振筆展創意

臺中市長

盧秀燕

閱讀與寫作是我們生活中不可或缺的一部分。閱讀不僅是獲取知識、拓展視野的重要途徑，也是啟發創意和想像力的源泉；寫作則是一場充滿美妙的旅程，是探索自我、表達想法的重要方式。通過寫作，我們可以深入思考所閱讀的內容，整理自己的思緒，並將自己的想法和觀點傳達給他人。

臺中市政府十分重視孩童的教育，語文教育是各項學習的重要基礎。為扎根語文教育工作，臺中市政府每年挹注經費辦理語文競賽及推動閱讀教育，一一三年度教育總預算高達六百四十億元，教育預算占市府總預算比例蟬連六都之冠。在一一二年全國語文競賽中，臺中市共奪下七十二座特優，獲獎率近五成，自一〇九年起，臺中市已連續四年獲獎率全國居冠。

此外，在教育部一一三年評選全國閱讀績優學校團體及個人中，臺中市勇奪十四個獎項，獲獎數連續三年蟬連全國第一！根據國家圖書館於一一二年十二月發布的「一一一年學校圖書館閱讀風貌及閱讀力分析報告」，臺中市學校讀者借閱圖書次數平均每人九點九三冊，已連續兩年蟬連直轄市之首。

寫作不僅是一種表達方式，更是一個學習和成長的過程。感謝「聯合盃全國作文大賽」為學生提供關心國際與社會脈動，提升表達能力和思考能力，將心中的想法和感受化為文字，與世界分享的機會。

每一本書籍都是一座寶藏，蘊藏著無盡的智慧和靈感，讓我們在無窮的文字海洋中尋找探索未知的樂趣。本書收錄「第十七屆聯合盃全國作文大賽」的優秀得獎作品與學者專家的賞析點評，為學子提供寫作學習的觀摩與思辨，使寫作能力提升至新境界。期許學子們藉由享受閱讀和熱愛寫作，拓展思想的廣度與深度，進而奠定未來推動文化和社會進步的軟實力。

縣市長序

寫作——是生活的體驗，也是傳達

南投縣長

許淑華

閱讀是寫作的基礎，從生活體驗中，淬取各式的養分及經驗，進而揮灑筆墨，利用文字，傳達想法、達成溝通、成就文章。讓人與人之間，因為文字傳達，而了解且緊密。

南投縣政府長期推動「熊愛閱讀」閱讀護照計畫、世界書香日、親子共讀串聯活動等，也是希望鼓勵學生藉由閱讀，發揮想像力，進而獨立創作，以參與圖、文閱讀分享方式，倡導閱讀風氣，涵養人文精神，提昇道德品格，增進學生寫作思考能力。

縣府在「423世界閱讀日」，於縣內十三鄉鎮市公共圖書館，推動閱讀日系列活動，辦理形式多元豐富的閱讀活動，鼓勵民眾到公共圖書館，讀本好書、聽場座談會，重拾閱讀的快樂。

在這個競爭激烈、信息發達的時代，我們更應該重視青少年的文學創作。這不僅是對他們創造力的肯定，更是對他們未來發展的支持和鼓勵。希望能激勵更多的青少年投入到文學創作中，書寫出自己的夢想，用文字展示自己的才華。

欣聞「第十七屆聯合盃全國作文大賽」得獎作品即將成冊，學子們將各式生活體驗，透過筆尖傳遞成文，每一篇作文都是一個青少年心靈的寫照，是他們對世界的觀察、對生活的感悟、對未來的期許。在聯合報的比賽平臺上，上萬名學子以文會友、以筆交流，優秀作品更是成為新的閱讀養分，期許在各界的努力及推動下，讓我們的孩子有更好的閱讀經驗、寫作能力，培養未來的競爭實力。

縣市長序

揮灑想像，創造可能——寫作

雲林縣長

張麗善

寫作是一門藝術，不僅是一種表達自我的方式，更是一種探索世界的過程。每一篇文字的背後，都藏著一段獨特的經歷和感悟，讓我們能夠跨越時間和空間，與過去對話、與未來共鳴。因此，寫作可以記錄生活、體驗生命、表達思緒、闡述理想，無論是詩詞、小說或是散文等，都能展現人性的百態和內心的想法，讓我們的生活增添多元繽紛的色彩。德國文豪歌德曾經說過：「並非語言本身有多麼正確、有力，或者優美，而在於它所體現出來的思想的力量。」

我常在媒體平臺與民眾互動，藉由文字提出對公共事務的看法與建言，或是溝通說明政策理念，語言與文字的互動拉近我和民眾的距離，打造多元的對話空間，共同追求幸福安樂的日子！

因此，我們鼓勵孩子們打開五感，好好地體驗生活中的一切、生命中的分秒，用文字記錄點滴瞬間，將我們的夢想和期盼化為具體的文字，甚至在我們迷茫時指引前行的方向，因為在寫作的過程中可以教會孩子們如何在繁忙的生活中，靜下心傾聽自己內心的聲音，如何在喧囂中找到一片靜謐的天地。孩子們的每一篇文字都是心靈的寫照、情感的流露和智慧的結晶。

最後，以愛因斯坦的一句話來與大家共勉：「想像力比知識更重要，因為知識是有限的，而想像力概括著世界的一切。」讓我們一起在寫作中，盡情揮灑無窮想像力，創造出無限可能。

祝福孩子們在寫作的道路上，勇敢前行，創造更多動人、良善的篇章。

縣市長序

閱讀激發思考，寫作捕捉思路

嘉義市長

黃敏惠

人文是社會發展的核心，教育是國家競爭力的未來工程，透過閱讀，打開孩子學習大門，看見不同的世界。語言就是力量！讓人生有更多選擇，閱讀給你的力量，是開始踏足改變世界的一步。

作文涉及閱讀力、思考力、邏輯力，環環相扣，多讀、多想、多寫是學習作文的方式。多讀不只是閱讀書籍之外也要閱讀周遭、社會，這不僅是跨時空的情感交流，也要同時思考事件的發生，透過思考、邏輯論證，進而養成終身受用的閱讀寫作習慣，具備主動學習及批判思考的能力。

感謝聯合報系十七年來持續辦理聯合盃全國作文大賽，讓各縣市優秀的學子們得以登上全國決賽舞臺展現寫作實力與表達能力，互相切磋，彼此砥礪！從考題的設計更可看出主辦單位希望學生從日常生活中覺察生活的細節，透過觀察、傾聽自己及這個社會的聲音，才能將文章寫得更深刻，例如這次初賽作文題目「味蕾中的記憶」、「失眠」、「傳統與現代」等題目，都是很生活化的議題，就如同生活在嘉義市一樣，諸羅建城三百二十年嘉義市有豐厚文化底蘊，多閱讀書籍外，也要多閱讀這座城市，會發現在這座城市非常幸福。如我所言「嘉義市不缺少美，只缺少發現」。

嘉義市為了幫助學生培養閱讀寫作的興趣並提升認知理解能力，除了逐年增加學校及公共圖書資源，更積極建置學校社區共讀站、靜思書軒等，拉近人與圖書館的距離，共同打造優質的閱讀環境。語文是一切學科的基礎，從小打好作文的基礎，就像一座塔的塔基，它的每一個部分都應該扎扎實實，越發堆疊累積，才能體會這世界風景是如此神奇誘人。

縣市長序

臺南四〇〇，譜一段共融的府城之曲

寫作是感受流淌於文字符碼的展現，記錄著感知、也承載著文化歷史的翻騰融合。透過寫作，讓我們穿越古今，珍藏過去也同時開創未來。感謝聯合報十七年來辦理作文大賽，深化學生寫作表達能力，與本市推動教育的理念有志一同。

今年的主軸「一筆縱橫、啟動實踐，協作共融新視界」，因應教育改革，面對素養導向的趨勢，聯合盃的題目強調生活情境與思辨能力，國小組看圖寫作；國中、高中組皆透過不同的事件或案例，讓學生決定角色並參與其中，進而表達、詮釋與議論，均能有效促進學生核心素養的養成。

從本屆作品中可見學生們各自透過不同的筆觸，闡述自己對於未來的想像與期待。篇篇精彩的故事與文筆，讓我們看見未來臺灣的希望。現在是未來的過去，這些小作家們透過寫作記錄了歷史與文化，讓我們一同窺見精彩的過去，透過現在的視野產生共融的力量，交織了未來的美麗篇章。

臺南市長

黃偉哲

臺南這座蘊含豐富文史的古城，在臺灣文化史頁也有著豐富的貢獻。文獻上記錄的第一所學校是一六三六年臺南新港社的第一所基督教學校；接續著第一所官學「臺南孔廟」設立，奠定了臺南在教育文化上「全臺首學」的位置。過去數百年來歷經荷蘭、漢人、原住民族的文化共融，俯拾皆是的古今印記，交錯在臺南這座城市裡，處處是優雅而古樸的人文深蘊。我們期許學生們持續透過文字，傳遞感受與對世界的愛，勇於表達意見並能付諸實際行動。臺南四〇〇，邀請您一起來臺南，譜一段共融的府城之曲。

縣市長序

涵古納今，執筆表心

花蓮縣長
徐榛蔚

這執筆的慾望 究竟
從何而來？
為什麼 有人
有人還在燈下
還遲遲不肯離開

席慕蓉《執筆的慾望》2009.1.7

欣聞第十七屆聯合盃全國作文大賽圓滿落幕，不僅兩岸三地參加人數盛況空前，馬來西亞、新加坡學子們也躍躍欲試投身比賽，顯見新一代學子不僅博學多思，也渴望真實訴說，迫切分享腦海內各種精雕細琢的言詞。

我讀完總決賽六組第一名作品後卻也百感交集，總的來說篇篇精彩，結構完整，脈絡有跡可循，確實緊扣題旨，甚至有學生作品頗有張愛玲用字精準，風格強烈的張派風格，令人驚豔。

同時我也尋思，究竟前些日子課綱改變所引發的各種爭辯，是否也可以在新一代學子作品中瞧出一些端倪。其實文字之美在於我手寫我心的熱切，在於電光石火的心有靈犀那一瞬，在於詩人所闡述的那些執筆的慾望。但古文可以涵養意境，可以妝點詞藻豐富音節，甚至在邏輯上收穫出畫龍點睛之效！

花蓮縣政府積極推動讀經教育，透過閱讀經典讓學子們站在古聖先賢的肩膀上看得更高更遠，同時也培育學子正確人生觀，奠定重要的人格基礎。感謝縣內教育人員、教師們及花蓮縣讀經學會大力推動讀經，為校園注入一股聖賢清流，與經典同行，與聖賢為友，累積學子知能資本。讓其所作文章皆有所本，本於時代去蕪存菁之後留下來的文化瑰寶。

再次恭喜本次得獎及入圍的各位，期許各位繼續筆耕心田，守在燈下寫出屬於自己的歷史狂潮，開創AI時代的文學先機。也誠摯感謝聯合報始終秉持出版文學好書，孜孜矻矻為一代又一代的學子樹幟文學楷模，維持我們華人文學視野的高標準。

縣市長序

啟動閱讀興趣 展現寫作力量

宜蘭縣長

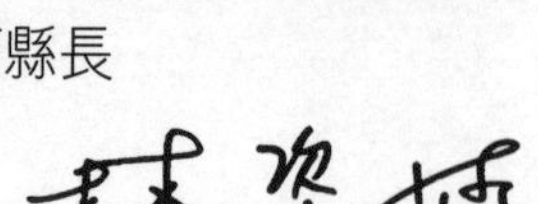

後疫情時代的來臨，打破過往限制人與人實體交流的模式，啟動數位閱讀、線上教學及網路視訊成為人際互動的新方向；隨著疫情解封，社會經濟及各項活動熱鬧展開。我們共同經歷疫情期間的挑戰，也增進線上學習、數位閱讀的新知能。不變的是，透過閱讀及文學的滋潤，人心在疫情的緊張氛圍中，找到平靜及進取的依歸。期許宜蘭的學子們，在這個空前未有的時空，對閱讀及寫作的興趣能堅持不輟，從閱讀與寫作中找到力量，擴展自己的視野。

姿妙最重視教育發展，除了推動本縣國中小學生營養午餐免費，讀書免費的政策外，宜蘭縣政府從民國一○八至一一一年推動了「宜蘭愛．悅讀」四年閱讀計畫，自一一二至一一五年賡續推動下一期四年的計畫，希望鼓勵學校持續推動閱讀教育，倡導家庭親子閱讀，培養學子的閱讀興趣及習慣。所推動的閱讀教育政策，包含全面改善圖書館閱覽空間及設備，營造閱讀優質環境；辦理閱讀相關研習，提升教師閱讀教育專業知能；推廣多元閱讀教育活動，增進宜蘭學子閱讀素養；募集社會資源，提升軟硬體閱讀設施；表彰閱讀推手典範，鼓勵師生熱愛閱讀；鼓勵文學創作，培養文藝小作家等。

感謝聯合報系持續辦理十七屆聯合盃全國作文大賽，並提供孩子們展現文采的舞臺，培養及展現邏輯思考與文字撰寫的能力，期許透過文集的付梓，傳播文學的種子，吸引更多學子投入創作，《寫作力實踐：探索文字新風貌》一書充滿青春氣息，豐沃了蘭陽文學的土壤，必能鼓勵更多的孩子喜愛閱讀，展現文采。

縣市長序

執筆抒心 洞悉實務

金門縣長

金門，一座美麗島嶼，充滿豐富歷史文化底蘊，更有著蓬勃發展的現代社會，在這片土地上，我們見證了一代又一代金門人的奮鬥與成長，每一位金門人都擁有著自己的故事和夢想，流轉於文學創作字裡行間，令人動容。我非常榮幸能與大家共同見證金門青少年的傑出作品，這些作品不僅展現我們學子的才華與智慧，更深刻地反映他們對家鄉、對生活的獨特理解和深刻感悟。

本縣文風鼎盛、重視教育，大力推動深耕閱讀與語文教育，提升學子閱讀與寫作力，亦致力推動本土語文教育「金門話」復興與傳承，近年參與全國語文競賽之閩南語項目中，屢屢以金門話榮獲佳績！此皆為本縣戮力推動閱讀與語文教育之成果。

本縣賡續舉辦「金門青少年文學獎徵文比賽」，於今（一一三）年邁向第五屆，提供青年學生文學創作的舞臺，以金門人事景物取材，類別包含散文、新詩、小說及童話，組別分為國高中職小說組、高中職散文組、高中職新詩組、國中散文組、國中新詩組、國小散文組、國小新詩組以及國小童話組，期待發掘更多閃耀的寫作新秀！

由衷感謝所有參與比賽的同學們，其創意和努力令人擊節稱賞！同時，也衷心感謝所有師長的教導和陪伴，讓這些才華洋溢的學子得以茁壯成長，發揮潛能。希望這次作文比賽不僅是一次文學盛宴，讓我們共同期待這些作品能啟發更多人來認識金門的獨特魅力和無限可能。

社長的話

用筆實踐正向，許願協作共好

聯合報社長

由聯合報主辦，第十七屆聯合盃全國作文大賽的主軸是「一筆縱橫、啟動實踐，協作共融新視界」。從初賽開始，人工智慧、永續校園、綠色生活、高齡化社會、性別平等、多元共融，許多命題即觸及當代關注的未來趨勢。

決賽命題尤其強調「協作」精神，參賽者透過作品，體現在不同的環境與關係中，找到自己與朋友、家庭、社會的定位。更難得的是，當寫作者懂得設身處地為他人著想，「實踐」與「協作」的意涵從中而生，成為驅動現今社會轉動的關鍵力量。

這一屆聯合盃，有臺灣十四個縣市參與舉辦，加上大陸、新加坡及馬來西亞共計四十二萬名學生參賽。除了教育主管機關和各縣市政府的支持，考場學校的設置、監考人員的培訓，以及老師家長的陪伴和鼓勵，每一位都是撐起聯合盃連年舉辦的幕後功臣。

《好讀周報》二〇二四年開始推動「我的永續行動日記」，也深刻呼應「實踐」與「協作」，鼓勵國小到高中學生在生活中的食衣住行育樂購，實踐友善環境與利他的作為，時常做、時刻做、打造日日精彩的永續生活。

我們與志同道合的企業夥伴攜手協力，持續在校園撒下種子，結合重大議題，開創新的學習場域，訓練學生跨領域思維。種種作為，無非希望增進年輕世代對社會「有感」，進而產生共鳴、與之共好。

在此，我特別感謝聯合盃的所有參賽者，認同與喜愛聯合盃新穎開創、富含思考的命題方式。不少同學從國小組一路參加到高中組，透過一年一會的書寫記錄生活、抒發觀點、感受青春。

第十七屆聯合盃全國作文大賽順利落幕，感謝教育部國民及學前教育署、各縣市政府、海外承辦機關、贊助單位以及全臺多所中文華文系所的支持響應。我們期許年輕世代在聯合盃以及報社眾多教育活動與課程的啟發下，有視野、懂思考、親人文、能實踐，成為未來社會的中堅動能。

【總評】

作文與文學

——海洋文學作家／廖鴻基

過去受邀當評審主要是文學獎，這是第一次參與作文競賽的評審。審閱同學文章時，常驚訝於這樣年紀竟能寫出這樣子的文章。這讓我回想起自己學生時代乏善可陳的作文成績。

一般文學獎徵文，除了文類、字數和參賽資格，並沒有太多限制。而作文競賽，得在一定時間、一定題材範圍內進行創作，如此限制條件下寫文章，確實是創作能力的大考驗。能進入總決賽的參賽同學，相信文字能力已超越了一般水平。

一篇好文章的構成要素相當多元，除了精準的文字能力，還包括恰當適度的表達、文字風格、情感的真誠以及自然流露等等。個人認為，文學能力不是放煙火、不是追逐一時燦爛，而是跟著生命成長與生活閱歷一連串自我調整、自我挑戰的累進過程。進入作文大賽總決賽的同學們，或可將這一步視為自我文學旅程的起步。

從這次的競賽作品中也看出一些小瑕疵。不少同學的文章中出現過度華麗的文辭，這種過度，恐怕有刻意雕鑿的嫌疑，使文章變得表面堂皇而內裡不實，削弱了作者真心誠意的部分。

好文章其實很怕淪為套公式或是淪為罐頭生產模式。以競賽角度來說，如果閱卷者面對的是一堆華麗的罐頭，然後文章中忽然出現一杯清新恬淡的飲品，閱卷者將會如何評選呢？答案其實很明顯。

參賽者皆是生活或生命經驗尚未十分豐富的年輕學子，文學創作很重要的是「真情和隨心」，簡單說就是用自己的思想和語言講自己的話，避免裝成熟講道理的方式來刻意經營一篇文章。

個人認同文學需要練習，也鼓勵更多且持續一輩子的練習。參加作文大賽是個練習的好機會，但練習的重點，不要只局限在工具性的文字能力，更重要的是練習內在的自由觀察、自主分析與獨特的思考能力。

作文是階段，文學是長遠目標。恭喜各位，無論是否獲獎，我們已經並肩走在文學創作的路上。

專文指導

培養人事景物情的描述力

知名兒童文學作家／**黃文輝**

經過上午的忙碌，我下午驅車去花蓮白鮑溪谷，想獨自一人靜靜地賞鳥、吹風、聽溪流。身材圓滾滾，外號「小鉛球」的鉛色水鶇已在岩石上等著表演，看到我便發出低鳴，彷彿抱怨我來得太遲。我坐在溪畔，看牠走到岩石邊緣，低下頭看水中魚影，拍動尾巴，露出紅色尾羽；接著轉換背景，跳到另一岩石上，模特兒似的左顧右盼、擺出不同姿勢。我不發一語以免打擾演出者，紫嘯鶇卻在岸邊密林中發出長嘯，像在大聲叫好。演出過程中，潺潺溪流奏出清新的背景音樂，上游吹來涼風，綠樹隨風搖擺，我渾身感到陣陣清涼。天空佈滿烏雲，像濕抹布般沉重，但雨水一直沒有降下，感覺雨神也有人情味，不想破壞這靜謐美好的午後。

親近山林、觀察生態、學習動植物相關知識，可以大幅提升我們的關注力和感受力，連帶的也體現在文章中對於景物的描述上。除此之外我們又可以從哪些方面來增進我們的描述力呢？

描述力對於文章的幫助

描述是寫作的基本功，對文章的助益在於創造畫面、塑造角色、表達情感、強化主題、增添真實性與引發想像。描述不僅可以豐富文本內容，還能有效地傳達作者意圖，讓讀者更深刻地理解和體驗作品。

描述「人、事、景、物、情」的目的

至於被描述的具體對象，通常是「人、事、景、物、情」。通過對人物外貌、行為、言語和內心世界的描述，使角色變得生動真實。對於事件的詳細描述可以引起讀者的興趣，讓他們想知道事件的來龍去脈以及結果如何。場景的描寫能夠塑造氛圍，讓讀者感受到緊張、恐怖或歡樂；也可以提供故事發生的時間、地點等背景訊息，使故事更加具體和完整。對於物品的描寫能夠豐富故事的細節，讓讀者身歷其境，感受到故事的真實性。對人物內心情感的細膩描寫，可以使讀者更深刻地感受到角色的喜怒哀樂，產生情感共鳴，讓故事更具吸引力和感染力。

介紹過描述的重要性與描述的對象後，讓我們回到一開始的命題：日常生活中可以從哪些方面去做、養成哪些習慣，以提升與培養描述的能力？以下是一些明確可行的做法。

如何培養人與情感的描述力

一、提高自我覺察，了解和管理自己的情緒，能幫助自己更容易識別和理解他人的情緒，寫出富有骨血的人物。二、觀察他人面部表情。眼神、嘴角弧度、眉毛位置等，能反映喜怒哀樂等不同情緒，寫作時可以藉由描述面部表情來傳達人物情緒。三、注意他人語調與肢體語言。語調和語速的變化常常能反映情緒波動；姿勢、手勢、身體的朝向和距離等，也能提供情緒線索。四、觀察他人行為和習慣。某人可能在緊張時不停地搓手，或者生氣時用力拍桌子。關注這些行為特徵能幫助我們更生動的賦予被描述人物的形象。五、同理心訓練。嘗試站在他人角度思考和感受，能幫助我們理解和共情他人的情緒。

如何培養物件描述力

一、無論是日常物件還是特殊物品，都要細心觀察它們的形狀、顏色、紋理、大小和材質等細節。二、用文字或圖畫描述觀察到的物件。這不僅有助於記錄觀察結果，還能強化對物件的認識和理解。三、將相似的物件進行比較，找出它們之間的異同，藉此提高辨別細微差別的能力。四、對每個物件保持好奇心，問一些問題，比如這個物件是怎麼製造的？為什麼這個物件這樣設計？它的功能和用途是什麼？五、不僅僅用眼睛觀察，還可以用手去觸摸，感受物件的質感和重量。

如何培養風景的描述力

一、放慢生活節奏，給自己更多的時間去欣賞和觀察周圍的風景，才能注意到更多細節。二、常去戶外活動，探索不同的自然景觀，如公園、山脈、湖泊等。三、注意風景中的特徵，例如樹葉的形狀和顏色、花朵的排列、雲朵的變化等，並找出平時容易忽略的美麗瞬間。四、不僅僅用眼睛觀察，還要利用其他感官，比如感受風的觸感、聽鳥鳴聲、聞花香，更全面地體驗和記錄風景。五、閱讀有關植物、地理和自然景觀的書籍，這樣可以加深對風景的理解和欣賞力。六、對周遭風景保持好奇心，嘗試發現和探索新的細節和美麗之處。

如何培養事件的描述力

一、提升專注力，留意周圍發生的事情。寫作材料常常來自生活中的小事件，可能是一件糗事或意外。

二、細心觀察細節、事情發生過程、背景和各種影響因素。例如等公車時，觀察到站時間、乘客人數與他們的行為等。三、對生活中的各種事件保持好奇心，主動去了解和探索事件背後的原因和邏輯，問為什麼和嘗試找到答案。四、與他人分享和討論觀察到的事件，聽取他人的觀點和見解，這樣可以擴展視野，並且發現自己忽略的部分。五、養成批判性思維，不僅僅接受表面現象，還要深入思考事件背後的原因和影響。六、每天花一些時間反思和總結一天中的觀察和經驗，思考學到了什麼、得到了什麼心得。

上述習慣的養成，不僅能提升描述力與寫作力，也可以提升個人素養。因為我們將認知到更多真相，比如許多人長期遭受心理痛苦、世界上有諸多不公平；我們也觀察到造物者的高明，比如不起眼的小昆蟲也有絕美的樣貌、美可以有各式各樣的定義等等，因而使我們更有包容心、同情心，更珍惜萬物，也更愛世人。這一些心態上的轉變，也會反映在文字中，提升文章的深度與情懷，進而感動讀者。

專文指導

從「讀寫整合」談寫作的教與學

前臺北市建國高級中學國文科教師／吳昌政

寫作測驗的趨勢與原則

接連兩年，國中會考寫作測驗「不必訂題」，只給予引導文本與情境，要求考生根據題目說明完成寫作任務。在我看來，「不必訂題」的題型並不標新立異，用意也不在刁難考生，而是希望回到寫作測驗的原點：以文字回應情境任務，在文章中敘寫自己特定的經驗，進而提出觀點或者抒發感受。然而，不少寫作者發揮不盡理想，以今年（一一三）為例，僅有一千二百二十六人獲得最高的六級分，占考生總數百分之〇點六六；與此同時，高達五千一百一十九人拿獲最低的〇級分，占考生總數百分之二點七五。這樣的測驗結果似乎呈現出許多考生無法掌握這樣的題型，或者暴露出原本貧乏的寫作能力。

由於「不必訂題」，許多預先背誦的套路範式與豐美詞藻派不上用場，取而代之的關鍵寫作能力是考生必須理解題目要求，從給定的文本與情境脈絡中提出自身的觀點，進一步組織素材，構建成篇。一一二年的會考寫作測驗提供了臺灣民眾最喜愛的影劇類型統計圖表，要求考生說明自身的理解，並且結合經驗或見聞，寫下感受或想法。一一三年的寫作試題提供了生活中多樣的「標題」文本，引導考生思考其中可能反映了某些群眾心理或社會面貌，進一步提出寫作任務，要求考生結合經驗與見聞，寫下對於「標題」現象的觀察與想法。這些寫作命題反應出目前「讀寫整合」的教學趨勢，要想表現出色，觀察、感受、思考的基本功夫固不可少，還要具有閱讀文本與理解脈絡的能力。

三面向談讀寫整合

這篇文章希望從「讀寫整合」的趨勢切入，提供一些關於寫作教與學的觀念與建議。這些建議不是解題技巧，而是希望釐清讀寫關係，進一步思索在「讀寫整合」的教學、評測趨勢底下，可以怎麼樣厚植真實的寫作能力。底下我會先根據學者Fitzgerald & Shanahan的研究，分別從修辭關係（rhetorical relations）、程序關聯（procedural connections）以及共享知識（shared knowledge）等三個讀寫關聯的面向，尋思其中文本所扮演的角色，以及可能從中獲得的寫作啟發。

修辭面向的讀—寫關係，會特別重視文本的形式。從字詞運用、句段連接到篇章組織，這些不同層次的文本形式特點將會成為寫作模仿的對象。這種關係似乎預設了模仿寫作便可以達到潛移默化的學習遷移之效，可能導向「多讀，自然就能寫得好」的迷思概念。這種思路的弊端是讓讀—寫關係簡化成為一種模仿的歷程，學習者獨特的生命經驗及書寫語調必須退讓。但不可諱言的是，這種讀—寫策略很容易操作，比較容易立竿見影地獲得成就感，也可以看起來有效地幫助學生掌握寫作形式。

程序關聯的讀—寫關係，可以說是基於一種「問題解決」或者「目標導向」的思維，將閱讀與寫作功能性地連結在一起。在這種讀—寫關係中，閱讀文本可以是達成寫作任務的條件，寫作成果也可能作為檢核文本理解的憑據。或者閱讀與寫作以更複雜的關係相互支援，協助達成一項重要的任務，比如說撰寫一篇閱讀心得、分析評論一篇文章、草擬一份行銷企劃案等。在教學上，設計文意理解的問答學習單，要求學生連結文本內容與自身經驗，比較、分析兩篇文本的異同，遷移文本內容到其他情境加以應用，這些寫作練習都屬於這條讀—寫思路。

最後是從共享知識的角度來探討讀—寫關係，學者總整出四種閱讀與寫作所共有的知識：首先是學習者關於文本的閱讀、寫作的功能、讀者和寫作者的關係以及監督意義形成過程的後設認知知識；第二是學習者從閱讀文本與生產文本中發現的概念內容，或稱為領域知識；第三種是「文本屬性的知識」，包含對於文本類型、文本結構等相關的所有知識；第四種是整合了從閱讀到寫作的複雜認知歷程的程序性知識，這裡頭包含了閱讀經驗如何轉化成寫作能力的知識。這些讀—寫關係中的共享知識，不僅可以視作中學閱讀與寫作教學的核心目標，也可以為「讀寫整合」型的寫作測驗提供理論基礎。

培養共享知識：中學寫作教學的展望

我甚至認為，無論為了準備寫作測驗、抑或從一般認知學習的角度來說，中學階段寫作的教與學都應該以培養這樣的共享知識為主。因為在這樣的關係中，文本、寫作、個人經驗、思考、感受等要素是整合在一起的。另外，強調這種讀—寫關係也不會與前兩種讀—寫關係衝突，學習的過程中仍然可以揣摩文本的形式特點，也仍然可以同時透過任務導向、目標導向的教學活動設計進行讀寫整合。只不過由於強調了讀寫的共享知識，對文本形式的揣摩就不會淪為單純的機械模仿，而任務導向、目標導向的讀寫活動也不致於將讀—寫關係限縮在工具層面而已。讀—寫活動作為以語言符號進行外在溝通、內在反思的心智意義，必須在讀寫的共享知識上才得以完成。用我在《潤物有聲集》的話來說：深刻了解自己，與他人進行交流，這兩項正好也可以是寫作的理由。

也是在這樣的基礎上，我很樂意支持目前會考以及多年以來聯合盃全國作文大賽都包含的「不必訂題」的寫作測驗題型，也建議寫作者在面臨這樣的寫作挑戰時，在題目設定的主題與脈絡底下多想想「自己想要寫什麼」，而不是「閱卷老師想要看什麼」。關鍵的訣竅就是，寫作者在平日就要習慣用心地與各種文本展開對話，嘗試著透過理解文本，洞察社會現象與人性心理，然後結合自身的經驗與見聞，提出觀點、感受與反思。

專文指導

寫作練習：特寫鏡頭與畫外音

東吳大學中國文學系副教授／**鍾正道**

有一次在捷運上偷瞄一個小朋友翻閱漫畫電子書，他三秒鐘翻一頁，在捷運車廂裡呵呵笑個不停。我都還沒看清楚他在看什麼，下一格該看哪裡，他已經翻頁再翻頁盡享閱讀之樂了，速度之快，令人咋舌。

我們走進了「讀圖時代」。

讀圖時代的小朋友，從小藉由視覺框框認識世界，電視、電腦、手機螢幕日常的餵養，使他們擁有優越的圖像能力，而同時接觸文字的機會相對減少，所以常被上一代認為是文字能力低落的一代。

但這不代表他們的敘事力低落。他們「文字的敘事力」也許有待加強，但「影像的敘事力」可是出類拔萃。

因此我常思索，如何讓學子以文字表現這個世界的時候，啟動他的影像式的想像，他那豐富多彩、累積深厚的影像資料庫。

其實在一九三〇年代的上海，已經有一群年輕人以「電影化的想像」鋪衍在小說創作之中，如穆時英、劉吶鷗、施蟄存，形成當時影響年輕人甚深的「新感覺派」，後來更有張愛玲集海派文學之大成。在這樣的小說中，充分張大感官，接受城市發展與科技文明的刺激，尤其如看電影般視覺與聽覺的臨場感，翻新了傳統的描寫方法。

現在的學子普遍欠缺的便是「描寫」能力。拿到題目提起筆來，不知寫什麼，不知怎麼寫，總之就是寫不出來。明明電影都看了幾百部了，為什麼用文字說個故事會是一件難事？

每每面對中學生演講時，我都試著以他們熟悉的電影語言讓他們「轉譯」成文字創作，就是要讓他們理解，一部電影之所以好看動人，有時是「影像語言」幫了大忙。如果在寫作時，運用一些電影語言是會非常加分的。

特寫鏡頭：生命多種爆發性力量的發源地

寫作的時候，不妨運用一個特寫鏡頭吧，它很容易承載「看的人」與「被看的人」的思想感情。什麼是特寫鏡頭？一張臉佔滿整個銀幕，就是典型的特寫鏡頭。特寫鏡頭是電影與舞臺劇的分野，電影有特寫鏡頭而舞臺劇沒有。電影有了特寫鏡頭之後，便讓所有觀眾都坐在最好的位置觀賞演出，而拿捏被攝對象的遠近，是在導演的美學掌握之中。

特寫鏡頭不同於一般古典小說的細寫。特寫鏡頭會有意識的停留在某一個渺小到平常無法看到的物件上，或是「瞬間即逝」的，或是明明看到卻「視而不見」的被攝對象。它以一個很近很近、近到不可想像的距離去觀察一個對象，一張臉、一根頭髮、一條皺紋、一個傷疤、額上的一滴汗、嘴角肌肉的顫抖、瞳孔不安的游移。未免我們要問：為什麼要這樣子觀看呢？

因為很近，被攝對象在銀幕上就被放得很大，比例不對，就成為一種「變形」，這種逼視具有強大的「揭示」功能。電影中的特寫鏡頭，通常就是導演邀請所有觀眾進入人物內心的入場券。德國電影研究者克拉考爾在《電影的本性》中說，一個優越的特寫鏡頭，是「人物多種爆發性力量的發源地」。特寫鏡頭的想像轉譯到文字上，就會在讀者「想像的銀幕」上比例失衡，形成一種有意味的「凝視」與「揭示」。在一次一百字的特寫鏡頭練習中，某位同學交出了這個句子：

我是一名處女座完美主義者，一根頭髮掉在地上，便立刻撿起來的那種。而那根長髮，S型蜷曲在地上，像媽媽被爸爸打了之後瑟縮在沙發上的姿態，半截抽白，末梢翹起，是那隻求救的手了。五天過去，我就是不想把它撿起來，這也許是媽媽留在這裡的最後一絲痕跡。

這位同學選擇了一根掉在地上的頭髮作為描寫對象，逼視這根頭髮，連結記憶中的母親遭到家暴而離開了家，充分掌握「物中有人」的寫作技巧。他凝視著母親遺留在地上的頭髮，不只寫了母親的遭遇，更傳遞了觀視者對母親的同情與思念。

而另一位同學選擇的是皺紋：

高二開始，我就偷用阿姨的眼霜，自從阿姨不再使用眼霜後，我便擅自把那最後一瓶克蘭詩眼霜用完。如今坐在她床邊，再也不期待她能醒來，張開那閉垂眼皮下灼人的眼睛，那迷死爸爸的眼睛。只是醫院空氣乾寒，早已讓她的眼角爬滿細小的紋路，如枝梗縱橫的枯葉。我說，阿姨，抱歉眼霜沒有了，醫生說妳快要解脫了。

這位「阿姨」顯然跟母親不具有血親關係，而是父親另外的女人。這位阿姨侵門踏戶，將眼霜置於家中，顯然有宣示主權的意味，也製造了這位同學「偷用」的機會。偷用，是作者想要跟阿姨一樣美麗潤澤，也是報復阿姨的方式。她逼視阿姨皺紋的文字雖然不多，但依然傳達了很美的疏離感。眼霜用完之後，面對阿姨的瀕死，竟也心生憐憫。用完的眼霜、眼角的紋路、枝葉縱橫的枯葉，都直指阿姨的死亡，物中有人，一個出色的特寫鏡頭的想像。

法國電影學者馬賽爾・馬爾丹在《電影語言》中表示：「特寫鏡頭是在表現人物的視點，從而有力的使人物當時的思想感情具體化。」特寫鏡頭是傳達思想情感極為厲害的工具，描寫得當，會有驚人的表現。

畫外音：畫面外的主角

電影自一九二七年有了聲音之後，就宣告了默片時代的結束。如今大家看電影總要聽到聲音，甚至要有好的音響才能身臨其境，卻在寫作時忘了以聲音作為表現工具，導致整篇文字啞然無聲，實在可惜。

但電影的聲音，不只是現實的重複而已，而是可以藉由「對位」的方式刻畫人物在現實中無法表達的心思。「畫外音」就是一個很好的選擇。

畫外音是視覺框框之外的聲音，也可以不在所描繪的那個現實之中。如果在寫作時加入的聲音是視覺畫面之外的聲音，或是根本不屬於所描繪的現實裡所應該發出的聲音，便可以像電影一樣拓展視覺界線，且更豐富的展現人物的內心。這個聲音未必要合邏輯，有時候越不合邏輯的聲音，就越可以承擔人物複雜的心理活動。

在某高中文學獎的小說作品中，我看見令人印象深刻的句子：

> 女兒的蕭邦彈得優雅動人，坐在席間，我聽不見一個個琴鍵的叮咚，只聽見她在襁褓中的牙牙學語。

這位同學假想自己變成爸爸，到音樂廳聆聽女兒演奏鋼琴。作者不描寫鋼琴樂曲的美妙，反而把琴聲關掉，加入嬰兒牙牙學語的聲音。這樣不合邏輯的搭配，畫面與聲音完全錯位，卻精準點出父親驀然發現時光流逝，女兒在不知不覺間長大了的感動。那種時空恍惚之感，具有人味。

另外一位同學描寫失去母親的傷痛：

蹲下，凝視一百公尺的遠方，他聽見場邊如雷的加油聲，以及自己的屏息。準備起跑。媽媽不是說了嗎，他是墜入人間的小天使，於是他在心中默然唱著《I believe I can fly》，那是黑人靈魂歌手R. Kelly的歌曲，音色溫暖，彷彿人真能期許自己美好的將來。三年的訓練終於要結束了，他知道自己將以無比的爆發力，如豹一般，奪得錦標。於是他起腳疾速奔馳，跨過十六樓屋頂的水泥護欄，天使降落人間。

充滿戲劇性的表現，電影感十足。一開始，讀者以為「他」正在參加百米賽跑，作者以四個聲音呈現他起跑前的狀態。第一個聲音是「場邊如雷的加油聲」，這個聲音其實是「虛」的，是他想像的，或是過去他參加比賽時的聲音，不屬於現場。第二個聲音是「自己的屏息」，這個聲音是「實」的，內在的，卻是無聲的，用以對照第一個聲音的虛、外、眾人、喧囂。第三個聲音是媽媽的聲音，又回到「虛」，來自記憶，牽引對母親的思念，而「墜入」、「天使」作為伏筆。第四個聲音又是「實」的，唱一首英文歌鼓舞自己，「飛翔」作為伏筆。下半段揭露他並不是在田徑場上，而是在大樓的頂樓，準備降落母親的懷抱，回應天使與飛翔。四個聲音切換迅速，虛實交疊，表現了不快樂的「他」的情緒爆發。

電影成為一門藝術之後，自己發展出自己的語言，生動，逼真，直觀，累積了幾千年的文學有時候還得向電影學習。當然電影也有局限，不如文字擅於表現抽象的概念與理性判斷。文字語言中的雙關、隱喻、象徵、暗示這種曖昧多義的「文學性」，影像還真是束手無策。

向電影學習寫作，把豐富的影像資料庫打開，激發視覺與聽覺的想像，如同一位導演去安排鏡頭的遠近，布置聲音，構思鏡頭的切換（剪接），還有框框內的光線與色彩，甚至去設計攝影機如何運動，試著以文字轉譯腦袋中浮現的影像，寫作應該就不是一件難事了。

第十七屆聯合盃全國作文大賽

全國總決賽

高中職組題目

請閱讀以下資料，並比較A國、B國、C國的事件時間表，然後根據寫作說明完成一篇結構完整的文章。

【資料】

1. 細胞治療是罹癌患者，除了傳統手術、化學與放射治療等標準治療外，另一新的選擇。細胞治療的原理，是取出患者的細胞或別人的細胞，經過體外培養或加工程序之後，再將這些處理過的細胞引進患者體內使用，以達到治療或預防疾病之目的。
2. 美國一名罹患急性淋巴性白血病（俗稱血癌）的七歲女孩，在化學治療失敗後，經細胞治療，已超過十年未復發。因此，細胞治療被許多人認為是治療癌症的新希望，許多藥廠、醫學中心、生技廠商爭相投入細胞治療領域。
3. 依A國法律規定，新藥品、醫療器材或技術需通過三期人體臨床試驗（見註一），並取得許可證，才可用於治療。
4. A國目前僅有B國的細胞治療產品取得許可證，合法上市。因B國細胞治療產品昂貴，患者可全額自費用於治療，不限癌症分期。若需政府補助，依規定，患者需先採取標準治療，若標準治療無效，癌症進入第三或四期（見註二），才可使用B國的細胞治療產品。
5. 弦安是A國的一位病人，於二〇二三年發現罹患肺癌第二期，弦安考慮了以下三種治療方案：
   (1) 採標準治療，若治療無效，進入癌症第三或四期，使用細胞治療。
   (2) 全額自費使用B國的細胞治療產品，完整療程約需花費新臺幣一〇〇〇萬，但經費不足，需要籌措治療經費。

(3) 在A國自費找生技公司私下進行細胞治療，因A國的細胞治療產品，皆尚未進入人體臨床試驗階段，因此約需花費新臺幣二〇〇萬，但效果未知。

註一：

新藥物、醫療器材或技術產生，大致需經以下流程：研發→非臨床試驗（動物實驗）→人體臨床試驗→主管機關核准→上市

人體臨床試驗分四階段

分期	**試驗內容**
第一期：驗證安全	監控安全性，找出適當的治療劑量及給藥時程，試驗規模通常在二〇至八〇人左右。
第二期：驗證效果	探討有效性和安全性，評估其對人體的影響，試驗規模通常在幾十至三〇〇人左右。
第三期：證實療效	和目前的標準療法相較，評估有效性和安全性，試驗規模約為數百至三〇〇〇名受試者。
第四期：上市後監測	評估長期治療的安全性和有效性。

資料來源：美國食品藥物管理局（FDA）

註二：

癌症分期

分期	**大致特徵**
第零期	有異常細胞存在，但尚未擴散至鄰近細胞組織。
第一期	腫瘤較小且尚未擴散和轉移。
第二期	腫瘤較大但尚未擴散和轉移。
第三期	腫瘤較大，癌細胞擴散至鄰近組織或淋巴結。
第四期	癌細胞藉由循環流竄全身，擴散至遠處的器官及組織。

資料來源：國際抗癌聯盟（UICC）

【事件時間表】

	1970	2004	2017	2022
A國	政府在半導體產業與細胞治療之間，選擇積極培植前者。	開始研究細胞治療。	半導體產值為全球第三。	大量生技公司投入細胞治療研究與臨床治療。
B國	政府積極投入細胞治療研究。	發表細胞治療突破性的研究成果。	細胞治療產品通過三期人體臨床試驗，獲得各國許可證，進入各國市場。	細胞治療產品通過四期評估。
C國		開始研究細胞治療，且有大量生技公司投入研究與臨床治療。	政府為促進產業發展，鬆綁法規： ・不需經過臨床試驗，即可直接進行細胞治療。	國內質疑聲浪不斷： ・細胞治療的安全性與有效性皆不明確。 ・缺少有效監督，出現許多詐騙案，病人注射到體內的只是生理食鹽水。

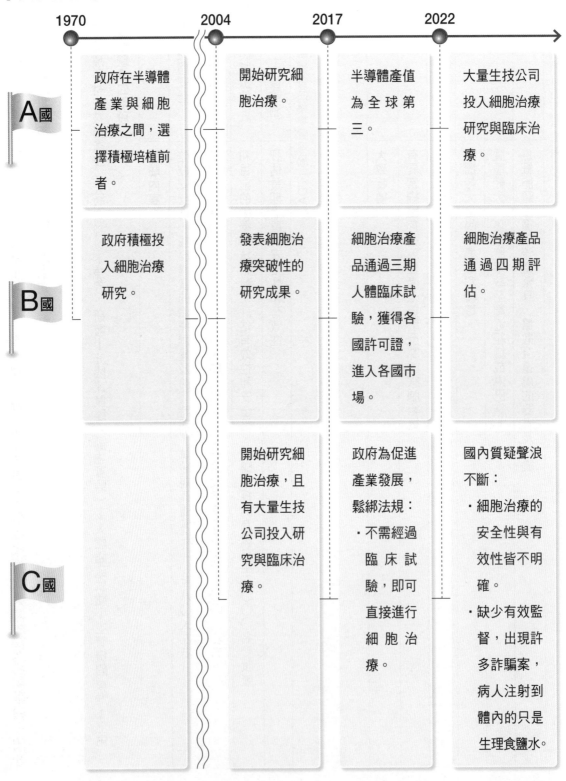

寫作說明：

請先設定你的身分以及你與弦安的關係。現在你有一次機會到「A國」的「事件時間表」中的任一個時間點（也可以是過去，也可以是未來），你會想要到哪個時間點？你想採取什麼行動？或者，你預期見到未來什麼樣的情景？

得獎名單

首獎

吳欣樺 新北 格致中學高中部

兩岸評審獎、說服類優選

張育嘉 臺南 臺南一中

感動類優選

楊晏瑭 新竹 竹科實中高中部
王以安 宜蘭 蘭陽女中
陳啟瀚 臺北 師大附中
葉彥妤 臺北 薇閣中學高中部
黃韻蓉 嘉義 興華中學高中部
蕭翊帆 臺中 臺中一中
蔡芷晴 臺中 曉明女中高中部
洪毅安 彰化 彰化高中
高右宸 臺南 臺南女中
董千郁 金門 金門高中

創意類優選

黃宣蓉 臺北 北一女中
廖宥婷 臺北 薇閣中學高中部
馮若淇 臺北 薇閣中學高中部
唐儷瑄 新竹 光復高中
蔣定佑 新北 南山高中
葉恩旭 嘉義 嘉義高中
廖翊辰 雲林 虎尾高中
蔡欣妤 彰化 彰化女中
張羽喬 臺中 僑泰中學高中部
周郁臻 臺南 德光中學高中部

說服類優選

蔡呈璟 宜蘭 羅東高中
呂文琦 臺北 復興實中高中部
許凱翔 雲林 永年中學高中部
曾峻祐 雲林 永年中學高中部
王品昕 臺中 曉明女中高中部
沈芳安 南投 精誠高中
徐筱晶 臺南 港明高中
周子彤 金門 金門高中
林依君 金門 金門高中

請先閱讀以下事件時間表，然後根據寫作說明完成一篇結構完整的文章。

【事件時間表】

2023/4/6（四）

網紅董楓在其社群平臺發文，推銷新書，並批評網路書店狂打價格戰，導致作者的利潤非常少，感嘆「這個年頭出新書，作者都快活不下去了」。

2023/4/7（五）

- 董楓的意見獲得大批粉絲、網友力挺。
- 許多出版社業者也表示，網路書店還會透過各種方式施壓，經營越來越困難。
- 眾多網友指責網路書店，甚至湧入網路書店網站留負評，一度癱瘓網站。

2023/4/21（五）

- 有粉絲質疑，董楓為了衝高書籍銷量，私下給團購主賣書，折扣比各家網路書店更低。
- 另有網友揭露，董楓和出版社的合約，保障了作者大部分的費用，而網路書店的折扣，大部分是出版社吸收。

2023/4/22（六）

- 新聞報導粉絲、網友的質疑，讀者轉向抨擊董楓，粉絲紛紛退書及退訂董楓的個人專頁與頻道。
- 當天傍晚，董楓開直播說明。

寫作說明：

假如你有一次機會，自己選定一個事件時間表內或表外的角色，然後到「事件時間表」中的任何一個時間點（也可以是過去，也可以是未來），你會想要到哪個時間點？你想採取什麼行動？或者，你預期見到未來什麼樣的情景？

得獎名單

國中九年級組

首獎

凃雁云　新竹　成功國中

兩岸評審獎

賴潔凌　臺中　居仁國中

感動類優選

湯予熙　桃園　平鎮國中
張芸穎　新竹　東興國中
林芊逸　花蓮　慈大附中國中部
謝雨霏　宜蘭　頭城國中
陳頤芯　臺北　復興實中國中部
李琬琳　新北　辭修高中國中部
曾宥瑄　嘉義　嘉義國中
林亞臻　雲林　正心中學國中部
陳子茉　金門　金湖國中
黃虹菱　金門　金城國中

創意類優選

李國睿　桃園　大華高中國中部
黃盈溱　桃園　文昌國中
詹子毅　新竹　成功國中
許子誼　新竹　成功國中
楊宇玹　宜蘭　宜蘭國中
許品綸　臺北　復興實中國中部
徐菱遙　臺北　薇閣中學國中部
吳家瑩　新竹　康乃薾雙語中小學國中部
蔡函瑾　高雄　復華中學國中部
郭宸妤　高雄　左營國中

說服類優選

彭云孜　桃園　中壢國中
盧懿翔　宜蘭　復興國中
游妤婕　宜蘭　順安國中
戴安禾　臺北　復興實中國中部
張又心　新北　新莊國中
顏碩谷　新北　竹林高中國中部
藍苡瑄　新北　竹林高中國中部
曾瑀晴　臺南　後甲國中
陳宥璇　臺南　黎明中學國中部
吳秉芳　臺南　後甲國中

國中八年級組

首獎

周禾寧　新北　桃子腳國中小國中部

兩岸評審獎、創意類優選

王品涵　桃園　復旦高中國中部

感動類優選

郭于榛　桃園　復旦高中國中部
呂宛樺　臺北　薇閣中學國中部
詹子瑩　新竹　三民國中
胡丞媛　新北　崇林國中
許沛真　新北　海山高中國中部
吳庭孜　新北　永和國中
吳怡霈　嘉義　民生國中
黃苡晴　嘉義　民生國中
蔡蓉暄　高雄　七賢國中
蔡沛恩　金門　金城國中

創意類優選

張司函　嘉義　北興國中
賴玟妤　臺中　居仁國中

張凱皓 臺中 居仁國中
王楷甯 南投 宏仁國中
王沛秐 南投 南崗國中
歐陽霖 高雄 陽明國中
周綵緹 臺南 黎明中學國中部
張芳瑜 臺南 建興國中
黃思穎 金門 金城國中

說服類優選

孫映玄 桃園 振聲高中國中部
陳宣穎 臺北 薇閣中學國中部
劉馥嫚 雲林 東仁國中
賴宣榕 臺中 大雅國中
吳欣蓓 臺中 明道中學國中部
許喻涵 臺中 明德中學國中部
吳宛宸 南投 普台中學國中部
劉芃妘 高雄 正興國中
林怡如 臺南 瀛海中學國中部
唐亦成 金門 金城國中

國中七年級組

首獎

宋咨霈 高雄 復華中學國中部

兩岸評審獎、說服類優選

黃岑琋 新竹 三民國中

感動類優選

陳欣辰 新竹 東興國中
陳欣妍 新竹 東興國中
李宲榕 宜蘭 復興國中
李則愷 宜蘭 中道中學國中部
徐　岳 臺北 薇閣中學國中部
董庭嘉 臺北 薇閣中學國中部
張晏碩 臺北 薇閣中學國中部
李妍昕 新竹 光華國中
賴玟君 嘉義 嘉義國中
楊品翰 臺中 北新國中

創意類優選

林宥彤 新竹 成功國中
高羽岑 新竹 東興國中
陳宥羽 新竹 康乃薾雙語中小學國中部
吳姵潔 臺北 再興中學國中部
林佑昕 新竹 培英國中
洪曉風 新北 中山國中
洪若軒 新北 板橋國中
蔡佳晟 南投 南崗國中
顏舒妤 臺南 建興國中
康碩軒 臺南 港明中學國中部

說服類優選

吳承叡 新竹 東興國中
吳晨瑀 新竹 康乃薾雙語中小學國中部
林家羽 宜蘭 羅東國中
魏以晴 新北 頭前國中
林姝妤 臺北 薇閣中學國中部
張可函 臺北 再興中學國中部
梁嘉芸 新北 海山高中國中部
陳暐蓁 臺中 爽文國中
石凌榛 金門 金城國中

寫作說明：

請仔細觀察這張圖片，並根據此圖發揮聯想，自訂題目（必須訂定題目），完成一篇結構完整的文章。

得獎名單

國小高年級組

首獎
吳宛軒 南投 埔里國小

兩岸評審獎、感動類優選
張晏綺 新竹 曙光小學

感動類優選
江芸昀 新竹 十興國小
謝雲品 宜蘭 壯圍國小
宋星霈 臺北 銘傳國小
陳婕忻 臺北 再興小學
廖天儀 新北 昌平國小
呂玥彤 新北 康橋國際學校國小部
涂尚妘 嘉義 博愛國小
謝雨恬 臺中 永隆國小
洪苡瑄 高雄 鎮昌國小

創意類優選
劉子儀 桃園 大有國小
楊意涵 桃園 永順國小
林昕霈 宜蘭 中道小學
彭翌晴 新竹 曙光國小
張晏甄 新竹 曙光國小
劉軒彤 新竹 東門國小
岑庭瑩 新竹 龍山國小
李天詒 新北 江翠國小
黃芷妍 新北 北新國小
許姵檥 臺南 文元國小

說服類優選
陳亮禎 新竹 曙光國小
嚴　俐 新北 昌平國小
冉婕伶 新北 後埔國小
謝昀庭 雲林 立仁國小
周軒羽 雲林 立仁國小
林沛儒 雲林 立仁國小
黃品達 雲林 立仁國小
徐天賜 高雄 中正國小
黃靜慈 臺南 安慶國小
李勁毅 金門 金湖國小

國小中年級組

首獎
林千翔 桃園 西門國小

兩岸評審獎、感動類優選
賴柔君 新竹 載熙國小

感動類優選
陳思銓 桃園 桃園國小
鄒媗宇 桃園 新興國際中小學國小部
林采怡 新竹 康乃薾雙語中小學國小部
蕭婷云 新竹 康乃薾雙語中小學國小部
唐威宇 花蓮 北昌國小
雷詠綺 臺北 再興小學
黃晴亞 新北 昌隆國小
王暐竣 新北 土城國小
魏愷辰 臺中 豐原國小

創意類優選
王沛晴 桃園 慈文國小
簡呈愷 桃園 青溪國小
許苡甄 新竹 興隆國小
周依靚 新竹 康乃薾雙語中小學國小部
楊程鈞 花蓮 中原國小
翁雪菱 宜蘭 成功國小
孫語暄 臺北 再興小學
王品硯 臺北 薇閣小學
黃靖榆 臺北 明湖國小
徐啟洋 高雄 中正國小

說服類優選
吳郁榛 桃園 同德國小
王佩珊 桃園 同德國小
吳語婕 新竹 中正國小
潘品衡 桃園 光明國小
陳顗伃 臺北 仁愛國小
李晟維 臺北 靜心小學
林芍攸 新北 康橋國際學校國小部
丁巧笙 雲林 維多利亞小學
方辰亦 雲林 鎮西國小
邱緗綺 高雄 美濃國小

高中職組首獎

我們一起

沉默良久，弦安對我扯出一個比哭還難看的笑，搖了搖頭。我顫抖著嗓音問她為什麼，弦安只是笑笑替我拿下墨鏡和口罩，才緩緩說道：「這妳最清楚吧，未來的弦安。」

新北／格致中學高中部／**吳欣樺**

★

我輕輕闔上雙眸，感受身體被切割成無數顆微小粒子，在時空中迅速地穿梭，直到隔著眼皮感受到微光透了進來，我才緩緩睜眼，踏入我再熟悉不過的醫院。

我來自二〇二七年，回到四年前，便是為了見我……再熟悉不過的一個人。我希望藉由我的勸說，她能夠回心轉意，或是給我一個答案。壓低黑色鴨舌帽帽緣，我戴上口罩和墨鏡，走進了弦安的病房。

「弦安。」我輕聲呼喚著她，平時便對超自然事物深信不疑的她看見我後雖有一絲震驚，卻很快地也平復了下去，熱情地招呼我。弦安正在進行傳統治療，因此頭髮全數被剃光，面色也有些慘白，但是她的臉上依然綻放著熟悉的笑容，令我不禁鼻子發酸。

「在未來……我死了，對吧。」弦安用輕快的嗓音道出我最不想面對的事實。我並未回應弦安，只是自顧自地說道：「不要採標準治療然後等到三期再行細胞治療，弦安，那時候已經來不及了。妳相信我不會害妳，去B國行細胞治療吧，也別在A國做細胞治療……。在未來那些人都因身體排斥外來細胞而過世了。」弦安聽了我的話，只是沉默不語。

病房陷入一種空蕩蕩的靜寂，壓抑的氛圍令我有些難以忍受，只得再度開口：「拜託妳了弦安！妳才十七歲而已，妳也不想這麼死去，對吧！」我說得過於激動，以致於沒能看見弦安泛紅的眼眶。「妳的家人在妳死後，痛苦地在床邊哭了整整兩天兩夜，妳還願意這麼做嗎？」我此刻百感交集。我是最了解弦安的那個人，卻又矛盾地擔心她拒絕我的提案，也不希望她同意。

沉默良久，弦安對我扯出一個比哭還難看的笑，搖了搖頭。我顫抖著嗓音問她為什麼，弦安只是笑笑替我拿下墨鏡和口罩，才緩緩說道：「這妳最清楚吧，未來的弦安。」我看著過去的自己，被戳中心事般闔上眼。

「我們唯一的親人是患有糖尿病的媽媽，我不可能為了拚那一點點的存活率，拖垮媽媽的後半生，對吧。她已經辛苦了大半輩子了。」弦安說著我心知肚明的事實，而我只是咬著唇不讓哭泣的聲音洩出。弦安看我這副樣子，嘆了口氣，擁抱了我，緩緩地繼續說下去：「我知道妳從未來回來不是因為後悔或者對死亡的遺憾，而是想得到一個答案，是吧。我最了解我不過了。」

弦安忽然認真地凝視著我，說道：「未來的我，妳做出的決定是正確的，至少對現在的我而言，我絕不會後悔。謝謝妳勇敢地堅持到了最後……未來的弦安。」

我忽然像淚腺失控般開始痛哭失聲。過去的「我」全說對了，我並不懼怕死亡。但在我靈魂離開身體後，看見媽媽抱著我慘白如枯骨的身軀淚流不止，我當下真的無比痛苦，被崩潰、掙扎、悲痛的情緒撕扯。所以我回到過去，並不是為了勸弦安——也就是過去的我，接受昂貴的治療。只是希望有人能夠告訴我，我做的並沒有錯，所以才軟弱地回去找到過去的自己。

「吶，未來的我，妳也別太難過了。妳可是撐過了這麼長的治療喔，我要叫妳勇敢弦安！」我和弦安依偎了良久，已然沒有最初的壓抑，我和她分享未來的趣事，她笑得十分開心，好似當年在球場上熠熠閃著光芒的少女。我用我沒有溫度的手牽起弦安冰涼的手，輕吻了一下，接著如釋重負般說道：「好，未來妳也會是勇敢弦安，無論是什麼痛苦，都有我和妳一起面對。」

賞析

作家、元智大學中語系教授／**鍾怡雯**

這篇作文其實是一篇小說，而且是科幻極短篇。雖然如此，科幻的本質仍然是人性，〈我們一起〉呼應了這個主題。未來的（已逝的）弦安回到四年前熟悉的醫院，見到十七歲的自己。兩人相遇是為了和解，或者理解，見證生命的意義。這篇作文敘事有序，也很具說服力。兩個弦安的對話有情有理，最終的關鍵是母親，因為不忍已經生病的母親再受打擊，因此必須做出艱難的決定——這個情節的設計非常動人，不是為了自己——無論如何，都不能讓母親受苦。同情的理解寫來溫暖而感人，讀者應當為這個情節而感動。

妻子的日記

金門／金門高中／董千郁

我不能讓你在沒有保障的情況下生活，就和你為我著想一樣，原諒我的擅自主張，如果治療失敗了，你就拿著這些錢去替我完成夢想，我們小時候的那個約定。

★

弦安是我的丈夫，從小在孤兒院長大的我們總想著要快點長大，然後賺很多很多的錢過上想要的生活，透過這幾年的努力我們成功了，有了不少的積蓄，可當我們以為可以幸福的時候，噩耗卻先來敲門。

二〇二三年，他罹患肺癌第二期，得知消息的我還在公司和同事慶祝半導體產值的提升，所有人都在祝賀我的升遷，可我卻開心不起來。和眾人道別後我迅速趕回家，開門的瞬間我看見弦安在陽臺抽菸，我們發生了一場劇烈爭吵。我害怕他的離去，不願意他在本國的生技公司治療，因為結果是未知的，但政府補助治療又要先經過標準治療，如果失敗了，他的病情只會更嚴重，我不敢賭，我不能沒有他，所以我勸說他去鄰國治療，那裡的療程擁有許可證，比較有保障。但他拒絕了，他說：「親愛的，就算把所有的積蓄拿出來還是不夠治療費用的，而且花光了，生活怎麼辦？」我著急的想把他治好，卻忘了現實的問題，雖然在半導體公司的收入很多，但還是不足以支付整個療程，而弦安是一個畫家，基本沒有什麼收入，賺的錢也只夠補貼家用。上帝啊，我該怎麼辦？

似乎是祈禱的聲音太大讓上帝聽見了，我居然回到一九七〇年，盯著鏡中一臉稚氣的自己，不禁感嘆歲月不饒人。不對，現在不是欣賞的時候，我要去阻止政府在選擇半導體產業或細胞治療時選擇前者，可是就我一個人好像沒有辦法，就在這時我的腦中浮現出一個好的點子。我開始向街坊鄰居科普這項研究的重要性以及在未來會有多好的發展，並透過編輯報紙的方法把這個重要的知識傳遞出去，很快便有了迴響，國民都開始重視這個議題，並舉行團體活動試圖引起政府的注意，最終也如願以償。太好了，弦安有救了。

「扣，扣。」敲門聲將我從夢中喚醒，「牛奶放外面就行。」我說，看著滿地的狼藉，散落的相片和一旁的骨灰盒，我的眼淚又不自覺的流下，明明我就快救到你了啊，明明只差一點點……。

最終弦安決定去本國的生技公司做治療，卻不幸喪生，回到家的妻子看見餐桌上有一封信和一張銀行卡，信中寫到：「我不能讓你在沒有保障的情況下生活，就和你為我著想一樣，原諒我的擅自主張，如果治療失敗了，你就拿著這些錢去替我完成夢想，我們小時候的那個約定。」信中一個愛都沒有，卻又傾訴著許多無形的愛意。

好，弦安，我答應你。

歸

我的表弟弦安那時還眨著晶瑩的淚珠盼我留下，但那時只積極培植半導體產業的家鄉，實不是我的心之所向，今天再次踏上這塊土地，慨然之情立刻浮現。

雲林／虎尾高中／廖翊辰

★

大廈林立，五光十色的霓虹看板迷惑了視線，在A國的城市裡，平時是難得有風的，早止歇在擁擠匆忙的步伐裡，可今天我，竟感受到一陣微風，帶點秋日裡的蕭瑟，卻又沾染了春日的和煦，像是廢墟中的生機。

我是一名B國的研究人員，在如今已完備且蓬勃發展細胞治療產品的B國研究領域中，扮演著舉足輕重的角色，我與團隊積極開發不同可能，致力快速地通過四期評估，終於在二〇二二年之後，邁向另一個里程碑。遙想當年毅然決然離開A國到B國研究的自己，一定想不到會有今日之成就吧！我的表弟弦安那時還眨著晶瑩的淚珠盼我留下，但那時只積極培植半導體產業的家鄉，實不是我的心之所向，今天再次踏上這塊土地，慨然之情立刻浮現。

為了幫助弦安治病。

茶几上，熱氣嫋嫋，歲月在人們身上雕琢修改，去時才到我肩膀的小男孩，現在已超過我半顆頭，是明星高中的專業教師了。茶水氤氳的霧氣間，依稀可以看出那個淘氣的神韻，卻多了幾分憔悴，花開花謝過幾個年頭，時間已在指縫中溜走。在聽完弦安目前考慮的三種治療方案後，結合當今A國發展細胞治療的方案及現實經費考量，自費使用B國的細胞治療產品固然最佳，但湊齊一千萬實在是如天方夜譚，此外，若在A國自費私下進行細胞治療，風險過高且未知。因此我建議他採取標準治療，雖然需冒著癌細胞擴散至鄰近組織或淋巴結的風險，但一旦進入第三期，我便可立即為他申請補助使用B國的細胞治療產品，自我手中而出的產品，我有信心。

趁著為弦安解決困擾之契機，回到A國的我還有另一個目的，借助B國已成功發展的經驗，協助A國的細胞治療研究及臨床實驗，使更多人免於如弦安須做出抉擇，讓細胞治療產品能更普及於世。A國雖起步較晚，但如果仿效B國成功的經驗，有朝一日會起飛是可預見的；我也請A國以C國的政策為借鏡，不要操之過急而鬆綁法規，這樣品質便無法保障並出現許多詐騙案件。目前，A國的各家藥廠、醫學中心及生技中心正如火如荼爭取時間，盡力使A國能早日通過四期評估，成就是指日可待的。出走並回到家鄉幫助表弟及產業發展，一抹笑靨綻在我臉上。

大廈林立，五光十色的霓虹看板迷惑了視線，在A國的城市裡，喧囂人群中為何今日獨有風的襲來，原來是細胞治療正要乘風而起，展望未來，希望弦安能順利康復，且A國能藉著B國成功的經驗發展起來。

機會成本下的公平交易？

曾經，我也是其中一員，如今，我卻只想回到那場過分放大經濟效益的決策會，向眾人揭示為了營造政治人物的豐功偉業，未來將有多少枚希望被迫泯滅。

臺中／曉明女中高中部／王品昕

★

冷清的房間裡懸宕著雙雙抽泣聲，我和弦安面對高昂的醫療費用束手無策，嗷嗷待哺的幼兒在房間角落不安掙扎，我望向弦安漸顯闇弱的目光，嘆息萬千。

遙遙憶起這個國家走向繁榮的歷程，政府在一九七〇年代經過「慎重的」考量及機會成本計算，暫緩細胞治療研究，全力投入半導體產業。我依稀記得那些鏗鏘磅礴的說詞，那句「重要且緊急的事必須先動工」如何激昂了人民，燃焚了蕭條經濟下失望的心靈。曾經，我也是其中一員，如今，我卻只想回到那場過分放大經濟效益的決策會，向眾人揭示為了營造政治人物的豐功偉業，未來將有多少枚希望被迫泯滅。

倘若能夠返回一九七〇年，我不會再受到政客們近乎癲狂的呼聲所擾，而是登高一呼讓所有的人們明白這場交易需付代價。四十三年來，縱使半導體產業扶搖直上，國內人均收入亦是平步青雲，弦安也曾任半導體公司中的要職，身為妻子的我也曾夢想無比廣袤之光景，渴望拋卻物價上漲的壓迫與恐慌。然而，隨著電子工業的蓬勃展開，國家所需電量已到達迫促困窘，火力發電廠的興建嚴重危害空氣品質，資本家卻依然故我的執行著，國民年均致死疾病終於由肺腺癌「一舉奪冠」。

回到一九七〇年，我將身負重任投入反對的鏖戰之中，沒有絕對公平的利益交往，並非要擊碎人們給予大好將來的嚮往，而是要提醒難以計數的雙眸，目光如豆僅聚焦於當前獲利是愚昧的，長遠的貿易才得以看見是否伴隨了不可挽救狂瀾之頹敗。身屬這「公平交易」下犧牲者的家屬，我經歷過微渺希望的餘燼殘溫，自然了解經濟復燃的重要與急切，亦深刻體驗渴望落空的切膚之痛，並從中頓悟了「健康是買不得的資本」。唯有回到過去進行廣大的呼籲行動，拭亮國人受到利益蒙蔽的肉眼，才能在全民公共投票中，讓A國導向相對絢爛的康莊大道。

天際線的火光逐漸熄滅，最後一絲塵埃也落定，房間裡不再飄散汙濁的空氣，我和弦安相視一笑，企盼著不再拋卻機會成本的——公平交易。

國中九年級組首獎

熟悉的陌生人

新竹／成功國中／涂雁云

關了燈，躺在床上，我究竟是誰呢？或許是光鮮亮麗的主播，也或許是膽小怕事的平凡女子，或許是站在道德選擇線上，左顧右盼的一群人，還是在大家眼中，那位最熟悉的陌生人？

★

「十秒後準備」，我眼睛看著前方的專業攝影機，打光、收音都站上了崗位，眾人匯集目光盯著我，我輕輕放下新聞稿，上頭畫滿了亂雜的筆記。我是一名入行三十年的資深記者，所有大風大浪對我來說彷彿過眼雲煙，我看清人情冷暖，也看見世事轉變，我知道我正改變一個個人的生命，我站在主播臺前，一遍遍訴說最令人注目的「真相」，如此堅定。

「日前，知名網紅董楓評論網路書店打價格戰，不顧作者心血。不過本臺獨家接獲網友爆料，董楓私下給直播主更低的價格販售，也被證實其和出版社的簽約並不像發文內容如此壓榨作者權利。如此複雜的商業之爭，背後隱藏了鉅額的利益？本臺將持續鎖定，為您做最完整的新聞報導。」

我走下了主播臺，把身上的麥克風拆了。晚上九點，新聞臺裡電話仍不停響起，我向窗外一看，沒有車水馬龍的街道，不是燈火闌珊的住宅大樓，我看到的只有背後忙碌的倒影，和一位穿著西裝外套的陌生女子。我看了好久，才發現一顆淚珠從臉上滑下，我竟然認不出自己。下了樓，主管高興的跟我說，我們的獨家受到了觀眾們的巨大迴響，收視率更是突破了今年新高，成長了近六倍！我附和著笑笑，心裡卻捲入了不安的深淵。我站在全國觀眾前，說著最令人信服的語言，頭條焦點，獨家專訪，成了夥伴們汲汲營營追求的目標。我們一直在衝刺收視率的目標上努力，事件越多人關注，金錢便源源不絕的飛來，這一切，我為的，只有錢嗎？

回過神來，我想起家裡還有事情要忙，趕緊收拾回家，一打開家門，打開電視，熟悉的場景，又一位專業的記者，眼中充滿赤誠，熱得發燙。

「最新消息，知名網紅董楓受到大量網友質疑，多數粉絲也紛紛退訂頻道……」電視遙控器下的倉促收尾，我一個字都不想再聽下去了。世界不會停止，也許董楓正承受的輿論壓力是我無可想像的，片刻間，我無法停止腦中浮出的罪惡，只好無力的躺在沙發上，看著秒針一圈一圈的繞，每一秒都是世界顛倒的證明。

我多希望我和這件事沒有任何的關聯，我想成為能讓新聞臺詞一句句滑過耳邊的陌生人。三十年來，我無數次的懷疑著自己，一次次踩上了難以接受的道德底線。評論留言沸沸揚揚，世界不停前進，一則快報接入手中，我眼前的，只有機器，看不清每個在電視機前的面孔，我在這條道路上迷惘，同時向前大肆宣揚。突然我收到了手機簡訊，主管通知我明早提前一小時上班。

關了燈，躺在床上，我究竟是誰呢？或許是光鮮亮麗的主播，也或許是膽小怕事的平凡女子，或許是站在道德選擇線上，左顧右盼的一群人，還是在大家眼中，那位最熟悉的陌生人？

我消除熟悉的幻想，陌生的世界，明天還等著我。

賞析

作家、允晨文化發行人／**廖志峰**

網路是王道的時代，媒體的角色與網路自媒體成為互補與助攻的最佳拍檔，這種拍檔的主題選擇可以是政治面，可以是社會面，更可以是文化面，但是，兩種媒介同樣互相爭奪話語權。

這篇〈熟悉的陌生人〉，就是以網紅作家在網路評述網路書店折扣戰所衍生的軒然大波，回過頭來審視新聞的源起。在強調聲量流量的年代，譁眾取寵，獨家報導，在訊息爆炸且時間有限的時代，是吸睛的不二法門。這種淺碟現象，令人擔憂。本文從新聞從業者的角度來檢視新聞的操作，令人驚豔。文章一開場就令人讚賞，直接把讀者拉到新聞現場，臨場感十足，繼而讓讀者進入媒體工作者的內心，雖未申論網紅作家的言論，卻透出評論者對被評論者之間的某種同理心，這樣的同理心，耐人尋味，也令人感嘆。

願你守著那道光

我把夢想寫進了文章，說為了作家夢可以拋下六便士追尋月光，跌得粉身碎骨也在所不惜。如今的我，卻成為平凡無奇的一名上班族，做著我不喜歡的工作。

金門／金湖國中／**陳子茉**

★

暗黃的燈光黲下，落在書櫃邊積滿灰塵的一隅。在這個比我租的房子大上好幾倍的空間裡，除了倚著櫃臺近乎睡著的店員，整間書店裡的讀者唯獨就我一人。

比起面對初見的同事，我更喜歡與書對話。小時候喜歡在爺爺奶奶的書櫃裡東翻西找，從一疊泛黃陳舊的書籍裡，愛上了金庸的武俠，在黑暗裡用手錶的光照著看書，是比滑手機幸福太多的事。

高中時期，我愛上了網紅作家董楓的小說。雖身為一個女孩，我的骨子裡卻不知怎麼刻著一個在虛構世界裡勇闖江湖的夢。我深愛董楓筆下的凌煙，身為女子卻不畏鬚眉，為自己的家族報仇雪恨。

那時的夢想是想當個作家吧，還記得學測作文時，我把夢想寫進了文章，說為了作家夢可以拋下六便士追尋月光，跌得粉身碎骨也在所不惜。如今的我，卻成為平凡無奇的一名上班族，做著我不喜歡的工作。

那天在網上，看到董楓發文說如今的作家多麼不賺錢，利潤幾乎被出版社磨光。我當時竟有些慶幸自己當初沒有選擇這條路，當時青春飛揚的少女沒料到自己會那麼快被現實磨平稜角，如今卻不想承擔世間的風霜。

我沒有像那些網友一樣抨擊網路書店，畢竟人都是為了生活，日子也不好過。聽說誠品開書店虧了十幾年，全靠商場的店租吃飯。那網路書店壓價競爭又能賺得多少？生活在一個書籍逐漸式微的時代，只能說是我最大的悲哀。

不料幾天後評論又轉向，開始抨擊董楓為了提高銷量而低價賣給團購商，折扣甚至低於網路書店。有人在留言區說董楓其實還保有他的利潤，網路書店才是受害者……。在新聞媒體的渲染之下，有人說，董楓的事業快要做不下去了。

在滑完整個留言區的過程中，我沒有參與任何討論，只是默不作聲的為這個世界哀嘆。我只希望董楓能一直把小說寫下去，畢竟，他給我了曾經鑄就夢想的那道光。

我堅定點擊留言區的關閉按鈕，找到粉絲的私訊頁面，敲敲打打，規律的敲擊聲響徹整個房間。

「董楓您好，我是一名忠誠的粉絲，最近大家因網路售書誰得利的問題爭論不休，不知您是否願意自己架設網站販售電子書呢？」

他已讀不回，但今晚他有個直播，我屏氣凝神的等著。

我放棄了追尋夢想，但我依舊希望，有人願意在黑夜裡為我守住那道光。

一封建議

我的手不受控制的舉了起來：「老師！日本的書店都經營得很好呢！不僅沒有倒閉的憂慮，還發展得越來越好。我查了一下他們的法規，看到不錯的制度。」

宜蘭／宜蘭國中／**楊宇玹**

★

在明月高照的深夜，時間的腳步已然跨入三更。我看完網紅董楓的貼文後，意識到臺灣出版社和作者們正面臨的無數困難。「叮！」一則訊息從手機上端彈出，這才讓我知道已經來到「明天」的第一分鐘，因為七小時後還得準時到學校報到，我加快了手中滾輪滑動的速度，加緊查閱有用的資訊。

打著大大的呵欠，一邊聽著鐘聲輕快的唱著——上課了。在考完小考後，老師問了問題，我精神頓時百倍。「同學們現在都去哪裡買書？」須臾間，教室抹去了一層寂靜，回答聲此起彼落，「書店！」「網路商城！」「圖書館！」……「圖書館也是『買書』麼？」「因為書太貴了嘛！而且買來又貶值……。」接著，老師再次加入討論：「同學們都很棒呢，還有許多人去書店買書！不過剛才有聽到了重點，就是網購和二手書，確實低價不少，這也是出版社和書店目前面臨的最大難關……」我的手不受控制的舉了起來：「老師！日本的書店都經營得很好呢！不僅沒有倒閉的憂慮，還發展得越來越好。我查了一下他們的法規，看到不錯的制度。」接著，我被請到講臺上。

我繼續講了下去：「其實，日本的書籍都已經標記好現在的『價值』，甚至連未來變成二手書的價格也都寫得明明白白。而且政府的法規，也是書店發展的重要元素！他們規定，無論在實體店面，或是網路商城，都是『均一價』，一本書的狀況只要相同，價格必也相同，如果不同，那家書店除了要付出重金作為代價外，下次進貨書籍時，將要以更高價才能買到同樣的書，可說是『得不償失』。」原來臺灣缺少了完整保護出版社和作家的法規，才會有現在正面臨的困境！下課鐘再度噹噹響起，為精彩的一堂「有趣的閱讀課」畫下了句點。

回到家中，懷著喜悅的心情按下電腦的開機鍵，把日曆上「四月七日」的格子畫掉，又是精彩的一天。耳中聽著咔咔打字聲，一篇寫給政府的建議信件被我存在桌面上。「今天早點睡吧！明天再去查要傳給誰才好。」在閉上眼睛時，我許了一個願望：希望書籍會永遠存在我們的生活中。

觀・閱

而一個事件能如此精彩，也多虧了諸多局外人的幫助，語言是一把雙面刃，可讓自身和他人滅亡；輿論，是一個可畏的力量，三人成虎，十傳百，百傳千。

宜蘭／復興國中／**盧懿翔**

★

這是一件發生在二〇二三年春季的事，那原本是一個風光美滿、春暖花開的日子，沒想到……迎來我人生的冬天。我，是楓芒出版社的總企劃，日常的工作是統整書冊的大小事，因在大學畢業後，對文學出版有著夢想，才在機緣的巧合下，入職了這家公司。歷年來，我都辛勤的履行著自己的職責，也在我多年的奮鬥下，爬上了現在的位子，但現在的我……什麼都付之東流了。

這一切要從……那一則貼文說起。以前，我都常在工作閒暇之餘，上社群看看許多事物，在四月六日，我看我老板因推銷新書，而在社群上發了一則貼文，因我的老板本就小有名氣，所以在一開始，我們的出版社也增加了諸多銷量。但因文中有著一些對於網路書店的指控，才使事情變得如此難以控制。在四月七日，老板的貼文如同吹哨者，使其他同行也探出頭來，一同指責網路書店的「暴行」，以致事件的暴風也逐漸擴大，許多的網友也一同站在我們的陣線，將文字化為槍砲，打響事件的第二槍。再經過一陣時間，事件逐漸冷卻，以為事件落幕後，卻意外的來了一大轉折！四月二十一日，在一個風和日麗的早晨，卻傳出了警訊的聲音。有一名網友，在披著「內幕」的外皮下，對著我們發出了使出版社倒下的致命一擊，造謠老板董楓利用作者賺取不當收入來當藉口，實則是作者有得到保障，而想以作者沒收入來打擊網路書店。經過文字的渲染，許多人站在了造謠者的立場，正式的使我失去了工作。而一個事件能如此精彩，也多虧了諸多局外人的幫助，語言是一把雙面刃，可讓自身和他人滅亡；輿論，是一個可畏的力量，三人成虎，十傳百，百傳千。有的網上發言更是令人致命，每個人都可成為那加害者。

立場，是一個許多人的共識，但它並非真理也非絕對。一件事要以多角度觀察，才可在層層外殼下找到真相；當剝去層層語言，才可得知事件的本質。或許麻煩，但必然有價值，也更能讓人得到啟發。

媒體識讀，是一種可貴的能力，除了發現真假，也可探出社會的縮影。我們看見、聽見，並不一定為真，而一句語言，也可能有許多個人的觀點，所以多角度的觀察才可發現真相。世界是真的嗎？文字、語言一定是善良、正面？雖然我並不知道，但唯有更多資訊，才可漸漸了解。

國中八年級組首獎

曙光．為母之心

我聽見鐵鏈碰撞的聲響，迴盪在玄關，我沒有打算批判誰、教訓誰，只是憐憫這個日新月異的社會，有太多不成熟的變遷，如浪濤般擊打著那些年輕的衝浪者，令他們無助窒息。

新北／桃子腳國中小國中部／**周禾寧**

★

二〇二三年，四月，二十二日，星期六，微雨。

清早揭開被窩，窗框上掛著午夜延續至破曉的雨珠，沿著牆垣緊緊挨著向下滴落。圍裙繫在腰間，鍋中的蛋液尚待油熱，未凝固；瞥見女兒書房的檯燈仍亮著，知她又一夜未闔眼，我嘆了口氣，現代的年輕人啊！張口輕喚：「楓兒！早飯好囉！緊出來！」

她漫不經心地滑著一則則評論，額角卻爆出青筋，雙手緊握著顫抖，女兒眼中的血絲和眼角的淚痕，充分顯示出這兩週的心力交瘁。我夾了一片剛煎熟的牛肉：「餓就多吃點……。」提著菜籃關上家門，我聽見鐵鏈碰撞的聲響，迴盪在玄關，我沒有打算批判誰、教訓誰，只是憐憫這個日新月異的社會，有太多不成熟的變遷，如浪濤般擊打著那些年輕的衝浪者，令他們無助窒息。我是所謂「被科技淘汰的老人」，我不能理解眩目斑斕的網路書店，抑或字眼尖銳的評論彈幕，但身為一位稱職的母親，我卻能眼睜睜諦視子女沉淪其中，目睹他們的言行遭放大檢視，然後成為千人所指。

冷空氣在肺腔橫衝直撞，我感到暈眩。她自幼便是個倔強的孩子，愛上文字便能終日埋首書堆，怡然自得，我總欣慰的含笑注視她，依偎在搖椅上含英咀華，楓兒常常拉著我的衣襬，宣誓著當作家的宏願，她眸中有光，叫人不忍將其熄滅。她還記得嗎？幼時她坐在板凳上挑菜，我囑咐她為人要謹慎，否則一旦疏於修養，便會如同被蟲蛀蝕的菜苗，留下火辣辣而不可磨滅的疤。我教她不打誑語、不欺騙，教她寬容和低調，她是否都忘了？

她需要謀生、金錢和關注，但我從未教她為了搏眼球而採取激進策略，我更不希望她心口不一，甚至為達目標無所不用其極，一步錯、步步錯。我不知道將女兒從泥沼中拉回的機率有多少？或許她即便知曉前方荊天棘地，仍會義無反顧地走。或許出版商、酸民、網路書店各有各的立場，是非洪流之中，一切早已模糊而難辨。但楓兒，妳知道嗎？網「紅」的「紅」，是淌血的顏色，妳要戴著多少張面具，擁有多麼堅韌的心靈，才能在狂風暴雨中昂首挺立，而不迷失澄澈的本心？

賞析

作家、允晨文化發行人／**廖志峰**

網路時代，作家、讀者都可以在網路上快速尋找出自己關注的焦點或受眾，交流的頻率更為密集，反應時間更短，甚至沒有時間深思，影響的範圍更廣泛而且巨大，這種巨大的力量有時會吞噬原本脆弱的基石，造成難以估算的災難。網紅作家董楓出版新書，因發言感嘆所引發的一連串正反回應的媒體現象，就是反映出時代的現象。

這篇〈曙光．為母之心〉，不從各種言語交鋒寫起，反而從網紅作家的母親視角切入，提供了不同面向，令人印象深刻。文章的重點落在網紅作家的成長背景，重建或還原作家的書寫本事以及人格特質，抒情意味濃郁，卻也帶來反思：我們在虛擬的網路世界衝鋒陷陣或交鋒，背後都有真實的人生，而人的溫度亦是這篇文章脫穎而出的原因。

國中八年級組感動類優選

為了人與書的相遇

經濟利益總是蒙蔽了世人的雙眼，高價或低價出售，真的能決定這本書的價值嗎？一味的爭吵與比較，閱讀似乎已成了為了「跟隨潮流」，而非以往的享受閱讀樂趣。

嘉義／民生國中／黃苡晴

★

螢幕上偌大的字幕寫著：「恭賀本書蟬聯熱銷排行榜冠軍！」網路書店熱銷眾多書籍，包羅萬象，應有盡有，科技日新月異的時代，電子通訊串連了世界。我是一本知名作家推出的書，在網路書店的「最新專欄」裡，懷抱著滿滿的希望；我亦位於陰暗紙箱裡，不明白即將前往何方……。

發車了，引擎聲響起，搖搖晃晃的出發了。我與其他書籍碰撞，歷經漫長旅途，車子終於停止。我感受到全身輕巧，卻頓時被砸落在地，半晌，一個面貌和藹的女士打開紙箱，捧起我，驚嘆：「哇！這不是最新出版的小說嗎？」接著，她將我擦拭一番，放上了書架。原來，我被運送到了當地的書店，書架裡，我與其他書籍依偎在一起，看著被歲月磨蝕褪色的立牌，寫著：「熱銷新書」，雀躍油然而生，我期待被翻閱，被購買，被喜愛。

那日，黑雲壓境，雨點滴落於櫥窗前，兩位全身被淋溼的青年，推開玻璃門。「呼！躲躲雨，看個書也好！」「咦？那不是最新熱銷的新書嗎？」「怎麼這麼貴？網路上好像只要半價！」「這樣對作者而言也太不公平了！」……談話聲不斷，看著店員面有難色的樣子，兩位青年指指點點，僵持了許久，又聽見聲音。「唉！董楓，你趕緊替這位作者抱不平啊！」「好，我決定在我的社群平臺上推銷。」隨著兩人逐漸靠近我，直到將我拿起並裝入紙袋，我內心五味雜陳，不知所措。

屋外仍下著滂沱大雨，紙袋溼漉漉的。跟著兩名青年回到家，我看見各式燈光、鏡頭、布景，剛剛聽聞的董楓，好像是名網紅。接著，他拿起相機，在我身上打光，拍下各式各樣的照片，便將我置於一旁；他輸入語言訊息，一字一句，嵌入心坎。「這是最近熱銷的新書，但由於網路書店價格過於低廉，我在此為作者爭取利潤，唉，這個年頭的作者都快活不下去了。」一發布，訊息聲連綿不斷，網友及粉絲看似十分支持，殊不知，這是一場網路與實體書店的爭霸戰……。

對於此則貼文，支持與反對、抗議與批評不斷襲入耳際，然，我卻依然被置於案前。經濟利益總是蒙蔽了世人的雙眼，高價或低價出售，真的能決定這本書的價值嗎？一味的爭吵與比較，閱讀似乎已成了為了「跟隨潮流」，而非以往的享受閱讀樂趣。這場人與利益的糾紛必然重複且未曾停止的上演，而我，不在乎售出的價格，不在意是否能受歡迎，只希望能帶給人們片刻的美好。

那便是書對人，一種不求回報的悸動……。

開端

或許……這是上天給我的旨意，我來到事情的開端，從零築起我的世界。我拭乾淚，現在的心情非常平靜，平靜得絕望，卻在絕望的幽谷中，燃起一絲希望。

臺南／建興國中／張芳瑜

★

「各位粉絲朋友們大家好，我是董楓。今天是四月二十二號，晚上八點我開了直播，想和大家道歉。對於網路書店此事，我不過想多出售些新書罷了……我非常抱歉。」之後經過約莫一個小時，我關掉直播。

我到底在幹什麼？想多獲點利，想推銷新書，結果呢？現在身旁堆了滿滿一個房間被退還的書，手機一打開又是一堆負評和咒罵訊息，IG粉絲和YouTube頻道訂閱者紛紛退掉，所有努力付諸東流。

我還不如死了算了。

我從十一樓縱身一躍——

「小姐小姐，妳醒了嗎？」我揉揉惺忪睡眼，看著眼前的男孩，「妳在這邊睡了三個多小時，咖啡店要打烊了。」

等等……，今天是四月五日！是事情發生的前一天！可是我不是已經死了嗎？一切好混亂，我只想快點回家……。回到家後，書仍舊躺在書桌上，一切彷彿什麼也沒發生過。「我只是……只是需要錢，我爸爸得了癌症，媽媽又早逝，我又要養活自己，出書的一點小錢根本不夠用……。」我打開社群帳號，粉絲數是零，或者，應該說我根本不存在過，維基百科也是一樣，找不到「董楓」這個人。

或許……這是上天給我的旨意，我來到事情的開端，從零築起我的世界。我拭乾淚，現在的心情非常平靜，平靜得絕望，卻在絕望的幽谷中，燃起一絲希望。

董楓我一無所有，但我有書、有筆，還有……我。

我開始設定帳號，上傳影片，寫更多的書，但我絕不重蹈覆轍，不屬於我的東西我不貪多，不關我的事我不干涉。就這樣，我的粉絲逐漸增多，甚至超越以前，我依靠自己的力量，用我的人生歷練寫出更好、更多的書。我的爸爸最後因為癌症末期過世了，他告訴我：「在這漫漫的人生道路上，妳不會是孤軍奮戰。」雖然醫治他的病花了我不少錢，但是因為他，才讓我了解我有必要活下去；因為他，才讓我明瞭原來我也值得被愛。

「那就是事情的始末。今天就講到這邊，謝謝大家的聆聽，還要支持我的新書《開端》哦！」現在，三年後成功的我，常到處宣傳、演講，並且常告訴大家要愛惜生命，儘管我的人生故事常被說虛幻，但我不在乎，我只做自己。

我是董楓，每週六晚上八點記得準時收看，再見！

假如我來到未來——對網路酸民的省思

高雄／正興國中／劉芃妘

明明什麼都不了解，卻又裝成什麼都知道一樣，或許，這就是網路裡的黑暗。明明可以更謹慎的留言，卻不經思索就發出評論。如果可以，我想改變這樣的風氣。

★

媒體識讀一直是現代熱門話題。不單是網路的發達，詐騙及跟風現象也是原因之一。而在今年的某一天，發生了一起有關媒體識讀的事件，讓我們對此進行檢討。

四月七日，由於一位作家的批評，導致大批網友開始指責網路書店，使網站癱瘓。但大部分人都沒有仔細的思考其中細節，沒有證據指證一切都是網路書店的錯，甚至和此事根本無關。他們有立場嗎？沒有。明明什麼都不了解，卻又裝成什麼都知道一樣，或許，這就是網路裡的黑暗。明明可以更謹慎的留言，卻不經思索就發出評論。如果可以，我想改變這樣的風氣；但只憑我一人，是遠遠不夠的。為此，我希望能藉由眾人的力量，來探討網路事件的起因、過程，和它應有的結果。就像有人曾說過：「智者解讀，愚者跟風」，對於此事，我們應抱有一定的懷疑。如：為什麼這位作者的書會滯銷呢？真的是因為網路書店才這樣的嗎？若真是如此，為什麼最後網路風向又改變了呢？……網路上沒說到的，還有不少需查證，身為一位好公民，怎麼能隨意批評、攻擊他人呢？每個人都有不一樣的想法，對一樣的事物會有不同的解讀。網路世界就像迷宮，亂走可是走不出去的。我們應尊重他人想法，接納他人意見，才能真正看清事物的兩面，避免成為「網路牆頭草」。

我希望網友們可以做到「喜不張揚，怒不抨擊」、「三思而後行」。在了解事情的全貌後，也能保持冷靜、客觀的心理。希望在那位作家澄清事件的前因後果的時候，大家都可以正確解讀、分析，而不是一味主觀的攻擊別人。在此提醒，隨便留言、點讚是會背上法律責任的，千萬不要貪一時之快，以身試法喔。

最後，我希望大家都可以正確解讀網路資訊。網路其實就像一張雙面鏡，看清兩面才能讓自己「衣冠楚楚」。我不會對這起事件有太多的主觀意見，因為我知道不久後不論是作家或是書商，都會有正確的回應。意見，本就不分對錯。媒體識讀，更需建立正確觀念，讓我們一起。

偶像・嘔像

突然覺得，我所謂的「偶像」其實就只是個擅於迎合大眾、無所不做的「嘔像」，我竟把這種人視為聖人。那一刻，我覺得自己真蠢，覺得自己的判斷力非常低。

高雄／復華中學國中部／宋咨霈

★

「叮——」的一聲，我知道我的偶像——董楓，在社群平臺發文了，今天是他發行新書的日子。我迫不及待的點開他的文章。準備看看我的偶像，這次又發了什麼文。

開頭，果然是在推銷他自己的書，越往下看，他的一字一句都讓我感到忿忿不平，覺得網路書店也太狡詐了，為了多一點銷量竟是採取削價競爭的方法，這對作者的努力也太不公平了吧！他們也是人生父母養的，這樣剝削他們也太惡劣了。我立刻到文章下面按讚，留言區也有很多對網路書店的不滿及謾罵。我在心裡想著：「果然大家都還是站在董楓這一邊的！」一邊想著，一邊在旁邊按下購買鍵來支持他。

次日，我再去看了那篇文章，越來越多人為董楓討公道，身為他的粉絲，我真是替他感到高興，許多出版社也出來表示不滿，我愈發覺得偶像真是個大好人，透過自己身先士卒，來替眾多作家發聲。於是，我就跟著網友湧入書店網站，瘋狂的留負評，甚至癱瘓了該網站，但為了偶像，做什麼我都無怨無悔，絕對。

直到兩個星期後——

那天，我照常點開了社群軟體，想看看我的偶像有沒有再發文，然而映入眼簾的，卻是一連串的質疑與謾罵，認為董楓根本沒資格扮成一個受害者，在網路上裝可憐、求關注。「這不是真的。」我心裡這麼想。可是，越往下滑，看到的，卻是驚人的內容。我雖然很想替偶像抱不平，可是我沒有證據說他們說謊。於是我躺回床上，想要來看看董楓剛推出的那本書，但那枯燥乏味、不具新意的內容實在無法吸引我的目光。我開始回想過去偶像的所作所為，但越想越覺得，過去他的各種行為，皆不太恰當，有些甚至可能觸犯法紀。而過去的我，竟然默許了這種行為，突然覺得，我所謂的「偶像」其實就只是個擅於迎合大眾、無所不做的「嘔像」，我竟把這種人視為聖人。那一刻，我覺得自己真蠢，覺得自己的判斷力非常低。

次日一早，我就退訂了董楓的個人頻道並在社群軟體封鎖他，原來，我所謂的「追星」，其實就只是盲目的跟隨，當天傍晚的直播，也只有零星的人上去觀看，他的粉絲大多都跑光了，那些人也包括我自己。

明天，我將會活成一個全新的自己！一個有主見的自己！

賞析

作家、元智大學中語系教授／**鍾怡雯**

這篇作文題目已經訂得非常清楚，偶像和嘔像一字之隔，其實也可能是一體之兩面。當讀者醒過來，被崇拜的偶像，或許就是要被唾棄的嘔像。作者敘述網紅董楓如何由偶像成為嘔像，背後是對網紅現象的反省和批判。這篇作文其實頗類小說，好也董楓，壞也董楓，端看讀者是從哪一個角度來看，或者看到了什麼。當然也可以反過來說，好或壞的董楓都是讀者造神造出來的。董楓不過是讀者的虛擬投影，一旦讀者醒來，這個幻影便幻滅，沒有所謂真假好壞，一切唯心造。因此文末結尾說得好，有主見的讀者才是王道。

期許

許多網友也紛紛支持網紅，一同為作家未來的命運而戰。我心中充滿感動的淚水，我的書在幾天之內銷售量暴增，我看見光明的未來正朝我奔來。

臺北／薇閣中學國中部／徐岳

★

在古代，能夠識字便是社會中的聰明之士；後來，能夠出書名聲便傳到鄉里外；而今日，作家的地位日漸降低。想到年幼時，看了一本小說，點亮了我心中陰暗的人生之路，使我立志成為一名傑出的作家。

從國中開始，我便博覽群書，發憤苦讀，成功的讓作文能力一舉攀登到了高峰，成為一名作家。然而，因為網路書店以及製作書本技術的興盛，我的書賣給商店的價格有如掉下懸崖般極速下降。我的收入減少，意味著經濟能力下降，當時每天省吃儉用，過著極為辛苦的日子。我曾一度想要放棄這份工作，幸好有家人的陪伴，我對於寫作的熱愛重新回到我的心房中，雖然寫作是我的喜好，但收入始終沒有回升。

近日，一位網紅於社群平臺上發文推銷我的新書，我的希望有如浪花一般湧現，且這位網紅還體諒我們作家極為辛苦，只能靠著微薄的薪水過活，許多網友也紛紛支持網紅，一同為作家未來的命運而戰。我心中充滿感動的淚水，我的書在幾天之內銷售量暴增，我看見光明的未來正朝我奔來。

幾週之後，我發現在網路上我的出書價格越來越低廉，是魔鬼在判決我未來的命運嗎？還是出版社不看好我了？難道人們覺得我的書過時了嗎？種種負面情緒纏住我的心，頓時我腦中一片茫然。我便上網去那時支持我的網紅的社群平臺，發現網友揭露那位網紅其實表面支持我，而暗地從中牟利……。一面沉重的黑牆堵住了我心中的希望，這些支持的力量都是假的嗎？

今晚，那位網紅將開直播說明，而我將為作者而戰，向社會說明。每個人的喜悅來自我們作家的一字一跡，這是由數年努力和情感萃取而來，我們的收入應受到保障，而不是任由網路書店踐踏。

當年的我手中握著一頁頁黃紙，彷彿指引著我的夢想，如今，鮮少人會閱讀紙本書籍，而轉向網路線上閱讀。這個線上化的世界，正纏著我的四肢，緊緊的，使我無法動彈；我的夢想，也被蓋起來，彷彿將埋於土中千年不見。請救救我，解開我的繩索，願世人繼續閱讀我的書，讓我的夢想重新在豔陽下照耀。

天秤的兩端是一種抉擇

我停在抉擇的十字路口，寸步難行。近日商機持續下跌，不論名氣還是盈利，網路書店的出現，奪走了聚光燈。然而，網路書店進行施壓一事，似乎是董楓自行的放大說詞……。

新竹／康乃薾雙語中小學國中部／陳宥羽

★

夜幕低垂，繁星點點。我翻閱著厚重的書本，細細品嚐一個個墨黑文字方塊。看著眼前冰冷的科技螢幕，信箱突然跳出一則未讀取的郵件：董楓，二〇二三，四月七日寫到……。

輕敲那新鮮的信件，我一個人在闇黑的孤獨工作著。「親愛的出版社老板您好，關於網路書店狂打價格戰的事，您也聽說了吧！您是否同意小的想法，並表示支持？」嗯……，我想想，「董楓您好，方便帶著證據明天下午在咖啡廳見嗎？目前先這樣暫訂。」

橘紅夕陽籠罩著大地，快步疾行至街角咖啡廳，董楓早已於此等候。我心中自有盤算，提著我的公事包，從容的拉開椅子並坐下。「您好，這裡是我查到的數據。根據這篇可信任的文章，可見……。」網紅董楓說了許久，我優雅的端起彌漫香氣的咖啡，小品它的單純。我深深明白，透過董楓的字字句句，他無非是渴求一個只屬於他的新時代浪潮，掀起一波波關注巨浪。他好似看見了我面有難色，好似計畫跟他所想一致。他不慌不忙的拿起另一份報告，「您果然還是不認同嗎？請想想，身為一個出版社老板，網路書店就是您的勁敵！若您發文公告，粉絲們也支持我的意見，豈不是雙贏？」董楓激動的起身拍桌說道。

竟然，董楓好似成功說服我了。

思忖著公司利益，原來，我停在抉擇的十字路口，寸步難行。近日商機持續下跌，不論名氣還是盈利，網路書店的出現，奪走了聚光燈。然而，網路書店進行施壓一事，似乎是董楓自行的放大說詞……，若網友不認同怎麼辦？這不就意味著我們出版公司就要關門大吉？仔細掂量兩者重量，我堅守正義——誠實是首要，名氣為其次，不捏造虛假訊息，往往才是希望的鑰匙。我提起公事包，悄悄收回一直貼在桌底的錄音器，起身、轉身，不發一語，一去不返。

或許善與惡之間看似差之分毫，實則失之千里。它們之間的橋，如此難以跨越，我心想。啟動電腦，看著一則則最新的新聞頭條：「驚！網紅董楓捏造事實？」「網紅和大老板私下談！」「董楓最新消息都在這！」如此誇大不實的標題，我的頭開始隱隱作痛。無奈之下，我寫道：停！請停止混亂，詳情請看此影片。我將原影片上傳，喘了口氣。

網友們，剩下交給你們了！請睜開雙眸，善與惡之間，抉擇握在你們手中，天秤是否平穩，是一個選擇。

查證

如果哥白尼和伽利略也盲目跟從民眾的想法，就無法發現所謂的「地動說」；如果萊特兄弟聽從世人的想法，我們就無法搭乘飛機，翱翔在天際中。

新北／海山高中國中部／梁嘉芸

★

日常生活中，人與人相處總會有些許摩擦，有了摩擦，便會開始爭論不休，唯一能化解此紛爭的，就是「查證」，唯有查出真相，才能將事件導向正確的道路。

有位網紅批評網路書店狂打價格戰，使書籍作者利潤減少，網友便開始大肆抨擊網路書店。幾天後，有網友指出網路書店折扣並不會影響作者利潤，而是由出版社來吸收。最後，讀者轉向抨擊網紅，並退訂此名網紅的書籍及個人的頻道。

如果我是此事件中的網友，我會在接到此消息後去查證，查明事件的真相後，再思考是此網紅為了要衝高書籍的銷售量？還是真的會使作者利潤減少呢？或許在查證過後，就會發現事實並非如此，不論是網紅或網友都應懂得「查證」，才不會使網路上出現輿論，而傷及無辜的人。

如果人人懂得查證，或許就不會有此事件的出現，又或許網友查證後，網路書店就不會遭到池魚之殃。在日常生活中，我們也應懂得查證，而不是遇到事情就盲目跟從有權有勢的人物，而將真相埋沒。如果哥白尼和伽利略也盲目跟從民眾的想法，就無法發現所謂的「地動說」；如果萊特兄弟聽從世人的想法，我們就無法搭乘飛機，翱翔在天際中；如果愛迪生因為怕失敗，而不嘗試，就不會發現一千種不可行的材料，人們晚上可能真的要映雪囊螢、挑「燈」夜戰。

在做任何事情前，都應先經過查證，在查證的過程中難免會遭遇挫敗，但倘若不堅持做對的事，就一定無法查明事件的真相。許多古人都是堅持到底，奉獻一生的時間來查明真相，才有現在的地心引力、避雷針等偉大的學說或物品出現在日常生活中。

「查證」是開啟科學道路的一把鑰匙，是使真相水落石出的偵探，也是停止戰爭及人間摩擦的聯合國。查明真相，找出事件的來龍去脈，堅持做對的事，不盲目跟從，才能使事件導向正確的道路，使真相水落石出。

國小高年級組首獎

柳暗花明又一村

南投／埔里國小／**吳宛軒**

唯有在藕白的畫布上，黛黑才能渲染光輝；唯有在墨黑的紙頁上，珍白才能大放異彩。是寂寥夜裡的主宰？還是白日中的汙點？潘朵拉的謎盒有黑也有白，不過白勝於黑。

夜色聲聲慢，星綢蹣跚的步履逼進，玉蟾靜謐孤芳自賞，悲嘆世俗，期能重逢，曾幾何時摟著螢火蟲探訪，願做黑布一塊白。朝曦冷清，雲娘哼唱搖曳生姿，金烏高傲不可一世，炫耀人情，望能離依，朝夕相處情調何在？願做白晝一塊黑。

★

唯有在藕白的畫布上，黛黑才能渲染光輝；唯有在墨黑的紙頁上，珍白才能大放異彩。是寂寥夜裡的主宰？還是白日中的汙點？潘朵拉的謎盒有黑也有白，不過白勝於黑。一個同心圓，會有多少色彩？八卦中有黑也有白，敬宗教之莊嚴，一個同心圓，會有多少意涵？「山重水複疑無路，柳暗花明又一村」，人身陷泥濘，原失落一場空，盡處希望卻在，燈火闌珊之處，如紙上黑白交織，髣髴一切沒有終點。

戰爭如黑，何為白？黑必定為撒旦嗎？以巴悲歌，白在埃及伸出援手相救；烏俄烽火，白在世界上無一冷眼旁觀。黑之所在，昔農的作息，日落休耕；黑之所在，霓虹燈的盛宴，都市常情；黑之所在，今咱回首，不過是心的恐嚇，那亦是種美，只有黑，煙火才璀璨，只有黑，才學會忍耐。白與黑，兩極端間總有一段緩衝的美好時光，那不正是黑白相惜、共觸之禪？希望正如此。

冷冽黑幕，透白炎暑，一段是希望芳蹤，黑彩人也，白彩獸也，一段是希望倩影。白禿筆、黑鈍筆，惆悵襲身，又希望相隨。激盪黑白漣漪，兩筆宛似水黽浮然，象徵無一處完美，但皆有希望，十指交扣，許下希望的繪馬，輕搖紅白熔製許願繩，金茶色的鈴鐺拂袖，希望，是荒蠻中一縷星辰，毋須忘懷，希望一直都在。

「山重水複疑無路，柳暗花明又一村。」提起筆桿，雖兩色水火不容，希望的水波遭灌注彩麗，一條蜿蜒的曲軸，像竭力拉扯彼此，又像牽手共度餘生，分居兩地，心繫一起。前線軍人與妻女老小流下同樣淚痕，距十萬八千里遠，我們還是互相鼓舞，圖上黑白正是；疫情醫護與家人居者說出同樣的宣言，林木蓊鬱相隔，我們思念之情未消翳，圖上黑白正是。

人生的枝梗上，總有兩、三朵娉婷，正因轉瞬即逝，更值得珍愛，黑與白編繪夢境，一時忘卻辛勞，希望仍在，永遠都在。

來，看那黑與白，再看看這片腳下土地，是否似曾相識？是的，我們的世界就是洋溢著希望。

賞析

——作家、允晨文化發行人／**廖志峰**

對於國小高年級的學生來說，能從一幅以黑白背景襯底，底圖上一黑、一白兩枝筆、筆尖相對，相對的筆尖泛起漣漪的圖，寫出一篇集抒情與論理的文章實屬不易，這是進化版的「看圖說故事」。而令人驚豔的還有多層次的聯想，讓文章內涵更豐富。這篇文章以充滿古典詩詞韻味的句子開頭，顯出古典詩詞的熟背之功，還好作者並不耽溺，很快地便以生活性的語言拉開視野，從顏色的層次，和顏色背後所指涉的意象，甚或季節表徵帶來思辨，例如，文章寫到「俄烏戰爭」，就是文章最警醒也最具體的一段。戰爭就像針鋒相對的黑白兩色鉛筆，攪動出的漣漪也像是攪動我們生活的世界。所幸，思辨後對世界仍充滿著正面的期望，這種期望在人生的四季開展，文思的成熟令人讚嘆。

正向思考的藝術

臺北／銘傳國小／宋星霈

和他斷絕關係的頭幾天，我一點也不後悔，但隨著時間的增長，孤獨的感覺漸漸流入我的內心，後來的幾天，我完全被黑暗籠罩，那深不見底的黑，連一絲光線也照不進來。

★

藝術與我們的生活，是密不可分的，任何事都稱得上是一門藝術，如同生活中常會碰到的等待也是藝術，而我認為正向思考，是一門必學的藝術。

曾經，在學校，我看到我最要好的朋友寫錯了一個字，於是我便好心的告訴他。沒想到，他卻生氣的指責我：「我是絕對不會寫錯字的，你不要血口噴人！」我頓時火冒三丈，頭也不回的離開現場，後來也不再與他聊天、溝通。雖然，和他斷絕關係的頭幾天，我一點也不後悔，但隨著時間的增長，孤獨的感覺漸漸流入我的內心，後來的幾天，我完全被黑暗籠罩，那深不見底的黑，連一絲光線也照不進來。我的心靈就這樣被黑色色鉛筆越塗越黑、越塗越黑。

過了幾個禮拜，媽媽觀察到我憂鬱的現象，於是鼓勵我換個方向思考，凡事總有一體的兩面。我想了一下，其實，同學當時說了那一句話或許只是一時生氣所導致的，而且這也是一次寶貴的學習機會，如果現在去找那位同學，或許還有和好的可能。我心中的那片黑泛起了漣漪，就如同我心裡感到的震撼和領悟。原來，換個角度思考的力量是那麼的強大，就像拿著白色色鉛筆賣力的畫啊畫，這樣的力量能夠把所有的不滿、不愉快消除。經過媽媽的鼓勵，我豁然開朗，重見光明。最後，主動尋找那位同學，進而和他和好。

生活的喜怒哀樂，就像黑白兩色，不時的互相爭鬥，也讓我們的生活變得多采多姿。然而有時候，黑色的力量勝過於白色，心靈也因此被打敗。這時，希望的光輝、快樂的態度、換位思考的方法就是我們最要好的朋友。我們多往好的方面思考，一定有我們一開始沒注意到的地方，我們也從那裡得到事情的解方。相信只要正向思考，一定能重新站起來，社會再多的不愉快也不能動搖我們堅定的內心。

在陽光普照的日子，我的內心就像陽光這麼燦爛、紙張這麼潔白。正向思考的藝術一直支撐著我，讓我每天快快樂樂，不如我們一起實施、完成它！

國小高年級組創意類優選

黑白成灰

黑不一定為黑，而白也不一定為白，在利益關係下，每個人都是黑，也是白。我患了痼疾，名叫灰色的疾，我曾想將人物定為純白和純黑，但奈何人令我探不著，人心中的灰深不見底。

新竹／曙光國小／**彭翌晴**

★

有人認為人性本善，有人認為人性本惡，而對幼小的我來說，這不過只是人們一廂情願的了解。

曾經，我將電影中做壞事的，認定成黑，但當我緩行探入黑，才為自己感到可恥。當我深入，當我跟著電影，頃刻，我盲目的望著眼前的白，望著他內心的善，頭腦就像斷片般轉不過來。

曾經，我將電影中做壞事的，認定成黑，我將主角認定為白，我曾幻想有一天我能夠十全十美，到頭來，我也不過是一介無名的凡人。

當壞人有他的苦衷，當好人有他的陰謀，當我的書頁被交織成灰，當我的美夢已成過去。每一次，我想起小時候發生的過往時，我便成了白，不斷生氣的望向那個黑——那個名叫幼小的黑。每一次，當我不想再成為黑，而那名叫成熟的白就更離我遠去。

我曾不敢前進，前往那未來；我曾不敢和人相處，我怕成為那個黑。

現在，我理解了，黑不一定為黑，而白也不一定為白，在利益關係下，每個人都是黑，也是白。我患了痼疾，名叫灰色的疾，我曾想將人物定為純白和純黑，但奈何人令我探不著，人心中的灰深不見底。如今我已放棄。

《四月是你的謊言》這部動畫中有句話：「即使前路永夜，我也依然要向前行，因為星光即使再微弱，也會為我照亮前路。」是的，我們不必探究於人物的黑與白，也不必擔心自己，走下去，一定有點點星光不棄你與你前行，到頭來，黑與白只是我們一廂情願的了解。

我曾害怕成為電影中的黑而不敢向前行，如今，我要成為灰走下去。

沒有色彩的人生，是黑白的

耀眼的色彩是酷熱沙漠上的一處綠洲，使汗流浹背的人能得以清洗。沒有色彩的人生，將會是黑白的，成功的旅途中，我們必定會遇見敵人——挫折。

新北／昌平國小／**嚴俐**

亮麗的色彩是冷冽冬日裡的一盞明亮，使徬徨無助的人找到指引的方向；絢麗的色彩是久旱大地上的一場大雨，使口乾舌燥的人能滋潤乾渴的喉嚨；耀眼的色彩是酷熱沙漠上的一處綠洲，使汗流浹背的人能得以清洗。沒有色彩的人生，將會是黑白的，成功的旅途中，我們必定會遇見敵人——挫折。

依稀記得，那年原子筆在同意書上面的一個勾，造就了現在的我「田徑隊隊員」，因那次在賽場中的一馬當先，使教練邀請我參加田徑隊。田徑隊迎來的是豔陽高照之下的汗水、寒風砭骨中的疲累，儘管練習是辛苦的，我卻在眾人中獲得比賽資格。那一天，我站在起跑線上，等待鳴槍的聲響，「碰」一聲，我奔馳著衝向終點，微風徐徐從臉上吹過，隔壁跑道的人「咻」一聲超越了我，當我站在終點的那一刻，我的淚水彷彿水龍頭般宣洩不止。雖然在隊上總是飛毛腿，但是人外有人，天外有天。人總是會有挫折的經歷，少了挫折，一路順風成功，人生將是空白的，挫折增添人生的趣味，為自己染上色彩。

《哈利波特》作者——羅琳女士，羅琳女士在孩童時熱愛寫作，但她也相信父母說的，寫作不會為自己賺錢。有次，在搭乘火車時，火車突然故障，她的腦中突然浮現一個男孩正要去魔法學院，於是她動筆寫下，但後來沒繼續完成。直到她婚姻破裂，帶著小孩四處流浪，才繼續完成這件作品。她的稿件遭到十二家出版社的退稿，後來才找到一家成立不久的出版社願意試一試。一出版，竟大受歡迎，引發熱烈討論。這一些過程是黑白的，沒有人能夠理解，但是在成功、大放異彩之後，人生有了極大的轉變，煥然一新。為自己染上顏色，凡事歷經挫折，才會有成功的色彩。「沒有礁岩的拍打，哪激得起美麗的浪花？」只要勇於挑戰，一切都會不一樣。

臺灣知名極地馬拉松選手——陳彥博，赫赫有名的他，挑戰自我、挑戰極限，為人生上色，中間那辛勤的過程，便是上色的經過，途中三次與死神擦肩而過，最後奪得了色彩，去除了黑與白；諾貝爾和平獎得主——德蕾莎修女，她將一生奉獻給難民，出生富裕但不願過著黑白的生活，到加爾各達成立垂死之家，她嬌小的身體彷彿巨大的火把照亮著垂死之家，為垂死之家和自己，披上一件新衣；大企業家——賈伯斯，創立蘋果公司，他曾云：「我唯一會做的事就是改變世界，其他我什麼都不會。」他改變了世界，創造人人手上都有的蘋果手機、筆電、平板，完成改變世界的夢想，為世界塗鴉上光明、璀璨的色彩，他憑藉著自己的能力，完成了一幅曠世巨作。

挫折是彩色的，而一路成功是黑白的；長期的失敗是亮麗的，最終才會成功；一路上的努力、助人和創造是美好的色彩。黑與白是一路成功的腳印，同時也是不被看重的，也許在這個世界上，一點微不足道的舉動都能為自己畫下絢麗的色彩。

父子之間的激烈戰爭

一位臉氣得像一顆又亮又紅的太陽的父親，正在攻打著瘦弱又矮小的兒子，兩個人就像兩隻地牛硬碰硬，一個黑，一個白，誰也不認錯。

桃園／西門國小／林千翔

★

這裡不是戰亂紛紛、冒著火光的戰爭現場，而是吵雜的家中。一位臉氣得像一顆又亮又紅的太陽的父親，正在攻打著瘦弱又矮小的兒子，兩個人就像兩隻地牛硬碰硬，一個黑，一個白，誰也不認錯，引發「家庭感情大地震」，惹得媽媽也變成一隻「母老虎」，叫父子倆立即停火。

經過這場令人煩惱的戰爭，讓我禁不住回憶起小時候那溫馨的時光。那時，我躺在如雲朵般軟綿綿的嬰兒床上，爸爸也帥得宛如一位受人矚目的大明星，不只有他，還有溫順如小貓咪的媽媽，年老卻硬朗得如一棵高大的榕樹的爺爺和奶奶……，個個親人都對著我異口同聲說：「好可愛哦！」我的腮幫子也出現兩顆粉色的「害羞標誌」——腮紅。

為了再次重拾小時候的那種歡樂感，我決定重新做一個誠實的人。當爸爸的眼睛開始張大、臉頰開始轉成深紅色時，就代表「戰爭即將來臨」。於是，我會很有誠意的和他說：「爸爸，我做錯了，對不起。」說完後一剎那，我們倆也不會再看到「一邊黑，一邊白，兩人互相不認錯，爆發家族大地震」的那幅恐怖的場景，也不需要擔心有激烈的戰爭。

父子之間就像兩隻生氣的地牛，在家中的感情「啪——」的裂成兩方，導致產生「家庭感情大地震」，但是，我並不想要那副慘兮兮的模樣，我想要的是小時候的那副受到親人關懷的模樣，於是，當戰爭要準備來臨時，我會提前向爸爸道歉，就可以得到滿滿的愛。

這個戰爭告訴了我，要懂得知錯能改，做一個誠實的人。

賞析

作家、元智大學中語系教授／**鍾怡雯**

這篇作文的題目非常引人入勝，令人好奇。引導寫作的圖卡背景分成黑白兩色，上頭擱著兩枝黑白鉛筆，看似壁壘分明的兩方對峙。作者由此訂出父子之間的激烈戰爭這個題目，想像力驚人。那麼，父子之間的激烈戰爭，又究竟是怎麼一回事？開頭第一段作者確實寫了戰爭場景，父子像地牛硬碰硬，黑白針鋒，誰也不認錯。這個場景呼應了圖片兩枝鉛筆的對峙。然而，戰爭並非本文主軸。作者隨即筆鋒一轉，寫如何平息戰火。只要有戰爭爆發的跡象，立刻道歉認錯，主動遞出橄欖枝，獲得父親的疼愛。此文敘事流暢，有條有理；譬喻恰到好處，所喻均能畫龍點睛。最難得的是所寫所思連同譬喻兼有童趣，沒有強作大人之態，非常難能可貴。

黑與白的兩個世界

花蓮／北昌國小／唐威宇

黑夜與白天輪流工作，不但讓大地可以散熱，還使人有了規律的生活，便有了一句諺語：「日出而作，日落而息。」

★

雖然黑與白都是顏色，但是本質和給人的感受有很大的差異，白色可以讓人感到明亮及安心，而黑色則會讓人感到黑暗及一點點不安。

古時候，沒有路燈，是誰為在夜晚披星戴月的工作或翻山越嶺、長途跋涉的人照亮回家的路？白天有太陽公公的協助，讓整個大地有了光，使人們不用依靠照亮環境的物體就可以安心的回家；到了夜晚，天上竟然只剩下月亮姐姐和她的小孩星星，努力的照亮天空和大地，卻還是不足一個太陽公公用強烈的光來照亮四面八方。月亮姐姐和星星只能用微小又弱的光照亮大地，為什麼太陽公公不再繼續工作，而要月亮姐姐和星星來用小小的光去上班呢？啊！原來是因為地球老板不想讓太陽公公用強烈的光再照大地了，那樣會使地面太熱而沒辦法散熱，所以讓月亮姐姐和星星出來工作，太陽去「光線補充站」加強亮度，再用今天補充的光去照亮明天。地球老板的做法，也讓全球有了黑夜及白天的區分。

哇！太神奇了！黑夜與白天輪流工作，不但讓大地可以散熱，還使人有了規律的生活，便有了一句諺語：「日出而作，日落而息。」黑，並沒有很糟糕，它令我們可以安心睡覺，也因為如此，科學家發明了電燈，讓我們可以在晚上更清楚的看到有趣的事物。

黑色和白色的快樂時光

黑色總是喜歡白小姐穿著美麗的白洋裝，白小姐希望看到黑先生最帥氣的樣子，但是他們一旦親下去，位子就會交換，讓顏色變得不一樣。

桃園／慈文國小／王沛晴

★

白色啊！白色啊！我知道你想親你最親愛的朋友。黑色啊！黑色啊！請你不要汙染了你朋友的世界，這樣，世界就沒有明亮在你身邊了。

黑色總是喜歡白小姐穿著美麗的白洋裝，白小姐希望看到黑先生最帥氣的樣子，但是他們一旦親下去，位子就會交換，讓顏色變得不一樣。小孩子因為不懂得畫畫，就在黑色上面畫上了一些圓圈，白色也畫上了一些圓圈，白小姐和黑先生也漸漸的變老，他們決定不可以不結婚。

就在這時，水滴到圖畫紙的最中央，把兩個顏色畫上一條彎曲的線，把他們分開，這讓白小姐和黑先生感到難過。誰也沒想到，小孩子將他們兩個交換位置，讓人興奮的是，他們竟然可以頭碰頭，下面的圓圈變成了龍捲風，使他們被轉得頭暈目眩，差點腦袋瓜忘了所有的事情。當他們醒來時，已經到了另一個世界——「灰世界」，他們沒有明亮也沒有黑暗，他們現在的世界都變得「灰暗」了，現在不管他們怎麼做，都可以緊貼在一起。

幾天後，他們發現顏色是由黑色和白色一起混合的，他們同在一個「灰世界」。他們終於可以在一起，一起開心的玩耍，更重要的是一起結婚，過著一個個開心又快樂的日子！

黑暗與明亮的時候

雖然有在明亮中發亮的人，也有在黑暗中發光的人，但我們要懂得包容別人，並且給不同個性的人不同的空間。

新竹／中正國小／吳語婕

★

人生中總是會有黑暗與明亮的時候，黑暗中發光的東西可能是人們比較不容易發現的，而他在黑暗中發光可能是因為自己很棒，但是很內向，所以就算那是他最了解且想做的事情，他也沒辦法說想做，而別人就會漸漸不在意他。另外，跟他相反的是在明亮中發光的人，那些人會挺身而出，並包下所有的事情，而被誇獎。以下是一些我和我的同學的經歷！

我的個性雖然有時很內向，但我是個在明亮中發光的人，因為我喜歡幫助別人，而且當有校內比賽時，我都會像隻獵犬一樣，迫不及待的跑去跟老師報名，並且請同學一起陪我練習那個競賽的項目，讓我比賽時不會太緊張。這就是我的個性，也是可以得到誇獎的方法喔！

我的同學非常活潑，只要我們有不會的事情，她就會大展身手，把自己變成一位老師來教導我們。可是她又有點像在黑暗中發光的人，因為每當老師提出問題時，那明明是她的專長，可是她卻不敢舉手，讓我們很吃驚。而這就是我們兩個的差別！

雖然有在明亮中發亮的人，也有在黑暗中發光的人，但我們要懂得包容別人，並且給不同個性的人不同的空間，這樣才算是個會包容且會讓別人保持著舒服的心情的人喔！

第十七屆聯合盃全國作文大賽

十四區初賽

臺北區初賽得獎名單

高中職組

第一名 施韋岑 薇閣中學高中部
第二名 卓立堯 薇閣中學高中部
第三名 陳律安 大同高中
第四名 葉彥妤 薇閣中學高中部
第五名 顏秉怡 靜心中學高中部
佳作 陳昭熙 松山高中
佳作 陳啟瀚 師大附中
佳作 蔣承洋 成功高中
佳作 黃宣蓉 北一女中
佳作 張宣儀 內湖高中
佳作 黃圓碩 復興實中高中部
佳作 秦苡慈 復興實中高中部
佳作 蔡一鄿 復興實中高中部
佳作 李浩熏 復興實中高中部
佳作 黃詩晴 復興實中高中部
佳作 梁芯語 復興實中高中部
佳作 呂文琦 復興實中高中部
佳作 游亭儀 復興實中高中部
佳作 沈育慈 金甌女中高中部
佳作 王安庭 薇閣中學高中部
佳作 林允恩 薇閣中學高中部
佳作 陳舒允 薇閣中學高中部
佳作 陳品瑄 薇閣中學高中部
佳作 陳玟心 薇閣中學高中部
佳作 周昱岑 薇閣中學高中部
佳作 邱于恩 薇閣中學高中部
佳作 陳品甄 薇閣中學高中部
佳作 廖宥婷 薇閣中學高中部
佳作 馮若淇 薇閣中學高中部
佳作 吳友博 薇閣中學高中部
佳作 孟庭竹 薇閣中學高中部
佳作 范婕琳 薇閣中學高中部
佳作 黃鈺閎 靜心中學高中部
佳作 陳昇葳 再興中學高中部
佳作 蘇靖心 再興中學高中部

國中九年級組

第一名 張又尹 薇閣中學國中部
第二名 王湘妮 薇閣中學國中部
第三名 許品綸 復興實中國中部
第四名 劉孟芊 靜心中學國中部
第五名 王芊予 薇閣中學國中部
佳作 戴安禾 復興實中國中部
佳作 吳亭熹 復興實中國中部
佳作 陳頤芯 復興實中國中部
佳作 陳宥誠 復興實中國中部
佳作 游子萱 復興實中國中部
佳作 林沅駿 復興實中國中部
佳作 陳芃羽 薇閣中學國中部
佳作 陳允柔 薇閣中學國中部
佳作 盧大瑋 薇閣中學國中部
佳作 徐菱遙 薇閣中學國中部
佳作 王邇捷 薇閣中學國中部
佳作 於可甯 靜心中學國中部
佳作 曾翊柔 靜心中學國中部
佳作 劉品岑 靜心中學國中部
佳作 歐懿嫻 靜心中學國中部
佳作 宋芃萱 靜心中學國中部
佳作 周語柔 靜心中學國中部
佳作 林以喬 靜心中學國中部
佳作 洪詩宸 靜心中學國中部
佳作 潘維希 靜心中學國中部
佳作 陳詠琳 靜心中學國中部
佳作 顧允誠 靜心中學國中部
佳作 鍾子誼 靜心中學國中部
佳作 蘇禹臻 靜心中學國中部
佳作 李捷希 再興中學國中部
佳作 鐘悅宇 蘭雅國中
佳作 謝雅存 蘭雅國中
佳作 黃韵媗 衛理女中國中部
佳作 項立程 衛理女中國中部
佳作 張芸瑄 衛理女中國中部

國中八年級組

第一名 王騰君 薇閣中學國中部
第二名 沈湧智 蘭雅國中
第三名 陳家弘 延平中學國中部
第四名 黃宥愷 薇閣中學國中部
第五名 呂宛樺 薇閣中學國中部
佳作 胡芸芃 介壽國中
佳作 林佑昕 金華國中
佳作 林芷筠 格致中學國中部
佳作 楊詠晴 石牌國中
佳作 孫敦美 薇閣中學國中部
佳作 彭予恩 薇閣中學國中部
佳作 林柏宇 薇閣中學國中部
佳作 陳秉承 薇閣中學國中部
佳作 高瑄鎂 薇閣中學國中部
佳作 夏語芊 薇閣中學國中部
佳作 林柔葳 薇閣中學國中部
佳作 林琬琰 薇閣中學國中部
佳作 林姵辰 薇閣中學國中部
佳作 漆祐安 薇閣中學國中部
佳作 李亭儀 薇閣中學國中部
佳作 石恩宇 薇閣中學國中部
佳作 陳柔羽 薇閣中學國中部
佳作 陳宣穎 薇閣中學國中部
佳作 陳湘宜 靜心中學國中部
佳作 謝欣菲 靜心中學國中部
佳作 宋沛築 靜心中學國中部
佳作 張智鈞 靜心中學國中部
佳作 呂悅慈 靜心中學國中部
佳作 林昀璇 靜心中學國中部
佳作 林忻潔 靜心中學國中部
佳作 洪以倢 靜心中學國中部
佳作 潘紀云 靜心中學國中部
佳作 陳柔方 再興中學國中部
佳作 張庭豪 蘭雅國中
佳作 吳沛珊 衛理女中國中部

國中七年級組

第一名	吳姵潔	再興中學國中部
第二名	李怡嫺	靜心中學國中部
第三名	林姝妤	薇閣中學國中部
第四名	林安恬	薇閣中學國中部
第五名	張晏碩	薇閣中學國中部
佳作	金汎鎂	再興中學國中部
佳作	魏以晴	頭前國中
佳作	曾弘宇	復興實中國中部
佳作	廖希敏	復興實中國中部
佳作	黃右凱	復興實中國中部
佳作	徐 岳	薇閣中學國中部
佳作	陳奕秀	薇閣中學國中部
佳作	林芷嫻	薇閣中學國中部
佳作	陳沐恩	薇閣中學國中部
佳作	徐勗展	薇閣中學國中部
佳作	李佳臻	薇閣中學國中部
佳作	董庭嘉	薇閣中學國中部
佳作	黃瀞萱	薇閣中學國中部
佳作	鄒尚岑	薇閣中學國中部
佳作	黃晨宇	薇閣中學國中部
佳作	吳杰恩	薇閣中學國中部
佳作	徐珮芸	薇閣中學國中部
佳作	吳品聖	薇閣中學國中部
佳作	許芷榕	薇閣中學國中部
佳作	游舒涵	靜心中學國中部
佳作	謝昕岑	靜心中學國中部
佳作	徐永騰	薇閣中學國中部
佳作	時子惟	靜心中學國中部
佳作	黃詠淇	靜心中學國中部
佳作	楊予安	靜心中學國中部
佳作	張可函	再興中學國中部
佳作	謝明芝	再興中學國中部
佳作	王多伊	衛理女中國中部
佳作	何沅欣	衛理女中國中部
佳作	潘柔希	衛理女中國中部

國小高年級組

第一名	陳婕忻	再興小學
第二名	盧昱辰	西門國小
第三名	楊立楷	復興實小
第四名	梁恩婕	新民小學
第五名	潘宣頤	錦興國小
佳作	李昕如	康橋國際學校國小部
佳作	林以琳	明德國小
佳作	李泳潔	立人國際國民中小學國小部
佳作	吳芮萱	修德國小
佳作	林玓桐	北市大附小
佳作	楊許睿	薇閣小學
佳作	張惠棋	國語實小
佳作	宋星霈	銘傳國小
佳作	許丞霆	新民小學
佳作	林語宸	民生國小
佳作	林良懿	薇閣小學
佳作	蔡宜玲	薇閣小學
佳作	李可謙	金華國小
佳作	張 芮	新民小學
佳作	劉韋彤	新民小學
佳作	盧鈺璇	靜心小學
佳作	褚懿蓤	靜心小學
佳作	謝欣愷	靜心小學
佳作	周詠晶	靜心小學
佳作	陳羿寰	靜心小學
佳作	吳承翰	靜心小學
佳作	吳昕羽	靜心小學
佳作	林祖禕	再興小學
佳作	鄒詠恩	再興小學
佳作	廖芷彤	再興小學
佳作	曾莘甯	新民小學
佳作	廖羿語	新民小學
佳作	陳家瑩	新民小學
佳作	陳亮瑜	新民小學
佳作	曾敏瑄	國語實小

國小中年級組

第一名	黃靖榆	明湖國小
第二名	孫語暄	再興小學
第三名	張奕晨	再興小學
第四名	陳顗伃	仁愛國小
第五名	雷詠綺	再興小學
佳作	王品硯	薇閣小學
佳作	潘品衡	光明國小
佳作	蘇柏宇	光仁小學
佳作	陳名璟	新生國小
佳作	魏以安	昌平國小
佳作	林名辰	新民小學
佳作	習瀞文	大佳國小
佳作	徐婕寧	新民小學
佳作	徐仲辰	新民小學
佳作	蔡依瑾	新民小學
佳作	陳業鈞	新民小學
佳作	黃彥喆	新民小學
佳作	姚易昕	靜心小學
佳作	范君曦	靜心小學
佳作	高懷妍	靜心小學
佳作	蔡艾軒	靜心小學
佳作	陳沛君	靜心小學
佳作	林昕樂	靜心小學
佳作	趙宥榆	靜心小學
佳作	賴佳琦	靜心小學
佳作	李晟維	靜心小學
佳作	朱昱熹	靜心小學
佳作	張宸僖	再興小學
佳作	羅午妍	再興小學
佳作	周予喬	再興小學
佳作	吳碩恩	再興小學
佳作	彭宜萱	再興小學
佳作	顧采儀	再興小學
佳作	周苡樂	再興小學
佳作	陳凱暄	再興小學

新北區初賽得獎名單

高中職組

第一名 張詠婷 時雨高中
第二名 吳丞妤 聖心女中高中部
第三名 紀博瀚 南山高中
第四名 蔣定佑 南山高中
第五名 江長恩 中和高中
佳作 高宇姍 三重高中
佳作 蔡上惠 三重高中
佳作 吳欣樺 格致中學高中部
佳作 戴苡丞 康橋國際學校高中部
佳作 曾子綺 新莊高中
佳作 吳禹萱 板橋高中
佳作 林詩容 板橋高中
佳作 陳宜秀 海山高中
佳作 洪慈妤 裕德高中
佳作 吳心童 秀峰高中
佳作 李偌妍 秀峰高中
佳作 簡榕萱 秀峰高中
佳作 李家銓 秀峰高中
佳作 黃苡綺 時雨高中
佳作 尤乙丞 時雨高中
佳作 吳家閎 時雨高中
佳作 蔡佳憲 時雨高中
佳作 黃詩涵 中和高中
佳作 林昀愛 中和高中
佳作 張芯瑜 中和高中
佳作 丁翊雯 中和高中
佳作 方禹涵 中和高中
佳作 涂恩頤 南山高中
佳作 黃之君 康橋國際學校高中部
佳作 李麗娟 莊敬高職
佳作 王以昕 莊敬高職
佳作 黃子珊 復興商工
佳作 張蕎安 復興商工
佳作 黃暄雯 復興商工
佳作 高立亞 新店高中

國中九年級組

第一名 顏碩谷 竹林高中國中部
第二名 藍苡瑄 竹林高中國中部
第三名 周家琦 重慶國中
第四名 邱于榛 南山高中國中部
第五名 吳芊霈 板橋國中
佳作 洪瑋湞 崇林國中
佳作 林家妡 新泰國中
佳作 張喬茵 新莊國中
佳作 張又心 新莊國中
佳作 蕭宜瑄 中山國中
佳作 林萱妮 中山國中
佳作 謝欣妤 中正國中
佳作 林雍富 板橋國中
佳作 黃羿函 重慶國中
佳作 黃宛璇 重慶國中
佳作 羅湧姍 重慶國中
佳作 張芯慈 重慶國中
佳作 陳楷倫 重慶國中
佳作 黃相綾 重慶國中
佳作 謝宜臻 重慶國中
佳作 張馨月 重慶國中
佳作 蔡庭溱 海山高中國中部
佳作 胡茵捷 淡水國中
佳作 徐子芹 永和國中
佳作 黃萩蕾 石碇高中國中部
佳作 陳盈之 安康高中國中部
佳作 林學庭 竹林高中國中部
佳作 阮子晏 竹林高中國中部
佳作 陳翰廣 竹林高中國中部
佳作 葉宥希 南山高中國中部
佳作 吳忻芸 南山高中國中部
佳作 盧宥慈 錦和高中國中部
佳作 陳允璞 育林國中
佳作 李琬琳 辭修高中國中部
佳作 藍浤博 鶯歌國中

國中八年級組

第一名 胡丞媛 崇林國中
第二名 周禾寧 桃子腳國中小國中部
第三名 吳芊霈 金陵女中國中部
第四名 熊天玏 崇林國中
第五名 陳芮禾 格致高中國中部
佳作 盧秄妤 三和國中
佳作 邱貝芮 三和國中
佳作 黃湘嫻 三和國中
佳作 林律綺 三重高中國中部
佳作 陳文胤 光榮國中
佳作 莊欣穎 光榮國中
佳作 林育珮 佳林國中
佳作 邱正碩 崇林國中
佳作 張琇淇 崇林國中
佳作 吳開博 崇林國中
佳作 吳定軒 崇林國中
佳作 陳子芃 崇林國中
佳作 陳習勻 崇林國中
佳作 翁子晴 崇林國中
佳作 羅語涵 新泰國中
佳作 黃羽釩 新莊國中
佳作 鄧聿硯 新莊國中
佳作 莊庭碩 中山國中
佳作 張宥勤 中山國中
佳作 洪翊涵 中山國中
佳作 蔡妍萱 中山國中
佳作 劉芷甯 中山國中
佳作 曾宥綺 中山國中
佳作 林巍潔 中正國中
佳作 林　恩 光復高中國中部
佳作 許沛真 海山高中國中部
佳作 李語庭 海山高中國中部
佳作 董怡岑 海山高中國中部
佳作 吳庭孜 永和國中
佳作 陳夢歆 安康高中國中部

國中七年級組

第一名 陳瑀心 崇林國中
第二名 陳奕榛 福和國中
第三名 李岳群 海山高中國中部
第四名 黃新富 三多國中
第五名 洪若軒 板橋國中
佳作 姜余宓 佳林國中
佳作 陳玟靜 明志國中
佳作 楊中全 明志國中
佳作 蘇湘嵐 恆毅高中國中部
佳作 藍祥麟 恆毅高中國中部
佳作 曾馨兒 康橋國際學校國中部
佳作 黃予歆 碧華國中
佳作 吳謹聿 碧華國中
佳作 廖婕羽 碧華國中
佳作 謝羽璿 蘆洲國中
佳作 陳若立 土城國中
佳作 馮鈞揚 中山國中
佳作 洪曉風 中山國中
佳作 莊沂婕 中山國中
佳作 王岑沂 江翠國中
佳作 湯沐恩 江翠國中
佳作 游晨欣 海山高中國中部
佳作 梁嘉芸 海山高中國中部
佳作 陳宥如 正德國中
佳作 李孟芯 汐止國中
佳作 郭謹菲 秀峰高中國中部
佳作 黃嘉玲 秀峰高中國中部
佳作 李宥歆 青山國中小國中部
佳作 王右澄 時雨高中國中部
佳作 林品妤 永和國中
佳作 賴依辰 竹林高中國中部
佳作 王貞九 福和國中
佳作 簡紫亘 安溪國中
佳作 張恩綺 安溪國中
佳作 林祐漩 桃子腳國中小國中部

國小高年級組

第一名 廖天儀 昌平國小
第二名 黃芷妍 北新國小
第三名 嚴 俐 昌平國小
第四名 李瑋恩 昌平國小
第五名 林子淩 永和國小
佳作 林恩宇 榮富國小
佳作 許元怡 二重國小
佳作 陳盈嘉 大崁國小
佳作 吳雨昕 中港國小
佳作 簡品緁 昌平國小
佳作 張庭瑋 昌平國小
佳作 吳晨瑜 林口國小
佳作 李宜澄 麗林國小
佳作 李天詒 江翠國小
佳作 陳思妤 板橋國小
佳作 楊蕎安 板橋國小
佳作 冉婕伶 後埔國小
佳作 鄒沂霏 莒光國小
佳作 羅紫綺 莒光國小
佳作 簡貫名 新埔國小
佳作 吳毓涵 裕德高中國小部
佳作 謝綺芹 裕德高中國小部
佳作 陳映伃 秀峰國小
佳作 王郁晴 崇德國小
佳作 劉泳炤 三芝國小
佳作 張文文 文化國小
佳作 李泳樂 文化國小
佳作 李承熹 及人國小
佳作 侯雨彤 及人國小
佳作 蕭若昀 及人國小
佳作 吳柏叡 永和國小
佳作 廖妘昕 秀朗國小
佳作 呂玥彤 康橋國際學校國小部
佳作 黃靖云 北大國小
佳作 郭靜璇 鶯歌國小

國小中年級組

第一名 張羽彤 頭湖國小
第二名 彭涵鈺 秀朗國小
第三名 胡芷綾 新埔國小
第四名 林書安 及人國小
第五名 林昱亘 及人國小
佳作 郭昕晨 昌平國小
佳作 林裔恩 中信國小
佳作 陳楷璇 中信國小
佳作 謝辰薇 成州國小
佳作 黃晴亞 昌隆國小
佳作 沈亮宇 厚德國小
佳作 周紓宇 康橋國際學校國小部
佳作 陳宥安 榮富國小
佳作 林廷運 海山國小
佳作 王暐竣 土城國小
佳作 鄭潔婷 文德國小
佳作 馮凱煜 板橋國小
佳作 楊芯語 板橋國小
佳作 呂佳晉 埔墘國小
佳作 林栩瑢 埔墘國小
佳作 郭怡潔 海山國小
佳作 洪意嵐 海山國小
佳作 袁于雅 新埔國小
佳作 陳妍錚 三芝國小
佳作 趙恩彤 崇德國小
佳作 梁芷云 永和國小
佳作 謝妍襄 育才小學
佳作 林歆茹 大豐國小
佳作 謝召煦 及人國小
佳作 吳亭儀 秀朗國小
佳作 周炳齊 育才小學
佳作 林芍攸 康橋國際學校國小部
佳作 林奕宇 桃子腳國中小國小部
佳作 古子紜 溪洲國小
佳作 謝采恩 樹林國小

桃園區初賽得獎名單

高中職組

第一名	林旻諭	新興高中
第二名	林菡嫆	武陵高中
第三名	謝季耘	復旦高中
第四名	林姍妮	中壢高商
第五名	張玟姍	啟英高中
佳作	洪澤鈞	武陵高中
佳作	黃宣綺	武陵高中
佳作	游如意	觀音高中
佳作	謝宇湉	觀音高中
佳作	張宇豪	新興高中
佳作	高暐柔	新興高中
佳作	陳柔君	永豐高中
佳作	黃語婕	永豐高中
佳作	葉佳琪	內壢高中
佳作	江易宣	大溪高中
佳作	黃品潔	振聲高中
佳作	楊竣翔	啟英高中
佳作	曾允珊	啟英高中
佳作	李俞萱	啟英高中
佳作	劉芊妤	啟英高中
佳作	卓懿萱	大華高中
佳作	鄭宇婷	大華高中
佳作	許潼忻	陽明高中
佳作	林湘紫	陽明高中
佳作	洪唯碧	中大壢中
佳作	吳定豊	中大壢中
佳作	劉蓁凌	中大壢中
佳作	黃子娟	育達高中
佳作	徐可馨	育達高中
佳作	譚聯焌	育達高中
佳作	康懷云	育達高中
佳作	黃芷嫻	復旦高中
佳作	謝季耕	復旦高中
佳作	洪嘉佑	復旦高中
佳作	劉思辰	六和高中

國中九年級組

第一名	林季緹	中壢國中
第二名	楊詠淇	大成國中
第三名	梁芸蓁	平鎮國中
第四名	薛百容	文昌國中
第五名	陳穎筑	中壢國中
佳作	吳尚玥	龍岡國中
佳作	徐晨皓	龍岡國中
佳作	吳淨洢	永豐高中
佳作	黃雅婷	永豐高中
佳作	馮馨予	龍興國中
佳作	賴楀喬	建國國中
佳作	鐘雅妍	建國國中
佳作	周子涵	山腳國中
佳作	朱思穎	大華高中國中部
佳作	李國睿	大華高中國中部
佳作	邱飛菲	大華高中國中部
佳作	傅冠得	大華高中國中部
佳作	劉宥儀	中壢國中
佳作	彭云孜	中壢國中
佳作	袁詩璇	中壢國中
佳作	楊蕎瑄	中壢國中
佳作	湯予熙	平鎮國中
佳作	莊欣倪	平鎮國中
佳作	許富鈞	平鎮國中
佳作	梁雅涵	平鎮國中
佳作	罕沛岑	平鎮國中
佳作	黃盈溱	文昌國中
佳作	盧俐誼	平南國中
佳作	曾湘斐	凌雲國中
佳作	潘俐彣	東興國中
佳作	孔畇潔	復旦高中國中部
佳作	徐滋瑀	新興國際中小學國中部
佳作	林宇婷	六和高中國中部
佳作	江鈞浩	楊明國中
佳作	施翌伶	平鎮國中

國中八年級組

第一名	孫映玄	振聲高中國中部
第二名	郭于榛	復旦高中國中部
第三名	李昕庭	振聲高中國中部
第四名	王瑜馨	復旦高中國中部
第五名	鄒明潔	永豐高中國中部
佳作	賴韋如	大成國中
佳作	許悅翎	永豐高中國中部
佳作	陳詠均	光明國中
佳作	蕭楷珍	龍興國中
佳作	李　悅	建國國中
佳作	陳文琳	興南國中
佳作	黃毓庭	振聲高中國中部
佳作	陳齊安	平鎮國中
佳作	蔡靜寔	文昌國中
佳作	吳昱瑩	南崁國中
佳作	楊翊芹	南崁國中
佳作	黃瑀萱	復旦高中國中部
佳作	李　力	復旦高中國中部
佳作	程品叡	復旦高中國中部
佳作	梁語橙	復旦高中國中部
佳作	葉品玟	復旦高中國中部
佳作	劉子薰	新興國際中小學國中部
佳作	翁鈞翊	新興國際中小學國中部
佳作	劉恩綺	新興國際中小學國中部
佳作	張暟柃	新興國際中小學國中部
佳作	黃少甫	新興國際中小學國中部
佳作	何妍妍	六和高中國中部
佳作	彭歆媛	六和高中國中部
佳作	郭語安	復旦高中國中部
佳作	莊孟蓁	東興國中
佳作	王品涵	復旦高中國中部
佳作	王梓安	復旦高中國中部
佳作	陳宥恩	經國國中
佳作	林芷萱	福豐國中
佳作	蕭頎衡	新興國際中小學國中部

國中七年級組

第一名 何伊欣 治平高中國中部
第二名 翁翊捷 治平高中國中部
第三名 趙伯元 復旦高中國中部
第四名 許羽彤 振聲高中國中部
第五名 葉鈞甯 振聲高中國中部
佳作 蔡婷昀 振聲高中國中部
佳作 童若晴 振聲高中國中部
佳作 黃湘然 中壢國中
佳作 王奕涵 中壢國中
佳作 黃楚媛 平鎮國中
佳作 張舒品 文昌國中
佳作 林可恩 振聲高中國中部
佳作 楊禮浚 東興國中
佳作 曾彥彬 東興國中
佳作 詹明文 復旦高中國中部
佳作 林意杉 復旦高中國中部
佳作 胡妍安 新興國際中小學國中部
佳作 莊子涵 新興國際中小學國中部
佳作 林彥成 新興國際中小學國中部
佳作 盧人嘉 新興國際中小學國中部
佳作 周琮凱 新興國際中小學國中部
佳作 吳沂恩 新興國際中小學國中部
佳作 簡郁庭 新興國際中小學國中部
佳作 駱秉翔 新興國際中小學國中部
佳作 許絲衫 六和高中國中部
佳作 張家瑄 六和高中國中部
佳作 許苡萱 六和高中國中部
佳作 葉愷琪 六和高中國中部
佳作 林堉釩 六和高中國中部
佳作 盧瑞妮 桃園國中
佳作 張書蓉 桃園國中
佳作 黃于珊 振聲高中國中部
佳作 李宥蓁 六和高中國中部
佳作 吳佳穎 有得雙語中小學國中部
佳作 林恩宇 南山高中國中部

國小高年級組

第一名 簡丞蔚 大業國小
第二名 林家溱 青溪國小
第三名 王榆昕 同德國小
第四名 徐　萌 桃園國小
第五名 周旭韜 南門國小
佳作 劉大一 康萊爾雙語中小學國小部
佳作 李孟璇 康萊爾雙語中小學國小部
佳作 翟康晴 幸福國小
佳作 沈品璿 西門國小
佳作 黃睿誼 龍山國小
佳作 林　萌 文山國小
佳作 謝宇皓 文山國小
佳作 吳婕睿 青埔國小
佳作 陳妍安 同德國小
佳作 黃瓅瑩 同德國小
佳作 李易祐 文化國小
佳作 余鳳儀 長庚國小
佳作 吳沂璟 長庚國小
佳作 賴云夏 長庚國小
佳作 莊家樺 元生國小
佳作 朱俐靜 元生國小
佳作 吳雨昕 成功國小
佳作 徐熒襄 青溪國小
佳作 劉子儀 大有國小
佳作 林立蘋 中山國小
佳作 孫若喬 中山國小
佳作 楊意涵 永順國小
佳作 邱郁晴 會稽國小
佳作 吳沂潔 新興國際中小學國小部
佳作 黃善妍 新興國際中小學國小部
佳作 許淇雅 新興國際中小學國小部
佳作 陳翊弘 石門國小
佳作 林　玥 石門國小
佳作 王根樨 同德國小
佳作 嚴綵晴 土城國小

國小中年級組

第一名 林千翔 西門國小
第二名 吳郁榛 同德國小
第三名 劉牧東 永順國小
第四名 姚語萌 慈文國小
第五名 李語恩 石門國小
佳作 陳　嬅 康萊爾雙語中小學國小部
佳作 林采逸 信義國小
佳作 江苡辰 信義國小
佳作 王沛晴 慈文國小
佳作 徐明熙 新街國小
佳作 温湞安 同德國小
佳作 王佩珊 同德國小
佳作 陳婕葳 中原國小
佳作 楊昕叡 中原國小
佳作 范詠淇 桃園國小
佳作 陳思銓 桃園國小
佳作 楊恩霆 文化國小
佳作 周恩暄 北門國小
佳作 姬凱騰 青溪國小
佳作 洪鈺翔 青溪國小
佳作 楊正儀 青溪國小
佳作 張瑞芮 青溪國小
佳作 詹品瑄 大業國小
佳作 曾安妮 中山國小
佳作 邱郁璇 南門國小
佳作 劉翔宇 會稽國小
佳作 陳薇萱 仁善國小
佳作 鄒媗宇 新興國際中小學國小部
佳作 劉瑞希 石門國小
佳作 吳宜霖 石門國小
佳作 林琬妗 西門國小
佳作 簡呈愷 青溪國小
佳作 陳宥心 山頂國小
佳作 楊婕語 同德國小
佳作 鄭羽瑄 石門國小

新竹縣區初賽得獎名單

高中職組

第一名 徐湘晴 六家高中
第二名 鄭芷綾 竹北高中
第三名 郭品媛 六家高中
第四名 藍天佑 美國學校
第五名 楊晏瑭 竹科實中高中部
佳作 陳羿文 六家高中
佳作 張志鈴 六家高中
佳作 陳冠瑋 關西高中
佳作 葉家葳 關西高中
佳作 林家瑢 關西高中
佳作 林子人 關西高中
佳作 陳盈孜 關西高中
佳作 游芳潔 關西高中
佳作 施睿涵 光復高中
佳作 温珈琳 光復高中
佳作 劉翔銘 光復高中
佳作 丁昀安 光復高中
佳作 蘇宥榛 光復高中
佳作 蕭韵蓉 光復高中
佳作 戴采弦 光復高中
佳作 楊芯妮 光復高中
佳作 張宇杰 光復高中
佳作 羅宥竹 光復高中
佳作 何孟真 光復高中
佳作 周宜瑩 光復高中
佳作 賴玟伶 光復高中
佳作 方珮綺 新竹女中
佳作 吳倢瑩 竹北高中
佳作 吳孟柔 新竹女中
佳作 丁家馨 新竹女中
佳作 柯又瑄 康橋國際學校高中部
佳作 鍾尚綸 義民高中
佳作 劉子溦 師大附中
佳作 賴宥瑄 竹東高中
佳作 何昀珊 義民高中

國中九年級組

第一名 詹子毅 成功國中
第二名 凃雁云 成功國中
第三名 劉軒佑 成功國中
第四名 武煒皓 成功國中
第五名 許子誼 成功國中
佳作 童楚涵 成功國中
佳作 洪子忻 成功國中
佳作 沈芸萱 成功國中
佳作 曾繹璇 成功國中
佳作 曾仁瑜 成功國中
佳作 蘇子斐 成功國中
佳作 蔡牧恒 成功國中
佳作 胡至謙 成功國中
佳作 陳彥䜣 成功國中
佳作 曾郁婷 成功國中
佳作 葉芸帆 成功國中
佳作 藍晨菱 成功國中
佳作 鍾欣宸 成功國中
佳作 簡呈聿 成功國中
佳作 張芸穎 東興國中
佳作 柯語芯 忠信高中國中部
佳作 莊鈞傑 忠信高中國中部
佳作 陳昀如 仁愛國中
佳作 劉善慈 成功國中
佳作 陳睦丰 成功國中
佳作 范恭哲 東興國中
佳作 許紘綸 康乃薾雙語中小學國中部
佳作 詹承霖 東興國中
佳作 宋心寧 成功國中
佳作 戴沛珊 康乃薾雙語中小學國中部
佳作 朱婕瑜 東興國中
佳作 許芷綦 曙光女中國中部
佳作 陳盈羽 康乃薾雙語中小學國中部
佳作 吳苡寧 成功國中
佳作 周宸豪 成功國中

國中八年級組

第一名 許舒涵 康乃薾雙語中小學國中部
第二名 江雨潔 東興國中
第三名 呂昀融 東興國中
第四名 唐翊桓 康乃薾雙語中小學國中部
第五名 陳芊榕 康乃薾雙語中小學國中部
佳作 沈書逸 成功國中
佳作 卓玟彤 成功國中
佳作 郭恩羽 成功國中
佳作 黃于嘉 成功國中
佳作 陳宥臻 成功國中
佳作 鍾采妍 成功國中
佳作 李晨熙 成功國中
佳作 陳柏霖 成功國中
佳作 謝采潔 成功國中
佳作 黃翊絜 成功國中
佳作 呂苡溱 成功國中
佳作 賴禹彤 成功國中
佳作 梁瑋城 成功國中
佳作 賴忻霏 東興國中
佳作 余佩恩 東興國中
佳作 林尹心 六家高中國中部
佳作 詹雨恬 義民高中國中部
佳作 鄧羽涵 義民高中國中部
佳作 楊鎧菁 義民高中國中部
佳作 許哲瑋 光復高中國中部
佳作 楊喬安 康乃薾雙語中小學國中部
佳作 陳安庭 東興國中
佳作 吳穎妮 義民高中國中部
佳作 周耘莛 曙光女中國中部
佳作 張崴然 康乃薾雙語中小學國中部
佳作 羅珮芩 東興國中
佳作 蔡函妤 東興國中
佳作 黃毅夫 東興國中
佳作 呂翊帆 康乃薾雙語中小學國中部
佳作 謝浩宣 東興國中

國中七年級組

第一名 王熙妍 康乃薾雙語中小學國中部
第二名 黃岑琋 三民國中
第三名 董千榕 康乃薾雙語中小學國中部
第四名 藍天悅 康乃薾雙語中小學國中部
第五名 吳承穎 東興國中
佳作 田　恬 東泰高中國中部
佳作 張玄宥 成功國中
佳作 羅珮芯 成功國中
佳作 周彥彤 成功國中
佳作 林宥彤 成功國中
佳作 林玟伶 東興國中
佳作 吳承叡 東興國中
佳作 陳欣辰 東興國中
佳作 陳欣妍 東興國中
佳作 歐沐珍 東興國中
佳作 李昕臻 東興國中
佳作 高羽岑 東興國中
佳作 徐心翎 東興國中
佳作 張向然 康乃薾雙語中小學國中部
佳作 陳柏言 竹科實中國中部
佳作 陳宥羽 康乃薾雙語中小學國中部
佳作 林煦崴 勝利國中
佳作 李昀萱 竹科實中國中部
佳作 羅唯軒 光武國中
佳作 陳映汝 光武國中
佳作 呂昕曈 康乃薾雙語中小學國中部
佳作 林益安 成功國中
佳作 陳品妡 康乃薾雙語中小學國中部
佳作 吳晨瑀 康乃薾雙語中小學國中部
佳作 吳翊帆 康乃薾雙語中小學國中部
佳作 陳品妤 成功國中
佳作 賴暄亞 康乃薾雙語中小學國中部
佳作 何羽璇 康乃薾雙語中小學國中部
佳作 魏沛瑤 康乃薾雙語中小學國中部
佳作 張棻晰 東興國中

國小高年級組

第一名 陳海綸 興隆國小
第二名 盧　婕 十興國小
第三名 江芸昀 十興國小
第四名 楊昀潔 康乃薾雙語中小學國小部
第五名 陳芊妤 六家國小
佳作 馬沛暄 東興國小
佳作 莊喬涵 東興國小
佳作 藍湘絜 枋寮國小
佳作 王翊潔 枋寮國小
佳作 廖琦心 中正國小
佳作 藍紫榕 中正國小
佳作 顏琪芳 興隆國小
佳作 劉米恩 新湖國小
佳作 沈書羽 興隆國小
佳作 洪銘陽 興隆國小
佳作 吳奕潔 康橋國際學校國小部
佳作 盧　靜 十興國小
佳作 陳亮羽 康乃薾雙語中小學國小部
佳作 何蕎珊 康乃薾雙語中小學國小部
佳作 沈哲雍 康乃薾雙語中小學國小部
佳作 王品喻 上智國小
佳作 陳恩祺 東園國小
佳作 莊晴彤 康乃薾雙語中小學國小部
佳作 陳詠婕 六家國小
佳作 林澄樂 東興國小
佳作 武雲可 十興國小
佳作 李元絨 興隆國小
佳作 吳婕羽 光明國小
佳作 葉晉妤 興隆國小
佳作 楊舒晴 龍山國小
佳作 許恩雨 康乃薾雙語中小學國小部
佳作 黃彥鈞 興隆國小
佳作 吳苡瑄 康乃薾雙語中小學國小部
佳作 蕭乃云 六家國小
佳作 陳嬿涵 興隆國小

國小中年級組

第一名 蕭婷云 康乃薾雙語中小學國小部
第二名 黃馨亮 六家國小
第三名 徐唯恬 六家國小
第四名 馮睿宇 六家國小
第五名 林采怡 康乃薾雙語中小學國小部
佳作 梁語心 六家國小
佳作 陳柏翰 南和國小
佳作 林宜萱 枋寮國小
佳作 邱芃菲 松林國小
佳作 洪鼎鈞 松林國小
佳作 蘇又婕 中正國小
佳作 曾予歆 中正國小
佳作 莊婕楹 中正國小
佳作 伍先淮 中正國小
佳作 曾柏勛 康乃薾雙語中小學國小部
佳作 黃翊菲 興隆國小
佳作 詹硯琋 康乃薾雙語中小學國小部
佳作 鐘琳晞 興隆國小
佳作 洪偉桓 康乃薾雙語中小學國小部
佳作 許苡甄 興隆國小
佳作 范允兒 安興國小
佳作 潘柏宇 興隆國小
佳作 李雨融 十興國小
佳作 周依靚 康乃薾雙語中小學國小部
佳作 凌培瑄 博愛國小
佳作 吳語婕 中正國小
佳作 王浩哲 永順國小
佳作 陳彣玗 竹仁國小
佳作 林右千 康乃薾雙語中小學國小部
佳作 吳穎彤 竹仁國小
佳作 曾煒甯 康乃薾雙語中小學國小部
佳作 林霙彧 康乃薾雙語中小學國小部
佳作 成宥安 康乃薾雙語中小學國小部
佳作 林奕愷 興隆國小
佳作 蕭茗萌 康乃薾雙語中小學國小部

新竹市區初賽得獎名單

高中職組

第一名	曾涵豊	新竹女中
第二名	蔡孟妍	苗栗高中
第三名	賴薏云	臺北第一女子高級中學
第四名	詹茲聿	磐石高中
第五名	連侑軒	竹科實中高中部
佳作	羅立勛	新竹高中
佳作	方晨宇	新竹高中
佳作	黃姝瑀	光復高中
佳作	唐儷瑄	光復高中
佳作	吳雅涵	光復高中
佳作	陳佳朋	光復高中
佳作	何昀澐	建功高中
佳作	程柏蓉	建功高中
佳作	楊淨鈴	磐石高中
佳作	唐郁喬	磐石高中
佳作	陳品諺	磐石高中
佳作	陳宥均	磐石高中
佳作	陳姵伭	磐石高中
佳作	程雍青	磐石高中
佳作	張文馨	磐石高中
佳作	潘洛里	磐石高中
佳作	張鴻慈	磐石高中
佳作	陳彥安	磐石高中
佳作	吳承紜	竹北高中
佳作	嚴宥程	竹北高中
佳作	洪于昕	曙光女中高中部
佳作	顏苡安	新竹女中
佳作	吳婧綺	新竹高工
佳作	蔡昀潔	新竹女中
佳作	林楚涵	竹科實中高中部
佳作	徐煒翔	東山高中
佳作	張雅筑	新竹高商
佳作	姜宥綾	新竹高商
佳作	劉科宏	成德高中
佳作	陳芃均	新竹女中

國中九年級組

第一名	許茹棋	光復高中國中部
第二名	吳家瑩	康乃薾雙語中小學國中部
第三名	賴柏臻	光華國中
第四名	鍾欣宸	成功國中
第五名	鄭愛蓁	三民國中
佳作	楊芷菱	三民國中
佳作	彭絜琳	三民國中
佳作	吳苡亘	三民國中
佳作	高苡倫	三民國中
佳作	呂卓諺	光復高中國中部
佳作	劉宣慧	光復高中國中部
佳作	莫舒硯	光復高中國中部
佳作	蕭宇芯	育賢國中
佳作	黃梓軒	育賢國中
佳作	李昕妍	建功高中國中部
佳作	林禹彤	光華國中
佳作	林睿楨	光華國中
佳作	陳沛禛	光華國中
佳作	楊家妤	光華國中
佳作	陸竑穎	光華國中
佳作	郭芷寧	光華國中
佳作	曾妍嘉	光華國中
佳作	林品蓁	光華國中
佳作	胡睿耘	光華國中
佳作	孫　琪	光華國中
佳作	宋沛芹	磐石高中國中部
佳作	謝云云	光武國中
佳作	盧芊霏	光武國中
佳作	黃芊潔	光武國中
佳作	廖翊光	培英國中
佳作	黃昱鈞	培英國中
佳作	劉宇傑	培英國中
佳作	姜宜昕	培英國中
佳作	曹序白	光華國中
佳作	詹欣諺	竹科實中國中部

國中八年級組

第一名	蕭莞凝	培英國中
第二名	陳妍希	康乃薾雙語中小學國中部
第三名	江昕縈	培英國中
第四名	張霈榆	曙光女中國中部
第五名	李采蔚	培英國中
佳作	張芸欣	建華國中
佳作	王華蔚	康橋國際學校國中部
佳作	李宥樂	康橋國際學校國中部
佳作	葉芸菲	康橋國際學校國中部
佳作	鄭妍允	康橋國際學校國中部
佳作	詹子瑩	三民國中
佳作	張芷庭	三民國中
佳作	陳姿瑩	育賢國中
佳作	曾沁滕	育賢國中
佳作	郭采璇	育賢國中
佳作	鍾杰彣	育賢國中
佳作	王育恩	育賢國中
佳作	吳祐靚	建功高中國中部
佳作	黃浩原	光華國中
佳作	朱毓廷	光華國中
佳作	張育瑄	光華國中
佳作	洪筱晴	光武國中
佳作	莊舒涵	光武國中
佳作	郭宣沂	光武國中
佳作	王芊羽	培英國中
佳作	戴宇謙	培英國中
佳作	鄭允恩	培英國中
佳作	吳紫涵	培英國中
佳作	謝妮庭	培英國中
佳作	張涴淳	培英國中
佳作	王秝庭	曉明女中國中部
佳作	林芷萱	曙光女中國中部
佳作	陳致均	培英國中
佳作	謝可容	曙光女中國中部
佳作	黃威皓	義民高中國中部

國中七年級組

第一名	呂勁廷	康橋國際學校國中部
第二名	何品儒	曙光女中國中部
第三名	林佑昕	培英國中
第四名	李昕臻	東興國中
第五名	張喬涵	培英國中
佳作	李伊欣	三民國中
佳作	潘怡妡	建功高中國中部
佳作	鄒知芸	建功高中國中部
佳作	王冠涵	建功高中國中部
佳作	韓子茵	光華國中
佳作	羅　伊	光華國中
佳作	李妍昕	光華國中
佳作	廖子寧	光華國中
佳作	林詩硯	光華國中
佳作	王玥玥	光華國中
佳作	陳宥婷	光華國中
佳作	邱宥臻	光武國中
佳作	趙子甯	光武國中
佳作	林竑甫	光武國中
佳作	陳沛琦	光武國中
佳作	吳昀昀	光武國中
佳作	林芯誼	培英國中
佳作	黃冠榕	培英國中
佳作	葉子禕	培英國中
佳作	薛力豪	培英國中
佳作	李渼緹	培英國中
佳作	李芳瑜	培英國中
佳作	許瑜恬	培英國中
佳作	張佳茵	培英國中
佳作	周恩琳	培英國中
佳作	王紳灃	培英國中
佳作	施定杰	東興國中
佳作	王宥絜	光武國中
佳作	陳宥霖	建華國中
佳作	林子芮	衛道中學國中部

國小高年級組

第一名	張晏綺	曙光國小
第二名	岑庭瑩	龍山國小
第三名	黃馳開	竹科實中國小部
第四名	陳泳霏	竹科實中國小部
第五名	石曜愷	東門國小
佳作	楊詠琁	曙光國小
佳作	張捷羽	曙光國小
佳作	彭翌晴	曙光國小
佳作	陳亮禎	曙光國小
佳作	王楷晴	曙光國小
佳作	張晏甄	曙光國小
佳作	蕭翊晴	曙光國小
佳作	彭宸恩	曙光國小
佳作	莊善合	曙光國小
佳作	商緁羽	曙光國小
佳作	柯采君	建功國小
佳作	范恩婗	載熙國小
佳作	呂妍熹	康橋國際學校國小部
佳作	吳品毅	東門國小
佳作	劉軒彤	東門國小
佳作	戴嘉妤	東門國小
佳作	許文齊	東門國小
佳作	張瑀芯	關東國小
佳作	黎恩瑀	新湖國小
佳作	鍾其叡	興隆國小
佳作	邱喻歆	興隆國小
佳作	景姮瑜	康乃薾雙語中小學國小部
佳作	陳昱靚	三民國小
佳作	李麦錚	東興國小
佳作	吳奕霏	山佳國小
佳作	張庭榕	曙光國小
佳作	蔡晨郁	康橋國際學校國小部
佳作	劉芊悅	三民國小
佳作	洪晨瑄	東門國小
佳作	劉彥伶	康橋國際學校國小部

國小中年級組

第一名	賴郁庭	竹科實中國小部
第二名	鄭晨希	關埔國小
第三名	謝喻絜	十興國小
第四名	賴柔君	載熙國小
第五名	徐梓惟	康橋國際學校國小部
佳作	黃研瑄	曙光國小
佳作	楊硯涵	曙光國小
佳作	林艾諼	曙光國小
佳作	李騏亦	曙光國小
佳作	何宜叡	曙光國小
佳作	鍾安晴	曙光國小
佳作	徐苡真	曙光國小
佳作	趙芯瑜	曙光國小
佳作	連苡辰	曙光國小
佳作	林君潤	科園國小
佳作	林璦萱	科園國小
佳作	鍾孟恩	科園國小
佳作	許宸語	科園國小
佳作	陳宥希	科園國小
佳作	謝采芙	科園國小
佳作	郭芝琁	科園國小
佳作	許鑫燦	科園國小
佳作	孫若曦	建功國小
佳作	林宇辰	建功國小
佳作	吳霽恩	西門國小
佳作	徐敬洋	康橋國際學校國小部
佳作	賴丞維	康橋國際學校國小部
佳作	閻品瑞	康橋國際學校國小部
佳作	王乙涵	龍山國小
佳作	盧祈睿	康乃薾雙語中小學國小部
佳作	王昕妍	曙光國小
佳作	黃安序	清華附小
佳作	黃尉哲	東門國小
佳作	樊芸珊	竹科實中國小部
佳作	李畇潔	東園國小

臺中區初賽得獎名單

高中職組

第一名 陳歆閔 臺中一中
第二名 張羽喬 僑泰中學高中部
第三名 江品嫻 大甲高中
第四名 劉姵宜 臺中女中
第五名 蔡儀臻 明德中學高中部
佳作 詹丞勛 文華高中
佳作 張湞婕 臺中女中
佳作 蕭翊帆 臺中一中
佳作 劉伊釩 文華高中
佳作 高于晨 衛道中學高中部
佳作 蔡欣妤 彰化女中
佳作 王品昕 曉明女中高中部
佳作 郭湘怡 文華高中
佳作 賴玟蓉 僑泰中學高中部
佳作 陳嬿方 臺中女中
佳作 林芸安 明德中學高中部
佳作 彭雯毓 明德中學高中部
佳作 殷子鈞 明德中學高中部
佳作 蔡語佳 明德中學高中部
佳作 呂泓葳 明德中學高中部
佳作 康恒晏 明德中學高中部
佳作 蕭楷叡 明德中學高中部
佳作 白容瑄 明德中學高中部
佳作 林懷竹 明德中學高中部
佳作 李沂倫 明德中學高中部
佳作 李旻旂 明德中學高中部
佳作 王翊詠 明德中學高中部
佳作 張惠閩 精誠中學高中部
佳作 戴杺柔 后綜高中
佳作 蔡芷晴 曉明女中高中部
佳作 洪毅安 彰化高中
佳作 蕭郁臻 臺中女中
佳作 張宜蓁 華盛頓中學高中部
佳作 簡紫綺 衛道中學高中部
佳作 王姿涵 明道中學高中部

國中九年級組

第一名 毛彥琳 明道中學國中部
第二名 張芝苡 居仁國中
第三名 陳宏雋 大甲國中
第四名 李冠霆 漢口國中
第五名 粘雁婷 新民國中
佳作 詹家芸 北斗國中
佳作 劉思妤 衛道中學國中部
佳作 何妮霏 衛道中學國中部
佳作 宋宜臻 衛道中學國中部
佳作 張湘慈 居仁國中
佳作 陳沛妤 衛道中學國中部
佳作 陳睿哲 居仁國中
佳作 周名嘉 精誠中學國中部
佳作 余書百 曉明女中國中部
佳作 陳家翊 衛道中學國中部
佳作 賴潔凌 居仁國中
佳作 賴妙禎 大業國中
佳作 陳向沂 大同國中
佳作 劉安庭 豐南國中
佳作 鄧富丞 大甲國中
佳作 楊智翔 北新國中
佳作 梁佑靜 精誠中學國中部
佳作 吳向晴 居仁國中
佳作 何冠廷 光榮國中
佳作 陳亭竹 明德中學國中部
佳作 吳庭安 明德中學國中部
佳作 鄭允睿 明德中學國中部
佳作 莊芮瑜 明德中學國中部
佳作 謝亞芸 明德中學國中部
佳作 田書帆 大雅國中
佳作 李相妍 曉明女中國中部
佳作 彭羽熙 華盛頓中學國中部
佳作 呂秉蔚 豐東國中
佳作 葉庭容 光榮國中
佳作 江泉鋆 向上國中

國中八年級組

第一名 王恩奇 五權國中
第二名 吳欣蓓 明道中學國中部
第三名 林芮萱 豐東國中
第四名 李炳憲 僑泰中學國中部
第五名 李珮綸 僑泰中學國中部
佳作 顏裴綾 居仁國中
佳作 黃品程 衛道中學國中部
佳作 林秉程 居仁國中
佳作 陳禹彤 光德國中
佳作 楊昱彤 漢口國中
佳作 劉恩慈 居仁國中
佳作 林禾澄 文興高中國中部
佳作 賴宣榕 大雅國中
佳作 張芯綾 光德國中
佳作 李庭蓁 北新國中
佳作 古濬愷 僑泰中學國中部
佳作 林勇漢 僑泰中學國中部
佳作 許喻涵 明德中學國中部
佳作 賴威廷 明德中學國中部
佳作 顏新恩 明德中學國中部
佳作 陳武雄 五權國中
佳作 陳宛昀 居仁國中
佳作 賴玟妤 居仁國中
佳作 林映辰 華盛頓中學國中部
佳作 陳意安 明道中學國中部
佳作 楊瑀葳 居仁國中
佳作 詹均仁 居仁國中
佳作 張凱皓 居仁國中
佳作 張惟綱 居仁國中
佳作 張　桓 豐東國中
佳作 張右昕 豐南國中
佳作 林思涵 衛道中學國中部
佳作 白書睿 明道中學國中部
佳作 蔡兆晉 明道中學國中部
佳作 徐芷晳 明道中學國中部

國中七年級組

第一名	蔡岱霓	豐陽國中
第二名	賴科縉	明德中學國中部
第三名	魏嫚萱	明德中學國中部
第四名	羅子碩	明德中學國中部
第五名	何宥萱	明道中學國中部
佳作	洪敏綾	五權國中
佳作	邱宥瑄	大甲國中
佳作	吳詩婕	明仁國中
佳作	田知言	衛道中學國中部
佳作	陳怡方	僑泰中學國中部
佳作	楊品翰	北新國中
佳作	林啟韶	豐東國中
佳作	林育陞	明德中學國中部
佳作	陳冠愷	明德中學國中部
佳作	沈岱樺	明德中學國中部
佳作	蔡蕎宇	明德中學國中部
佳作	洪睿均	明德中學國中部
佳作	廖沛慈	明德中學國中部
佳作	邱禹浠	明德中學國中部
佳作	林柔宜	明德中學國中部
佳作	林竑儒	明德中學國中部
佳作	呂品蓉	明德中學國中部
佳作	林湛沅	明德中學國中部
佳作	詹旻臻	明德中學國中部
佳作	林承君	明德中學國中部
佳作	黃媗菱	五權國中
佳作	顧哲瑋	居仁國中
佳作	林妤馨	居仁國中
佳作	張藝恩	居仁國中
佳作	黃以安	居仁國中
佳作	江軒齊	居仁國中
佳作	皇甫依杉	居仁國中
佳作	黃敬智	常春藤中學國中部
佳作	陳暐蓁	爽文國中
佳作	詹子毅	立人高中國中部

國小高年級組

第一名	張呈語	后庄國小
第二名	蕭湉渟	瑞穗國小
第三名	廖藝涵	臺中國小
第四名	謝丹夏	竹林國小
第五名	林禹丞	忠孝國小
佳作	邱筠瑄	塗城國小
佳作	黃鈺婷	鹿港國小
佳作	李乙君	田尾國小
佳作	鄭羽涵	康壽國小
佳作	吳翌銜	后里國小
佳作	余宥潼	力行國小
佳作	林詠萱	力行國小
佳作	謝騏仲	力行國小
佳作	黃語叡	忠孝國小
佳作	賴品嘉	僑信國小
佳作	蔡妮霓	明道普霖斯頓小學
佳作	謝雨恬	永隆國小
佳作	彭筱妍	普台國小
佳作	謝詠妍	明德中學國小部
佳作	楊渝凱	九德國小
佳作	曾映涵	九德國小
佳作	林家悅	東大附小
佳作	侯雲玲	東大附小
佳作	江秉宸	大勇國小
佳作	蕭宇智	力行國小
佳作	陳宥臻	重慶國小
佳作	丁日崴	南陽國小
佳作	詹芯羽	南陽國小
佳作	林采霓	大勇國小
佳作	詹若禕	文心國小
佳作	莊謹華	瑞穗國小
佳作	詹芸昕	葳格小學
佳作	陳怡蓁	中正國小
佳作	卓隸宬	中正國小
佳作	董品岑	永隆國小

國小中年級組

第一名	李昌頤	僑信國小
第二名	謝蕎妁	力行國小
第三名	涂程雅	車籠埔國小
第四名	陳玥希	育仁國小
第五名	林郁杰	重慶國小
佳作	戴煥宸	忠孝國小
佳作	廖藝媃	臺中國小
佳作	陳品愷	忠明國小
佳作	黃湧宬	中山國小
佳作	周依橙	健行國小
佳作	陳楚淞	竹林國小
佳作	王芯平	東大附小
佳作	王芯安	東大附小
佳作	陳守恩	東大附小
佳作	江采儒	惠來國小
佳作	王心玥	大里國小
佳作	楊喻琁	惠來國小
佳作	柯昕汝	葳格小學
佳作	邵楷媃	明道普霖斯頓小學
佳作	楊馥綺	明道普霖斯頓小學
佳作	林宥叡	明道普霖斯頓小學
佳作	莊尚恩	明道普霖斯頓小學
佳作	徐凱蒂	明道普霖斯頓小學
佳作	林沄諼	明道普霖斯頓小學
佳作	白宗右	文昌國小
佳作	李珮榕	文昌國小
佳作	曹宸瑄	普台國小
佳作	徐廷雅	大明國小
佳作	吳悆愷	東大附小
佳作	簡玉欣	明德中學國小部
佳作	魏愷辰	豐原國小
佳作	謝蕎安	東平國小
佳作	詹以安	頭家國小
佳作	程研碩	大勇國小
佳作	李晨安	頭家國小

南投區初賽得獎名單

高中職組

第一名	陳詠曦	明道中學高中部
第二名	陳姵禎	中興高中
第三名	李佳恩	弘明實中高中部
第四名	張卉喬	南投高中
第五名	沈芳安	精誠高中
佳作	沈妤庭	曉明女中高中部
佳作	廖俞臻	中興高中
佳作	陳姵蓁	黎明高中
佳作	葉秋汝	文華高中
佳作	曾俐嘉	中興高中
佳作	簡韻宜	南投高中
佳作	張馨文	南投高中
佳作	陳宥淋	南投高中
佳作	洪毓琳	南投高中
佳作	賴柔妤	南投高中
佳作	田心瑜	南投高中
佳作	陳宥諭	南投高中
佳作	陳憶靜	旭光高中
佳作	周辰瑄	旭光高中
佳作	聶晨軒	旭光高中
佳作	鄭沛宸	中興高中
佳作	羅晉昌	弘明實中高中部
佳作	張詠筑	弘明實中高中部
佳作	張芷瑄	弘明實中高中部
佳作	蕭浤秝	弘明實中高中部
佳作	林子媛	弘明實中高中部
佳作	黃威儒	弘明實中高中部
佳作	方　寧	弘明實中高中部
佳作	陳珈嫻	弘明實中高中部
佳作	賴香蓉	弘明實中高中部
佳作	黃安敏	弘明實中高中部
佳作	胡華宴	弘明實中高中部
佳作	楊曉潔	興大附中
佳作	張舒晴	中興高中
佳作	廖鈞浩	臺中一中

國中九年級組

第一名	王　蔚	爽文國中
第二名	邱翊慈	南崗國中
第三名	龔品宸	南崗國中
第四名	陳芊羽	旭光高中國中部
第五名	石沛可	埔里國中
佳作	羅羽涵	曉明女中國中部
佳作	江莛芊	明倫國中
佳作	蔡佳珊	南崗國中
佳作	陳諺柏	延和國中
佳作	劉于瑄	竹山國中
佳作	詹學楨	竹山國中
佳作	林宏隆	竹山國中
佳作	侯又寧	竹山國中
佳作	廖文君	竹山國中
佳作	林稷榛	竹山國中
佳作	林莞翎	竹山國中
佳作	李沛渝	旭光高中國中部
佳作	林沂蓁	旭光高中國中部
佳作	曹珺瑞	旭光高中國中部
佳作	陳樂恩	草屯國中
佳作	洪知希	草屯國中
佳作	洪妍盈	草屯國中
佳作	胡宸勛	草屯國中
佳作	楊貽媗	草屯國中
佳作	謝宇昊	弘明實中國中部
佳作	林昌霖	弘明實中國中部
佳作	劉育廷	埔里國中
佳作	王琮郁	埔里國中
佳作	江侑蓉	埔里國中
佳作	廖帝龍	埔里國中
佳作	江苡慈	埔里國中
佳作	鄭光硯	埔里國中
佳作	孫　銓	埔里國中
佳作	林于晴	埔里國中
佳作	黃子芸	埔里國中

國中八年級組

第一名	吳宛宸	普台中學國中部
第二名	王沛耘	南崗國中
第三名	王楷甯	宏仁國中
第四名	林智一	弘明實中國中部
第五名	卓芯隄	延和國中
佳作	謝鈞淇	明道中學國中部
佳作	高瑗璟	竹山國中
佳作	張詠晴	竹山國中
佳作	李岱螢	旭光高中國中部
佳作	洪曼綸	草屯國中
佳作	郭巧妤	草屯國中
佳作	林錡葦	草屯國中
佳作	蕭羽岑	草屯國中
佳作	王品臻	草屯國中
佳作	簡子甯	草屯國中
佳作	蕭旻軒	草屯國中
佳作	林梓晴	草屯國中
佳作	王弈棆	草屯國中
佳作	王儷縈	草屯國中
佳作	洪意涵	草屯國中
佳作	李苡謙	草屯國中
佳作	許恩禎	草屯國中
佳作	吳宥樺	草屯國中
佳作	姜沛岑	草屯國中
佳作	洪湘淋	草屯國中
佳作	施宣宇	草屯國中
佳作	李羿霈	草屯國中
佳作	謝欣穎	草屯國中
佳作	羅懿音	弘明實中國中部
佳作	林玟妡	弘明實中國中部
佳作	宋昱瑤	弘明實中國中部
佳作	黃彥欽	弘明實中國中部
佳作	白姍勻	弘明實中國中部
佳作	何小侓	埔里國中
佳作	洪筱捷	埔里國中

國中七年級組

第一名	王語芊	南崗國中
第二名	陳慕藍	僑泰中學國中部
第三名	張戎忻	竹山國中
第四名	蔡佳晟	南崗國中
第五名	張友甄	南崗國中
佳作	趙品熙	中興國中
佳作	林芮霆	衛道中學國中部
佳作	莊芮丞	衛道中學國中部
佳作	林鈺茗	居仁國中
佳作	何宜庭	中興國中
佳作	呂勁廷	康橋國際學校國中部
佳作	蔡尹蕎	明仁國中
佳作	王禹晴	宏仁國中
佳作	謝侑宸	明仁國中
佳作	游孟燊	南投國中
佳作	陳惠琪	南投國中
佳作	許紘禕	南投國中
佳作	陳柏銜	延和國中
佳作	曾子悅	延和國中
佳作	劉穎臻	延和國中
佳作	黃郁烜	南崗國中
佳作	簡廷祐	南崗國中
佳作	簡廷芮	南崗國中
佳作	柯沛圻	中興國中
佳作	姚可紜	中興國中
佳作	洪嘉佑	草屯國中
佳作	賴彥岑	草屯國中
佳作	簡廷羽	草屯國中
佳作	李昀昕	草屯國中
佳作	李沛柔	弘明實中國中部
佳作	蕭浤洋	弘明實中國中部
佳作	柯羽芯	弘明實中國中部
佳作	林語扉	埔里國中
佳作	劉予涵	埔里國中
佳作	紀懷斐	埔里國中

國小高年級組

第一名	吳宛軒	埔里國小
第二名	李青蓉	炎峰國小
第三名	林昕辰	南投國小
第四名	童琠倩	虎山國小
第五名	張詠晴	南投國小
佳作	沈妤恩	光華國小
佳作	張元熙	草屯國小
佳作	許譽恬	秀林國小
佳作	呂妍熹	康橋國際學校國小部
佳作	嚴綵晴	土城國小
佳作	黃品橙	永昌國小
佳作	楊芸甄	嘉和國小
佳作	蕭溢呈	南投國小
佳作	謝昕妍	建功國小
佳作	游淮琁	光榮國小
佳作	黃星郡	大成國小
佳作	林函潔	炎峰國小
佳作	莊絢程	平和國小
佳作	張軒瑞	南投國小
佳作	藍冠捷	南投國小
佳作	陳玥璇	南投國小
佳作	蕭媛穗	南投國小
佳作	劉芷晴	康壽國小
佳作	陳品臻	康壽國小
佳作	陳智恩	美群國小
佳作	劉采書	弘明實中國小部
佳作	林家可	弘明實中國小部
佳作	江承珉	弘明實中國小部
佳作	劉蕥晨	弘明實中國小部
佳作	吳苡婕	弘明實中國小部
佳作	張湘妘	弘明實中國小部
佳作	謝子晴	弘明實中國小部
佳作	陳蔚寬	弘明實中國小部
佳作	張義助	弘明實中國小部
佳作	柯沛岑	炎峰國小

國小中年級組

第一名	梁琦葳	南光國小
第二名	陳宣蓉	名間國小
第三名	蕭語辰	六家國小
第四名	鄭智恩	敦和國小
第五名	林奕汝	炎峰國小
佳作	郭采盈	炎峰國小
佳作	洪苙睿	新庄國小
佳作	張馨予	西屯國小
佳作	林蘊竹	炎峰國小
佳作	呂懿庭	嘉和國小
佳作	洪愷妡	草屯國小
佳作	葉采穎	埔里國小
佳作	吳沛穎	名間國小
佳作	蔡知穎	大同國小
佳作	廖于喬	光復國小
佳作	賴沂宣	育仁小學
佳作	許芷庭	南光國小
佳作	巫旻蓁	南光國小
佳作	謝尚延	南光國小
佳作	蕭妃恩	大成國小
佳作	楊鼎杰	平和國小
佳作	詹云婷	嘉和國小
佳作	胡芯瑄	南投國小
佳作	蔡佳縈	康壽國小
佳作	陳苡忻	南光國小
佳作	許捷翔	弘明實中國小部
佳作	謝宇宸	弘明實中國小部
佳作	江羽桀	弘明實中國小部
佳作	林家禾	弘明實中國小部
佳作	張芷璇	弘明實中國小部
佳作	楊采融	弘明實中國小部
佳作	柯妍安	弘明實中國小部
佳作	曾裕媞	國姓國小

雲林區初賽得獎名單

高中職組

第一名	陳俞蓁	斗六高中
第二名	許凱翔	永年中學高中部
第三名	簡子沂	斗六高中
第四名	曾峻祐	永年中學高中部
第五名	王崇靜	嘉義女中
佳作	黃芷萱	巨人高中
佳作	李敏綺	虎尾高中
佳作	王麻湘	虎尾高中
佳作	許雅若	嘉義女中
佳作	廖姝涵	虎尾高中
佳作	廖翊辰	虎尾高中
佳作	沈子力	斗南高中
佳作	楊敬彬	嘉義高中
佳作	陳俞蒨	協同中學高中部
佳作	蔡佩縈	斗南高中
佳作	劉冠君	斗南高中
佳作	王若竹	斗南高中
佳作	蔡安軒	斗南高中
佳作	張藝蓁	正心中學高中部
佳作	王靜渝	文生高中
佳作	鄭絜云	揚子中學高中部
佳作	林家蔓	揚子中學高中部
佳作	許恩妮	揚子中學高中部
佳作	張語宸	揚子中學高中部
佳作	許芸萝	揚子中學高中部
佳作	廖玟媛	揚子中學高中部
佳作	蘇琮予	揚子中學高中部
佳作	汪本芸	揚子中學高中部
佳作	王晨勻	永年中學高中部
佳作	張躍騰	永年中學高中部
佳作	王宛均	永年中學高中部
佳作	黃芊熒	永年中學高中部
佳作	廖家儀	永年中學高中部
佳作	許　諾	虎尾高中
佳作	林虹君	北港高中

國中九年級組

第一名	周睿栩	東南國中
第二名	李昀儒	斗南高中國中部
第三名	林宥萱	東南國中
第四名	劉秉謙	東明國中
第五名	蔡岳勳	正心中學國中部
佳作	吳沛宸	雲林國中
佳作	連丞澇	雲林國中
佳作	王涓瑩	雲林國中
佳作	許喬鈞	建國國中
佳作	鄭雨涵	建國國中
佳作	楊子賢	建國國中
佳作	張婷愉	建國國中
佳作	許舒涵	建國國中
佳作	李研蓁	建國國中
佳作	施碩富	建國國中
佳作	鄞可涵	斗南高中國中部
佳作	林曜詩	揚子中學國中部
佳作	蔡宗穎	斗六國中
佳作	蔡承家	文生高中國中部
佳作	劉桓宇	馬光國中
佳作	楊雅淳	斗南高中國中部
佳作	林禹辰	斗南高中國中部
佳作	徐若涵	斗南高中國中部
佳作	曾鈺潔	永年中學國中部
佳作	饒佳佩	永年中學國中部
佳作	李安妮	永年中學國中部
佳作	許庭睿	永年中學國中部
佳作	廖唯融	永年中學國中部
佳作	李翊涵	永年中學國中部
佳作	蔡忻臻	林內國中
佳作	沈妤臻	揚子中學國中部
佳作	蔡奕涵	正心中學國中部
佳作	林亞臻	正心中學國中部
佳作	黃芃恩	協同中學國中部
佳作	劉純蓁	建國國中

國中八年級組

第一名	蘇子俞	協同中學國中部
第二名	蘇少圻	正心中學國中部
第三名	吳予希	東和國中
第四名	施彥全	永年中學國中部
第五名	陳立縈	北港國中
佳作	鐘韋杰	大埤國中
佳作	謝宛盈	大埤國中
佳作	陳怡婷	建國國中
佳作	陳柏誠	建國國中
佳作	朱昱誼	建國國中
佳作	蘇艾葶	建國國中
佳作	陳詩涵	建國國中
佳作	高千雅	建國國中
佳作	葉紹暐	正心中學國中部
佳作	楊凱翔	正心中學國中部
佳作	鄭靖媛	正心中學國中部
佳作	吳欣晏	東仁國中
佳作	李姿儀	斗六國中
佳作	劉馥嫚	東仁國中
佳作	楊于萱	東仁國中
佳作	王婉蓁	北港國中
佳作	林于恩	斗南高中國中部
佳作	張綵琳	斗南高中國中部
佳作	李巧盈	東南國中
佳作	黃靖文	東南國中
佳作	林逸軒	東南國中
佳作	蔡宥錚	東南國中
佳作	蔡沛希	維多利亞中學國中部
佳作	王亭雅	維多利亞中學國中部
佳作	曾湘婕	維多利亞中學國中部
佳作	蔡淇安	林內國中
佳作	林宜秀	斗南高中國中部
佳作	江俊毅	新港國中
佳作	郭玠彣	新港國中
佳作	林昊澤	口湖國中

國中七年級組

第一名　簡盈宥　斗六國中
第二名　蘇暄甯　建國國中
第三名　李唯志　永年中學國中部
第四名　張家瑀　林內國中
第五名　柯舒妮　東南國中
佳作　胡丞薇　雲林國中
佳作　吳芊霈　雲林國中
佳作　黃秀靜　建國國中
佳作　黃彥禎　建國國中
佳作　陳子瀚　建國國中
佳作　楊佩穎　建國國中
佳作　劉奐增　正心中學國中部
佳作　李沛緹　東明國中
佳作　徐采閎　斗六國中
佳作　蘇軒儀　斗六國中
佳作　張亦棠　土庫國中
佳作　林詩涵　土庫國中
佳作　江重彥　雲林國中
佳作　温苡瑄　東仁國中
佳作　李英傑　北港國中
佳作　李汘怜　北港國中
佳作　黃泳盛　北港國中
佳作　楊沁璇　揚子中學國中部
佳作　陳紫瑀　揚子中學國中部
佳作　翁淨連　東南國中
佳作　葉家豪　東南國中
佳作　張富群　維多利亞中學國中部
佳作　蘇郁婷　石榴國中
佳作　林稚融　永年中學國中部
佳作　張庭嘉　永年中學國中部
佳作　謝沅滇　永年中學國中部
佳作　朱明彥　永年中學國中部
佳作　莊喬茵　石榴國中
佳作　林潔妮　新港國中
佳作　林芷安　新港國中

國小高年級組

第一名　吳采恩　維多利亞小學
第二名　林沛儒　立仁國小
第三名　謝昀庭　立仁國小
第四名　林唯蓁　立仁國小
第五名　楊鎔瑜　維多利亞小學
佳作　李秉承　口湖國小
佳作　郭乃嘉　安慶國小
佳作　鄭祺叡　虎尾國小
佳作　邱郁家　東興國小
佳作　郭亞璇　雲林國小
佳作　王禹涵　虎尾國小
佳作　蔡玗庭　北辰國小
佳作　沈嘉芯　山佳國小
佳作　張姿婷　立仁國小
佳作　王語彤　維多利亞小學
佳作　高敏容　維多利亞小學
佳作　陳侑威　維多利亞小學
佳作　王俞皓　維多利亞小學
佳作　王芊涵　維多利亞小學
佳作　張心妮　維多利亞小學
佳作　蔡東翰　立仁國小
佳作　周軒羽　立仁國小
佳作　黃湘晴　北辰國小
佳作　林采靚　北辰國小
佳作　蔡芸芳　北辰國小
佳作　鄭聿晴　北辰國小
佳作　林渼維　東勢國小
佳作　方辰心　鎮西國小
佳作　李維心　鎮西國小
佳作　吳璨伶　安慶國小
佳作　蔡雨霏　安慶國小
佳作　張家睿　維多利亞小學
佳作　柯瑀庭　康乃薾雙語中小學國小部
佳作　黃品達　立仁國小
佳作　黃少妤　立仁國小

國小中年級組

第一名　朱禹璇　雲林國小
第二名　黃柚寧　虎尾國小
第三名　張恩齊　立仁國小
第四名　李奕芮　安慶國小
第五名　吳采霏　維多利亞小學
佳作　楊孟蓁　宏崙國小
佳作　蔡喬羽　口湖國小
佳作　張祐瑄　安慶國小
佳作　陳柏翔　安慶國小
佳作　丁巧笙　維多利亞小學
佳作　廖宥絜　安慶國小
佳作　吳嘉祐　立仁國小
佳作　賴柏霖　維多利亞小學
佳作　陳侑敬　維多利亞小學
佳作　何慕恩　維多利亞小學
佳作　江翊愷　維多利亞小學
佳作　陳璟安　立仁國小
佳作　李采耘　立仁國小
佳作　廖健皓　立仁國小
佳作　程彧韜　立仁國小
佳作　黃楷策　北辰國小
佳作　柳芯彤　北辰國小
佳作　黃沛蓁　東勢國小
佳作　方辰亦　鎮西國小
佳作　鄭緗庭　新生國小
佳作　陳思妍　新生國小
佳作　謝光禹　安慶國小
佳作　陳妍蓁　安慶國小
佳作　楊芃謙　安慶國小
佳作　賴禹喬　雲林國小
佳作　邱芋茜　北辰國小
佳作　張芷瑄　虎尾國小
佳作　陳佳鍇　虎尾國小
佳作　蕭長樂　虎尾國小
佳作　張珉郗　斗六國小

嘉義區初賽得獎名單

高中職組

名次	姓名	學校
第一名	王晨佑	嘉義高中
第二名	傅樂旖	新港藝術高中
第三名	曾郁甯	嘉義女中
第四名	葉恩旭	嘉義高中
第五名	黃郁晴	嘉華中學高中部
佳作	黃芷萱	巨人高中
佳作	張尹薰	嘉義女中
佳作	陳宜君	嘉義女中
佳作	周宜蓁	嘉義女中
佳作	羅郁函	嘉義女中
佳作	黃群惠	嘉義女中
佳作	蘇品熏	嘉義女中
佳作	陳忞禾	嘉義女中
佳作	盧怡瓖	嘉義女中
佳作	林宥欣	嘉義女中
佳作	宋彥儀	嘉義女中
佳作	江宜勳	嘉義女中
佳作	黃佳勻	輔仁中學高中部
佳作	張以昕	輔仁中學高中部
佳作	李芷羽	輔仁中學高中部
佳作	林侑葶	輔仁中學高中部
佳作	李岷軒	嘉華中學高中部
佳作	林宥均	協同中學高中部
佳作	莊子嫻	永慶高中
佳作	林宥均	嘉義女中
佳作	郭軒睿	輔仁中學高中部
佳作	沈昀欣	興國中學高中部
佳作	孫宇新	嘉義高中
佳作	林柏宏	嘉義高中
佳作	吳念恩	協同中學高中部
佳作	黃韻蓉	興華中學高中部
佳作	邱粲喆	興華中學高中部
佳作	黃柏穎	興華中學高中部
佳作	陳予昀	興華中學高中部
佳作	郭至承	興華中學高中部

國中九年級組

名次	姓名	學校
第一名	吳怡潔	輔仁中學國中部
第二名	蔡宇智	民生國中
第三名	蔡慕葳	北興國中
第四名	陳亮妘	嘉義國中
第五名	王薏喬	嘉義國中
佳作	楊程喻	大業實中
佳作	涂品瑄	嘉義國中
佳作	林沛靚	協同中學國中部
佳作	方顗婷	民生國中
佳作	蔡秉叡	民生國中
佳作	王奕棠	協同中學國中部
佳作	蔡秉羿	民生國中
佳作	余甯甯	民生國中
佳作	謝沛杉	民生國中
佳作	陳泊諭	民生國中
佳作	蔡宗展	民生國中
佳作	倉璿庭	民生國中
佳作	劉芸諼	民生國中
佳作	劉彥廷	民生國中
佳作	吳柔鈞	民生國中
佳作	李宜潔	民生國中
佳作	陳眉妤	民生國中
佳作	蕭亮凡	民生國中
佳作	許喬茵	民生國中
佳作	涂馨云	民生國中
佳作	吳建輝	民生國中
佳作	黃琮恩	民生國中
佳作	曾宥瑄	嘉義國中
佳作	李慈恩	嘉義國中
佳作	王鈺茜	嘉義國中
佳作	黃芷嫻	嘉義國中
佳作	郭家諭	嘉義國中
佳作	李其蓁	嘉義國中
佳作	蘇楷甯	嘉義國中
佳作	謝宜彤	興華中學國中部

國中八年級組

名次	姓名	學校
第一名	黃苡晴	民生國中
第二名	吳怡霈	民生國中
第三名	張軒毓	新港國中
第四名	張司函	北興國中
第五名	陳禹親	北興國中
佳作	陳佳萱	嘉華中學國中部
佳作	賴冠汝	大業實中
佳作	張菀芸	北興國中
佳作	孫慕傑	北興國中
佳作	羅品琁	北興國中
佳作	邱郁升	北興國中
佳作	洪薇婷	北興國中
佳作	林嵩恩	蘭潭國中
佳作	許晁榕	北園國中
佳作	蘇晨愉	南興國中
佳作	李懿軒	北興國中
佳作	黃煜惟	民生國中
佳作	吳翊婕	民生國中
佳作	邱苡瑄	民生國中
佳作	吳沁純	民生國中
佳作	張心瑜	民生國中
佳作	趙丞灃	民生國中
佳作	陳詠琪	民生國中
佳作	王姵晴	民生國中
佳作	黃俊賀	民生國中
佳作	賴美臻	民生國中
佳作	柳硯仁	民生國中
佳作	周語芊	嘉義國中
佳作	王苡恩	嘉義國中
佳作	蔡孟庭	嘉義國中
佳作	蕭子音	嘉義國中
佳作	黃湘鈞	嘉義國中
佳作	許耀臨	嘉義國中
佳作	許瑜恬	協同中學國中部
佳作	翁宥淮	蘭潭國中

國中七年級組

第一名	賴玟君	嘉義國中
第二名	彭聿晞	民生國中
第三名	林品蕎	北興國中
第四名	陳怡霏	北興國中
第五名	林妤宸	輔仁中學國中部
佳作	邱品儀	玉山國中
佳作	陳品霏	玉山國中
佳作	楊璦寧	玉山國中
佳作	楊銘聰	輔仁中學國中部
佳作	湯佩臻	輔仁中學國中部
佳作	林玓錤	輔仁中學國中部
佳作	溫沂叡	嘉華中學國中部
佳作	梁文源	大業實中
佳作	胡湘琪	北興國中
佳作	曹立人	北興國中
佳作	呂宥叡	蘭潭國中
佳作	吳沅羲	協同中學國中部
佳作	黃洛嫻	民生國中
佳作	黃儀薰	民生國中
佳作	莊希恩	民生國中
佳作	黃瀞瑩	民生國中
佳作	吳雅潔	民生國中
佳作	李宥溱	民生國中
佳作	莊佳栩	民生國中
佳作	蔡雨妡	民生國中
佳作	陳心淇	民生國中
佳作	呂子宥	民生國中
佳作	許智傑	民生國中
佳作	林琪芳	民生國中
佳作	陳冠霖	民生國中
佳作	楊詠程	民生國中
佳作	劉軒碩	北興國中
佳作	林潔妮	新港國中
佳作	陳穎萱	新港國中
佳作	劉奇勳	北興國中

國小高年級組

第一名	黃彥碩	崇文國小
第二名	凃尚妘	博愛國小
第三名	蔡牧芯	民族國小
第四名	盧又瑄	新營國小
第五名	黃嫆靜	崇文國小
佳作	吳俐欣	興嘉國小
佳作	趙妤蕎	興安國小
佳作	戴睿辰	大同國小
佳作	林硯祈	崇文國小
佳作	蔡幸芸	崇文國小
佳作	林孟潔	崇文國小
佳作	林語柔	崇文國小
佳作	林依婕	大同國小
佳作	焦毓晨	大同國小
佳作	黃宇璿	嘉大附小
佳作	陳昀希	育人國小
佳作	林晏靚	興嘉國小
佳作	陳鈺臻	興嘉國小
佳作	林昶瑀	嘉大附小
佳作	張兆甯	崇文國小
佳作	蕭麗宸	新進國小
佳作	林宜瑤	斗六國小
佳作	郭乃嘉	安慶國小
佳作	蕭紫晴	博愛國小
佳作	李和恩	嘉北國小
佳作	許羿翎	嘉北國小
佳作	吳哈妮	文雅國小
佳作	王苡甯	文雅國小
佳作	陳宥誠	博愛國小
佳作	洪子璿	宣信國小
佳作	楊若宣	宣信國小
佳作	吳為劭	宣信國小
佳作	何　月	蘭潭國小
佳作	簡亘妤	民雄國小
佳作	陳靖淳	興嘉國小

國小中年級組

第一名	許可澄	崇文國小
第二名	吳亮萱	博愛國小
第三名	許可潔	崇文國小
第四名	洪承恩	崇文國小
第五名	鄭育忻	博愛國小
佳作	陳宥維	興安國小
佳作	陳筠霏	大同國小
佳作	邱苡瑄	大同國小
佳作	顏千蕙	大同國小
佳作	簡士鈞	崇文國小
佳作	洪維翎	崇文國小
佳作	蔡宜蒨	崇文國小
佳作	李芷熏	崇文國小
佳作	蔡侑澄	港坪國小
佳作	朱柏澄	港坪國小
佳作	江芳誼	育人國小
佳作	蕭緁妤	世賢國小
佳作	王詠妍	新營國小
佳作	葉芯羽	博愛國小
佳作	翁子晴	嘉大附小
佳作	黃羿雅	和睦國小
佳作	林芮竹	東大附小
佳作	呂芯妍	嘉北國小
佳作	周秀黃	蘭潭國小
佳作	李意芙	文雅國小
佳作	吳為慧	宣信國小
佳作	李柏蔚	宣信國小
佳作	黃叡妍	宣信國小
佳作	張緁芸	興嘉國小
佳作	方怡甯	興嘉國小
佳作	蕭吟頻	興嘉國小
佳作	謝幸穎	興嘉國小
佳作	陳映誼	興嘉國小
佳作	張毓詠	興嘉國小
佳作	彭楺崴	志航國小

臺南區初賽得獎名單

高中職組

第一名	蕭詠璦	臺南女中
第二名	洪巧恩	慈濟高中
第三名	魏晟哲	港明中學高中部
第四名	傅家嫺	興國中學高中部
第五名	徐筱晶	港明中學高中部
佳作	趙珮頤	臺南二中
佳作	方偉澤	臺南一中
佳作	許鈺歆	聖功女中高中部
佳作	戴貝臻	黎明高中
佳作	劉宥欣	黎明高中
佳作	黃品茉	臺南一中
佳作	楊皖貽	聖功女中高中部
佳作	張芷綺	臺南女中
佳作	蘇楷崴	臺南一中
佳作	薛羽岑	臺南女中
佳作	李思璇	臺南女中
佳作	柯昀圻	臺南女中
佳作	潘暄昀	港明中學高中部
佳作	黃榆雯	新化高中
佳作	陳彥均	臺南一中
佳作	嚴珮綺	南光中學高中部
佳作	吳姿蓉	德光中學高中部
佳作	劉康怡	臺南女中
佳作	黃翊涵	北門高中
佳作	周郁臻	德光中學高中部
佳作	張珈瑜	臺南女中
佳作	許祐文	臺南二中
佳作	胡弘逸	臺南一中
佳作	洪宥琳	南科實中高中部
佳作	陳祈佑	臺南一中
佳作	謝咠安	臺南女中
佳作	方羽喬	臺南女中
佳作	鄭愛都	臺南女中
佳作	高右宸	臺南女中
佳作	張育嘉	臺南一中

國中九年級組

第一名	鄭子娟	長榮中學國中部
第二名	吳秉芳	後甲國中
第三名	楊善穎	黎明高中國中部
第四名	洪晨恩	後甲國中
第五名	張辰潞	延平國中
佳作	張祐宜	新東國中
佳作	黃聿菀	建興國中
佳作	曾瑀晴	後甲國中
佳作	歐育瑄	建興國中
佳作	陳宥璇	黎明高中國中部
佳作	李芊聿	黎明高中國中部
佳作	林宜蓁	崇明國中
佳作	蔡宜君	崇明國中
佳作	周忠昕	後甲國中
佳作	王槿薇	山上國中
佳作	李藝淳	後甲國中
佳作	郭毓慈	後甲國中
佳作	陳映竹	後甲國中
佳作	許淑媛	黎明高中國中部
佳作	鄭雅容	復興國中
佳作	劉珉廷	復興國中
佳作	楊季蓉	慈濟國中
佳作	吳易璿	南光中學國中部
佳作	王語欣	南光中學國中部
佳作	王璽嘉	長榮中學國中部
佳作	陳書婷	長榮中學國中部
佳作	吳沛柔	德光中學國中部
佳作	吳沛蓁	光華高中國中部
佳作	許喬婷	德光中學國中部
佳作	林一安	大成國中
佳作	魏央華	復興國中
佳作	王冠程	崇明國中
佳作	賴柏叡	後甲國中
佳作	蘇方淇	德光中學國中部
佳作	王苭淇	復興國中

國中八年級組

第一名	張洛綾	港明中學國中部
第二名	王佑喆	瀛海中學國中部
第三名	謝宛芷	後甲國中
第四名	李怡靜	鹽行國中
第五名	羅心孺	瀛海中學國中部
佳作	周綵緹	黎明中學國中部
佳作	郭佳頤	港明中學國中部
佳作	張芳瑜	建興國中
佳作	阮豪德	建興國中
佳作	陳竑瑋	港明中學國中部
佳作	楊晴涵	港明中學國中部
佳作	張鈞淳	建興國中
佳作	洪采妍	黎明中學國中部
佳作	沈羿丞	興國中學國中部
佳作	林芊辰	興國中學國中部
佳作	康亦沛	南科實中國中部
佳作	黃筠真	德光中學國中部
佳作	蔡易樺	崇明國中
佳作	徐樂	後甲國中
佳作	陳宥銓	後甲國中
佳作	廖昱咸	後甲國中
佳作	李昀蓁	後甲國中
佳作	陳佑青	後甲國中
佳作	林芷伊	後甲國中
佳作	沈采炘	忠孝國中
佳作	黃巧忻	忠孝國中
佳作	陳品璇	建興國中
佳作	郭恩宇	建興國中
佳作	許芳潔	復興國中
佳作	許睿恩	復興國中
佳作	林品岑	復興國中
佳作	黃芷恩	長榮中學國中部
佳作	林怡如	瀛海中學國中部
佳作	黃宥溱	民德國中
佳作	黃靖樸	建興國中

國中七年級組

第一名	康碩軒	港明中學國中部
第二名	鄭伊岑	復興國中
第三名	翁語彤	歸仁國中
第四名	吳晏慈	復興國中
第五名	戴翊喬	建興國中
佳作	張芷寧	港明中學國中部
佳作	顏舒妤	建興國中
佳作	黃卉喬	建興國中
佳作	王瑞愷	建興國中
佳作	温薰茹	新東國中
佳作	杜芯妤	新東國中
佳作	郭恩瑜	興國中學國中部
佳作	許睿喆	忠孝國中
佳作	顏毓嫺	瀛海中學國中部
佳作	許仕敏	後甲國中
佳作	李品蓁	後甲國中
佳作	蔡昀芳	南科實中國中部
佳作	蔡昀倩	港明中學國中部
佳作	蕭婕函	忠孝國中
佳作	卓克柔	忠孝國中
佳作	王妍懿	忠孝國中
佳作	蔡泓諺	復興國中
佳作	王睿琳	復興國中
佳作	郭宥萱	復興國中
佳作	林庭伊	復興國中
佳作	蔡予瑈	復興國中
佳作	吳禹玟	復興國中
佳作	楊敏勳	復興國中
佳作	葉筱希	安平國中
佳作	陳采薇	德光中學國中部
佳作	陳若綾	建興國中
佳作	郭庭妤	後甲國中
佳作	詹喬甯	建興國中
佳作	賴文妍	建興國中
佳作	方心岑	建興國中

國小高年級組

第一名	陳貞妤	山上國小
第二名	蔡佩蓉	果毅國小
第三名	曾詠晴	勝利國小
第四名	徐浚維	崇明國小
第五名	李晉萱	永福國小
佳作	洪崇恩	永福國小
佳作	陳泱竹	紅瓦厝國小
佳作	賴映安	進學國小
佳作	林佳叡	勝利國小
佳作	陳亮衡	文化國小
佳作	顏方怡	文元國小
佳作	游心綺	億載國小
佳作	賴洙羽	新進國小
佳作	陳珮箐	南大附小
佳作	黃靜慈	安慶國小
佳作	陳筱涵	永福國小
佳作	王姿茜	慈濟國小
佳作	張晏榕	永康國小
佳作	張寧真	南大附小
佳作	蘇聖祐	信義國小
佳作	柯雨彣	新營國小
佳作	秦郁翔	復興國小
佳作	蘇子芹	勝利國小
佳作	賴頤睿	文元國小
佳作	蔡昕妤	億載國小
佳作	陳永晴	億載國小
佳作	張采婕	善化國小
佳作	黃偊睿	進學國小
佳作	彭芷涵	六甲國小
佳作	許姵檥	文元國小
佳作	鄭翔予	海佃國小
佳作	黃楚晴	崇學國小
佳作	陳暐京	崇學國小
佳作	王止俞	善化國小
佳作	吳雨臣	開元國小

國小中年級組

第一名	張芯瑜	新南國小
第二名	陳枳安	果毅國小
第三名	邱芊瑜	長安國小
第四名	謝可軒	復興國小
第五名	馬嘉妤	開元國小
佳作	劉馥萱	安慶國小
佳作	陳明穎	勝利國小
佳作	黃筱媃	進學國小
佳作	林佳育	安平國小
佳作	陳聘淳	億載國小
佳作	陳昀希	億載國小
佳作	陳禹涵	石門國小
佳作	郭庭瑀	億載國小
佳作	鄭芝棋	億載國小
佳作	顏方岑	文元國小
佳作	嚴予謙	文化國小
佳作	游品淮	安平國小
佳作	林于宸	新南國小
佳作	潘　岑	果毅國小
佳作	謝欣霏	信義國小
佳作	劉宥緯	勝利國小
佳作	孫道雅	大橋國小
佳作	陳柏蒼	東興國小
佳作	顏宇靚	南興國小
佳作	陳語涵	復興國小
佳作	陳翊欣	復興國小
佳作	黃逸宸	佳里國小
佳作	楊蕎瑀	大成國小
佳作	姜妍晞	復興國小
佳作	張瀅青	安平國小
佳作	李昀昕	南科國小
佳作	楊翔宇	新化國小
佳作	林芮綺	賢北國小
佳作	黃亭嫣	安平國小
佳作	童如楀	大同國小

高雄區初賽得獎名單

高中職組

第一名 林芝瑩 瑞祥高中
第二名 宋芷嘉 立志中學高中部
第三名 邱思筠 立志中學高中部
第四名 胡綵玲 道明中學高中部
第五名 李念橙 立志中學高中部
佳作 吳相儀 高雄女中
佳作 呂侑潔 高雄女中
佳作 林昀臻 福誠高中
佳作 陳秋騰 三民高中
佳作 陳美燕 三民高中
佳作 姬恩妤 三民高中
佳作 王新驊 三民高中
佳作 陳孜瑜 三民高中
佳作 黃郁涵 三民高中
佳作 顏珮羽 三民高中
佳作 劉亭聿 三民高中
佳作 鄭 憶 三民高中
佳作 蔡詠欣 文山高中
佳作 吳佳晏 文山高中
佳作 林育績 文山高中
佳作 潘語婕 旗美高中
佳作 陳天心 道明中學高中部
佳作 陳昀柔 道明中學高中部
佳作 馬瑜晨 道明中學高中部
佳作 洪于婇 立志中學高中部
佳作 陳以沐 立志中學高中部
佳作 張丞妤 立志中學高中部
佳作 郭庭諭 立志中學高中部
佳作 劉韋彤 立志中學高中部
佳作 莊侑綸 立志中學高中部
佳作 蘇泓叡 立志中學高中部
佳作 莊蕓安 立志中學高中部
佳作 黃上鳳 立志中學高中部
佳作 張儀汝 立志中學高中部
佳作 黃盈蓁 鳳山高中

國中九年級組

第一名 蔡喬安 立志中學國中部
第二名 蔡函瑾 復華中學國中部
第三名 莊文欣 鳳翔國中
第四名 郭宸妤 左營國中
第五名 曾宥蓁 明華國中
佳作 李宣云 青年國中
佳作 許皓晴 大仁國中
佳作 許宸瑜 大仁國中
佳作 林宸萱 國昌國中
佳作 徐巧桓 正興國中
佳作 李嘉竩 陽明國中
佳作 黃嫆恩 陽明國中
佳作 呂維瑩 正義中學國中部
佳作 簡定淵 五福國中
佳作 呂睿穎 立志中學國中部

國中八年級組

第一名 田芯宸 七賢國中
第二名 王玨云 福山國中
第三名 柳又頎 道明中學國中部
第四名 陳亮妤 英明國中
第五名 陳奕嘉 福山國中
佳作 林恩綺 龍華國中
佳作 葉芷瑜 五福國中
佳作 蔡蓉暄 七賢國中
佳作 謝沛彣 鳳翔國中
佳作 徐子晴 鳳翔國中
佳作 朱廷恩 鳳翔國中
佳作 廖昀茵 小港國中
佳作 鄭晏甄 南榮國中
佳作 林依臻 大仁國中
佳作 吳侑潔 右昌國中
佳作 張 蕓 大灣國中
佳作 陳亭蓁 餐大附中國中部
佳作 劉芷妁 國昌國中
佳作 劉芃妘 正興國中
佳作 歐陽霖 陽明國中
佳作 張少瑋 道明中學國中部
佳作 陳德寧 道明中學國中部
佳作 林妤凡 道明中學國中部
佳作 蔡沛霖 道明中學國中部
佳作 于 皓 道明中學國中部
佳作 蔡芝亦 道明中學國中部
佳作 黃睦涵 道明中學國中部
佳作 陳 歆 道明中學國中部
佳作 楊云絜 立志中學國中部
佳作 廖子漩 立志中學國中部
佳作 張允睿 立志中學國中部
佳作 賴玥彤 立志中學國中部
佳作 林筠臻 立志中學國中部
佳作 陳羿樺 立志中學國中部
佳作 何湘妁 明華國中

國中七年級組

第一名	高瑄蔚	龍華國中
第二名	郭羽筑	五福國中
第三名	李沂靜	道明中學國中部
第四名	陳毓潔	福誠國中
第五名	黃葉蓁	道明中學國中部
佳作	宋咨霈	復華中學國中部
佳作	謝萱柔	餐大附中國中部
佳作	許喬安	小港國中
佳作	鄧　允	五福國中
佳作	蘇芃語	五福國中
佳作	張家瑜	國昌國中
佳作	涂雅涵	國昌國中
佳作	尤爾璿	道明中學國中部
佳作	翁語蔓	道明中學國中部
佳作	許紘慈	道明中學國中部
佳作	陳瑮恩	道明中學國中部
佳作	余品妘	道明中學國中部
佳作	黃榆喬	道明中學國中部
佳作	卓芯岑	道明中學國中部
佳作	梁恩愷	道明中學國中部
佳作	謝勝至	道明中學國中部
佳作	楊采璇	道明中學國中部
佳作	何乙禾	道明中學國中部
佳作	許筠彤	道明中學國中部
佳作	顏　瑟	福山國中
佳作	王涵琳	龍華國中
佳作	連盈鈞	立志中學國中部
佳作	邱凱駿	立志中學國中部
佳作	吳鎧茵	立志中學國中部
佳作	侯妍樺	立志中學國中部
佳作	張又文	立志中學國中部
佳作	黃正揚	立志中學國中部
佳作	柯惟婇	立志中學國中部
佳作	徐子涵	立志中學國中部
佳作	廖曼伶	立志中學國中部

國小高年級組

第一名	徐天賜	中正國小
第二名	楊珮彤	中正國小
第三名	宋苡蓀	美濃國小
第四名	靳柄媛	東光國小
第五名	黃裔珊	永芳國小
佳作	鍾宜錦	福山國小
佳作	蔡羽柔	中正國小
佳作	吳佳綸	鎮昌國小
佳作	蔡蕎衣	鎮昌國小
佳作	洪苡瑄	鎮昌國小
佳作	陳彥樺	新營國小
佳作	郭菁欣	嶺口國小
佳作	蘇芯緹	勝利國小
佳作	李昱穎	紅毛港國小
佳作	吳秉勳	漢民國小
佳作	吳怡臻	漢民國小
佳作	陳盈之	華山國小
佳作	柳　森	桂林國小
佳作	陳惟樂	桂林國小
佳作	吳若妤	永芳國小
佳作	楊宇焌	明誠中學國小部
佳作	陳晴川	明誠中學國小部
佳作	黃蘁箴	明誠中學國小部
佳作	余卓庭	明誠中學國小部
佳作	徐立晅	明誠中學國小部
佳作	陳思羽	屏東中正國小
佳作	陳沛晞	東光國小
佳作	葉湘璘	美濃國小
佳作	賴羽詮	東光國小
佳作	朱家吟	忠孝國小
佳作	陳相亨	樂群國小
佳作	蔡詠安	新民國小
佳作	顏于涵	龍華國小
佳作	王涵叡	華山國小
佳作	吳中瀚	屏山國小

國小中年級組

第一名	邱緗綺	美濃國小
第二名	胡宥筠	仁武國小
第三名	蔡瑀恒	鳳翔國小
第四名	石幸融	河堤國小
第五名	陳奕銓	信義國小
佳作	葉品孜	福東國小
佳作	徐啟洋	中正國小
佳作	王詠薇	鎮昌國小
佳作	李謹芯	鎮昌國小
佳作	陳可婕	忠孝國小
佳作	李禹萱	文山國小
佳作	蕭亦圻	屏東中正國小
佳作	楊舒宇	光榮國小
佳作	陳煦心	楠梓國小
佳作	簡安娣	漢民國小
佳作	吳緻品	漢民國小
佳作	吳秉濬	漢民國小
佳作	張恬寧	華山國小
佳作	邱子瑀	桂林國小
佳作	蔡知伶	明誠中學國小部
佳作	張莉彤	福山國小
佳作	朱宇梵	獅湖國小
佳作	蘇歆扉	中崙國小
佳作	李晨睿	中崙國小
佳作	蘇晉賢	美濃國小
佳作	顏莉倢	新莊國小
佳作	鄧鈞鴻	新上國小
佳作	鍾品然	新莊國小
佳作	劉芊彤	五權國小
佳作	李芯柔	信義國小
佳作	林品岑	勝利國小
佳作	林莉茵	福誠國小
佳作	曾立帆	十全國小

花蓮區初賽得獎名單

高中職組

第一名	謝承佑	海星高中
第二名	王楷甯	花蓮女中
第三名	莊家瑋	花蓮高中
第四名	楊晏丞	花蓮高中
第五名	林楷晴	四維高中
佳作	陳芃庭	花蓮女中
佳作	陳沅鑫	慈大附中高中部
佳作	葉佳綾	慈大附中高中部
佳作	孫悅容	慈大附中高中部
佳作	張禹譯	花蓮女中
佳作	張芷柔	花蓮女中
佳作	董家瑜	花蓮女中
佳作	黃馨瑩	花蓮女中
佳作	袁慧娟	花蓮女中
佳作	丁琌庭	花蓮女中
佳作	林均燕	四維高中
佳作	曹榮馨	四維高中
佳作	陳宥伊	四維高中
佳作	廖家瑩	四維高中
佳作	鍾旼真	四維高中
佳作	張瑋庭	四維高中
佳作	鄭羽庭	四維高中
佳作	范又驊	四維高中
佳作	劉妏萱	花蓮高農
佳作	邱韋樺	花蓮高中
佳作	鄧宇材	花蓮高中
佳作	楊知叡	花蓮高中
佳作	邱楷哲	花蓮高中
佳作	黃彥銘	花蓮高中
佳作	謝暐翰	海星高中
佳作	廖芯愛	海星高中
佳作	陳孟荏	海星高中
佳作	林士庭	海星高中
佳作	呂　安	海星高中
佳作	張宸稹	海星高中

國中九年級組

第一名	林芊逸	慈大附中國中部
第二名	紀宥安	自強國中
第三名	蒲昱臻	新城國中
第四名	李奕萱	慈大附中國中部
第五名	古沁巧	玉里國中
佳作	陳可芯	海星國中
佳作	林軒筠	慈大附中國中部
佳作	王韻棠	慈大附中國中部
佳作	簡秀庭	慈大附中國中部
佳作	張佑全	慈大附中國中部
佳作	蘇穎涵	慈大附中國中部
佳作	涂芯裴	國風國中
佳作	張甄芸	國風國中
佳作	曾昱淇	國風國中
佳作	盧思蓉	國風國中
佳作	李宗宸	國風國中
佳作	涂可詮	國風國中
佳作	劉沛瑜	國風國中
佳作	邱哲彥	國風國中
佳作	陳哲詮	國風國中
佳作	鄔俊興	國風國中
佳作	周祐琪	國風國中
佳作	譚伊宸	國風國中
佳作	邱昱嬛	國風國中
佳作	林旻漢	瑞穗國中
佳作	劉向歆	花崗國中
佳作	林子勻	花崗國中
佳作	陳翊溱	花崗國中
佳作	程心叡	花崗國中
佳作	黃雋驊	花崗國中
佳作	李　蹊	平和國中
佳作	劉瑋琳	自強國中
佳作	陳譽中	自強國中
佳作	申沛萱	自強國中
佳作	張瑀津	自強國中

國中八年級組

第一名	吳京蔚	慈大附中國中部
第二名	洪以曦	國風國中
第三名	陳定逵	國風國中
第四名	楊　弘	國風國中
第五名	賴育慈	慈大附中國中部
佳作	陳巧捷	富北國中
佳作	陳沛吟	萬榮國中
佳作	徐苡寧	慈大附中國中部
佳作	林夢雲	慈大附中國中部
佳作	鄧茜云	慈大附中國中部
佳作	賴品臻	海星國中
佳作	羅立愷	宜昌國中
佳作	錢澤栩	宜昌國中
佳作	吳宇軒	國風國中
佳作	杜宇安	國風國中
佳作	林潔昕	國風國中
佳作	徐睿婕	國風國中
佳作	胡懷安	國風國中
佳作	梁奕玄	國風國中
佳作	蕭羽彤	國風國中
佳作	陳鉅尹	國風國中
佳作	李鎧葳	國風國中
佳作	陳昱安	國風國中
佳作	劉許子琦	國風國中
佳作	蘇心瑤	國風國中
佳作	陳柏維	國風國中
佳作	陳芊云	國風國中
佳作	謝艾琳	國風國中
佳作	鄭沛瑜	花崗國中
佳作	廖湧勝	花崗國中
佳作	薛亦佑	自強國中
佳作	潘沂萱	自強國中
佳作	吳湴琪	化仁國中
佳作	李家穎	化仁國中
佳作	梁佑任	國風國中

國中七年級組

第一名	張晏寧	花崗國中
第二名	彭子庭	花崗國中
第三名	陳淨恩	慈大附中國中部
第四名	張育晴	國風國中
第五名	羅晨昀	慈大附中國中部
佳作	劉永欣	鳳林國中
佳作	陳顥元	國風國中
佳作	劉采縈	慈大附中國中部
佳作	李厚靜	慈大附中國中部
佳作	李紫妍	慈大附中國中部
佳作	宋若綾	海星國中
佳作	賴若妤	海星國中
佳作	許筱宓	海星國中
佳作	謝易叡	宜昌國中
佳作	張睿恩	國風國中
佳作	陳彥安	國風國中
佳作	吳昀樺	國風國中
佳作	温歆蕾	國風國中
佳作	莊品謙	宜昌國中
佳作	陳李依芃	鳳林國中
佳作	高慧媛	鳳林國中
佳作	林言臻	花崗國中
佳作	李慕仁	花崗國中
佳作	劉睿芯	花崗國中
佳作	吳海寧	花崗國中
佳作	何秉儒	花崗國中
佳作	陳品叡	花崗國中
佳作	歐陽陞	花崗國中
佳作	蔣昇和	花崗國中
佳作	林湘苓	花崗國中
佳作	林玉楓	花崗國中
佳作	盧大可	花崗國中
佳作	謝佩臻	花崗國中
佳作	徐宥豐	自強國中
佳作	黃琳鉦	自強國中

國小高年級組

第一名	謝艾珊	北昌國小
第二名	林子軒	慈大附小
第三名	簡義家	中原國小
第四名	陳帷昕	海星國小
第五名	蕭忠晴	北濱國小
佳作	陳彥蓁	大進國小
佳作	曾子瑜	化仁國小
佳作	陳　予	化仁國小
佳作	林盧鎮嘉	明恥國小
佳作	林域棋	明恥國小
佳作	陳榆中	玉里國小
佳作	黃子諺	忠孝國小
佳作	陳俊呈	忠孝國小
佳作	李語婕	北濱國小
佳作	蔡婕妤	明禮國小
佳作	林梓晉	波斯頓國際實驗教育機構
佳作	尤語婕	中正國小
佳作	許筱晴	海星國小
佳作	程妍熙	海星國小
佳作	黃郁喬	宜昌國小
佳作	張嘉芸	宜昌國小
佳作	張芷甄	宜昌國小
佳作	林姵語	稻香國小
佳作	鐘奕傑	慈大附小
佳作	鐘品喬	慈大附小
佳作	黎龢樂	慈大附小
佳作	柯昀彤	慈大附小
佳作	蔡皓昕	太昌國小
佳作	陳怡恩	太昌國小
佳作	黃若昂	明義國小
佳作	劉品劭	明義國小
佳作	邱卉卉	明義國小
佳作	官曾沛怡	明義國小
佳作	李邱千桓	明義國小
佳作	黃翊悅	明義國小

國小中年級組

第一名	張慈崡	中正國小
第二名	唐威宇	北昌國小
第三名	林日棠	海星國小
第四名	周邑旭	稻香國小
第五名	楊善媞	中原國小
佳作	邱鈺雯	中城國小
佳作	陳　蓁	長橋國小
佳作	賴韋彤	中原國小
佳作	黃鈺棠	中原國小
佳作	楊程鈞	中原國小
佳作	許天欣	中原國小
佳作	董又甄	明禮國小
佳作	廖婕語	波斯頓國際實驗教育機構
佳作	杜思璇	波斯頓國際實驗教育機構
佳作	柯　涵	波斯頓國際實驗教育機構
佳作	莊蕎瑄	中正國小
佳作	官昇佑	中正國小
佳作	麥宸睿	宜昌國小
佳作	蔡忻彤	宜昌國小
佳作	胡晴茵	東華附小
佳作	林采芃	慈大附小
佳作	丁冠傑	明義國小
佳作	曾歆琁	明義國小
佳作	王睿思	明義國小
佳作	許閔皓	明義國小
佳作	張凱翔	明義國小
佳作	楊家綻	明義國小
佳作	翁嘉蔓	明義國小
佳作	劉杰泓	明義國小
佳作	陳葭朵	明義國小
佳作	吳念恩	明義國小
佳作	李品樂	明義國小
佳作	林芊卉	明義國小
佳作	簡莉又	明義國小

宜蘭區初賽得獎名單

高中職組

第一名	朱子希	蘭陽女中
第二名	游惠甯	宜蘭高中
第三名	楊以潔	中道中學高中部
第四名	王以安	蘭陽女中
第五名	陳宜菲	羅東高中
佳作	林宸婕	慧燈中學高中部
佳作	楊敏歆	慧燈中學高中部
佳作	朱育嫻	慧燈中學高中部
佳作	陳安詡	慧燈中學高中部
佳作	廖婕妤	慧燈中學高中部
佳作	徐若紓	蘭陽女中
佳作	李云萱	蘭陽女中
佳作	褚若彤	蘭陽女中
佳作	簡玉婷	蘭陽女中
佳作	張若馨	蘭陽女中
佳作	曾上芸	蘭陽女中
佳作	楊依芳	蘭陽女中
佳作	廖育嫺	蘭陽女中
佳作	劉蓓蓁	蘭陽女中
佳作	簡于姍	蘭陽女中
佳作	王心旋	蘭陽女中
佳作	巫宣緩	蘭陽女中
佳作	林昀嫻	蘭陽女中
佳作	王易平	蘭陽女中
佳作	洪羽彤	蘭陽女中
佳作	陳以言	蘭陽女中
佳作	石匡容	蘭陽女中
佳作	范庭毓	蘭陽女中
佳作	朱秐禛	羅東高中
佳作	楊于昕	羅東高中
佳作	張喬涵	羅東高中
佳作	林子靖	羅東高中
佳作	蔡呈璟	羅東高中
佳作	楊宇臻	羅東高中
佳作	林 彧	中道中學高中部

國中九年級組

第一名	謝雨霏	頭城國中
第二名	張睿鈞	利澤國中
第三名	陳天晴	國華國中
第四名	林妍寧	復興國中
第五名	郭詠淇	國華國中
佳作	吳鎮宇	員山國中
佳作	陳仕軒	員山國中
佳作	莊文和	員山國中
佳作	楊仕丞	宜蘭國中
佳作	黃詠愛	宜蘭國中
佳作	黃翊瑄	宜蘭國中
佳作	楊宇玹	宜蘭國中
佳作	賴郁晴	宜蘭國中
佳作	潘妍聿	宜蘭國中
佳作	邱品瑄	利澤國中
佳作	郭宜晴	利澤國中
佳作	林詩芸	國華國中
佳作	林光余	國華國中
佳作	洪子軒	復興國中
佳作	康沛珺	復興國中
佳作	官宸綺	復興國中
佳作	盧懿翔	復興國中
佳作	陳湘穎	復興國中
佳作	康捷媗	復興國中
佳作	羅壬謙	復興國中
佳作	黃歆恩	復興國中
佳作	陳昕湉	中華國中
佳作	羅立辰	中道中學國中部
佳作	徐子筌	中道中學國中部
佳作	田琝桀	文化國中
佳作	陳彥廷	文化國中
佳作	張欣如	文化國中
佳作	游妤婕	順安國中
佳作	陳穎宸	順安國中
佳作	方之穎	羅東國中

國中八年級組

第一名	游迦茜	復興國中
第二名	俞林佑	羅東國中
第三名	林子淯	中華國中
第四名	吳凱崴	員山國中
第五名	曾翊倫	羅東國中
佳作	曾怡薰	壯圍國中
佳作	李梓綾	慧燈中學國中部
佳作	楊竣崴	慧燈中學國中部
佳作	吳翊岑	宜蘭國中
佳作	李柏勳	國華國中
佳作	林鍇卉	國華國中
佳作	游鈺旋	國華國中
佳作	蕭沛褕	復興國中
佳作	李宣叡	復興國中
佳作	賴沛睫	復興國中
佳作	連郁珈	復興國中
佳作	許廷羽	復興國中
佳作	莊又蓉	復興國中
佳作	王祐謙	復興國中
佳作	吳昕倩	復興國中
佳作	李家葢	復興國中
佳作	朱永希	凱旋國中
佳作	王樂頤	凱旋國中
佳作	梁綺恩	中華國中
佳作	李亞錚	中華國中
佳作	方日恩	中道中學國中部
佳作	林廷昀	中道中學國中部
佳作	王曜華	中道中學國中部
佳作	林姿頤	文化國中
佳作	黃喬軒	文化國中
佳作	林家欣	羅東國中
佳作	簡沛慈	羅東國中
佳作	李淯慈	羅東國中
佳作	劉語樂	羅東國中
佳作	陳宣妤	文化國中

國中七年級組

第一名	方心柔	復興國中
第二名	李家蓉	壯圍國中
第三名	陳柏禎	中道中學國中部
第四名	林家羽	羅東國中
第五名	黃衍盛	宜蘭國中
佳作	詹心晴	慧燈中學國中部
佳作	徐以恩	慧燈中學國中部
佳作	陳柏鈞	慧燈中學國中部
佳作	廖聿展	慧燈中學國中部
佳作	藍立穎	宜蘭國中
佳作	胡妘甄	宜蘭國中
佳作	許琢斐	宜蘭國中
佳作	陳若庭	國華國中
佳作	鄭可忻	國華國中
佳作	李宥陞	復興國中
佳作	朱育萱	復興國中
佳作	許品蓉	復興國中
佳作	葉甯瑄	復興國中
佳作	胡芮綺	復興國中
佳作	林昀縉	復興國中
佳作	游喬予	復興國中
佳作	李寀榕	復興國中
佳作	黃宥叡	復興國中
佳作	林思琦	中華國中
佳作	黃崇祐	中道中學國中部
佳作	徐宇辰	中道中學國中部
佳作	池聖元	中道中學國中部
佳作	李則愷	中道中學國中部
佳作	沈瑋則	中道中學國中部
佳作	徐苡瑄	中道中學國中部
佳作	林雨緋	中道中學國中部
佳作	梁雨伽	中道中學國中部
佳作	陳仕翔	文化國中
佳作	吳品樺	礁溪國中
佳作	陳柏甫	順安國中

國小高年級組

第一名	謝雲品	壯圍國小
第二名	林昕霈	中道小學
第三名	俞宣葦	公正國小
第四名	洪晞媛	光復國小
第五名	陳品璇	光復國小
佳作	林子伶	南安國小
佳作	李晨希	竹林國小
佳作	莊昀潔	竹林國小
佳作	謝馥薇	宜蘭國小
佳作	陳楷儒	宜蘭國小
佳作	賴靖媛	七賢國小
佳作	蔡佳樺	清溝國小
佳作	吳育弘	南屏國小
佳作	盧韋辰	萬富國小
佳作	黃晨寧	萬富國小
佳作	趙昱軍	中道小學
佳作	涂淳育	中道小學
佳作	陳沛杓	北成國小
佳作	游昕橙	北成國小
佳作	林暄涔	北成國小
佳作	黃詠晴	新生國小
佳作	吳苡嫙	四結國小
佳作	林品心	光復國小
佳作	鄒　沁	光復國小
佳作	林梓棠	光復國小
佳作	邱沛晴	光復國小
佳作	王令岑	光復國小
佳作	蘇浩鈞	光復國小
佳作	林希妍	光復國小
佳作	曾浩維	光復國小
佳作	林于宸	光復國小
佳作	陳亮含	光復國小
佳作	鐘詩晴	光復國小
佳作	宋杰軒	光復國小
佳作	廖恩欣	光復國小

國小中年級組

第一名	蕭子芯	光復國小
第二名	陳恩希	光復國小
第三名	汪見晴	凱旋國小
第四名	陳思彤	中道小學
第五名	林柏宇	宜蘭國小
佳作	范宸睿	公正國小
佳作	陳兆謙	凱旋國小
佳作	潘昊青	宜蘭國小
佳作	吳愷昀	宜蘭國小
佳作	郭芸生	宜蘭國小
佳作	林彥霖	學進國小
佳作	黃子譯	南屏國小
佳作	徐妤婕	南屏國小
佳作	邱暘真	南屏國小
佳作	陳　靜	中道小學
佳作	許廷宇	中道小學
佳作	陳柏允	北成國小
佳作	康兆東	北成國小
佳作	陳昱嘉	成功國小
佳作	翁雪菱	成功國小
佳作	呂紹潼	成功國小
佳作	陳奕碩	成功國小
佳作	張芯喬	黎明國小
佳作	張瀞云	黎明國小
佳作	廖聿淮	中山國小
佳作	林芷伊	中山國小
佳作	陳永翰	中山國小
佳作	張芝寧	光復國小
佳作	呂奕葳	光復國小
佳作	趙宸恩	光復國小
佳作	謝易臻	光復國小
佳作	徐葦恩	光復國小
佳作	李宥辰	光復國小
佳作	吳珝維	光復國小
佳作	駱亭如	光復國小

金門區初賽得獎名單

高中職組

名次	姓名	學校
第一名	吳威葳	金門高中
第二名	許嘉涵	金門高中
第三名	蔡瀞嫻	金門高中
第四名	翁勝宏	金門高中
第五名	楊甯鈞	金門高中
佳作	李苡安	金門農工
佳作	王苙喧	金門農工
佳作	王譽暘	金門高中
佳作	劉家沄	金門高中
佳作	蔡宜安	金門高中
佳作	莊捷羽	金門高中
佳作	楊宜靜	金門高中
佳作	洪睿梵	金門高中
佳作	莊鎧鴻	金門高中
佳作	陳子隆	金門農工
佳作	林河宏	金門高中
佳作	林羿安	金門高中
佳作	許益滄	金門高中
佳作	黃以樂	金門高中
佳作	簡辰恩	金門高中
佳作	黃綺晴	金門高中
佳作	許書瑋	金門高中
佳作	何秋彤	金門高中
佳作	莊學超	金門高中
佳作	陳品妤	金門高中
佳作	周子彤	金門高中
佳作	莊珵恩	金門高中
佳作	許芷綺	金門高中
佳作	陳郁心	金門高中
佳作	董千郁	金門高中
佳作	林依君	金門高中
佳作	洪子喬	金門高中
佳作	何昕芳	金門高中
佳作	古晏姍	金門高中
佳作	許紘慈	金門高中

國中九年級組

名次	姓名	學校
第一名	李庭穎	金城國中
第二名	黃虹菱	金城國中
第三名	洪晨恩	烈嶼國中
第四名	許佳云	金城國中
第五名	陳藝薰	金城國中
佳作	邱哲瑞	金湖國中
佳作	鄭鈺庭	金湖國中
佳作	呂立鴻	金湖國中
佳作	吳佳茜	金湖國中
佳作	許喬茵	金湖國中
佳作	洪嘉陽	金湖國中
佳作	李詠祺	金湖國中
佳作	王力可	金湖國中
佳作	蔡瀞宸	金湖國中
佳作	陳子茉	金湖國中
佳作	陳羽鈴	金湖國中
佳作	黃子駒	金沙國中
佳作	李毓綾	金沙國中
佳作	張家湘	金沙國中
佳作	林秉誠	烈嶼國中
佳作	陳佳宜	烈嶼國中
佳作	楊逸祥	金寧中小學國中部
佳作	洪庭葳	金寧中小學國中部
佳作	呂家宸	金寧中小學國中部
佳作	翁均霖	金寧中小學國中部
佳作	張恩瑀	金寧中小學國中部
佳作	盧呈宜	金城國中
佳作	許佳馨	金城國中
佳作	許珺喬	金城國中
佳作	范姜庭耘	金城國中
佳作	周芊妘	金城國中
佳作	楊子瑩	金城國中
佳作	陳玟安	金城國中
佳作	黃歆甯	金城國中
佳作	周子淳	金城國中

國中八年級組

名次	姓名	學校
第一名	黃思穎	金城國中
第二名	蔡沛恩	金城國中
第三名	李宜蓁	金寧中小學國中部
第四名	林夏嶸	金城國中
第五名	洪偉程	烈嶼國中
佳作	王湘蘋	金湖國中
佳作	呂　安	金湖國中
佳作	陳沛嫻	金湖國中
佳作	劉　蓁	金湖國中
佳作	楊子萱	金湖國中
佳作	邱紫綾	金湖國中
佳作	王婕語	金湖國中
佳作	楊昱韜	金沙國中
佳作	陳韋彤	金沙國中
佳作	莊羅霆	金寧中小學國中部
佳作	楊蕎蕓	金寧中小學國中部
佳作	林德駱	金寧中小學國中部
佳作	翁于晴	金寧中小學國中部
佳作	翁惇璿	金寧中小學國中部
佳作	陳沛璇	金寧中小學國中部
佳作	蔡　妍	金寧中小學國中部
佳作	李庭葳	金寧中小學國中部
佳作	李伯濠	金寧中小學國中部
佳作	翁暐傑	金寧中小學國中部
佳作	楊紹妤	金城國中
佳作	唐亦成	金城國中
佳作	李政軒	金城國中
佳作	陳湘湘	金城國中
佳作	翁可安	金城國中
佳作	曾家穎	金城國中
佳作	楊舒晴	金城國中
佳作	許崴盛	金城國中
佳作	許崴桓	金城國中
佳作	陳沛珊	金城國中
佳作	王芊涵	金城國中

國中七年級組

第一名	莊語軒	金寧中小學國中部
第二名	許善恩	金城國中
第三名	石凌榛	金城國中
第四名	戴湘晴	金城國中
第五名	林雋宸	金城國中
佳作	陳品瑄	金湖國中
佳作	林靚瑀	金湖國中
佳作	陳子盛	金湖國中
佳作	王苡靖	金湖國中
佳作	林玥潼	金湖國中
佳作	柯品瑄	金沙國中
佳作	洪晨瑜	烈嶼國中
佳作	林義傑	金寧中小學國中部
佳作	許書愷	金寧中小學國中部
佳作	卓佳賞	金寧中小學國中部
佳作	許哲維	金寧中小學國中部
佳作	李宜蓁	金城國中
佳作	吳駿彥	金城國中
佳作	許至妍	金城國中
佳作	許任棋	金城國中
佳作	林妍晴	金城國中
佳作	何宥君	金城國中
佳作	黃琪恩	金城國中
佳作	蔡沛岑	金城國中
佳作	周立元	金城國中
佳作	陳瑀甯	金城國中
佳作	陳群晳	金城國中
佳作	李襄芹	金城國中
佳作	楊欣怡	金城國中
佳作	陳俊熙	金城國中
佳作	董怡雯	金城國中
佳作	張柔涵	金城國中
佳作	翁 戩	金城國中
佳作	杜豫霏	金城國中
佳作	王譽霏	金城國中

國小高年級組

第一名	張芷寧	開瑄國小
第二名	楊承祐	金鼎國小
第三名	黃昱晨	開瑄國小
第四名	盧 詣	中正國小
第五名	柯虹綺	述美國小
佳作	張之琁	古城國小
佳作	黃湘晴	古城國小
佳作	陳宇湘	湖埔國小
佳作	蔡佳均	金沙國小
佳作	張孝嫣	金沙國小
佳作	薛奕雅	金沙國小
佳作	陳宥豪	金沙國小
佳作	林熙宸	金沙國小
佳作	陳品熹	開瑄國小
佳作	林祈心	開瑄國小
佳作	李圭真	開瑄國小
佳作	李香凝	開瑄國小
佳作	王采翎	賢庵國小
佳作	何怡樂	何浦國小
佳作	潘韻晴	金湖國小
佳作	林宥均	金湖國小
佳作	楊勝文	金湖國小
佳作	張又淇	金湖國小
佳作	翁瑋辰	金湖國小
佳作	王玟甯	金湖國小
佳作	洪歆雅	金湖國小
佳作	陳柏宇	金湖國小
佳作	許中睿	金湖國小
佳作	李勁毅	金湖國小
佳作	陳昱安	中正國小
佳作	王芷晴	中正國小
佳作	楊曜銘	中正國小
佳作	黃駿昇	中正國小
佳作	許嚴丰	中正國小
佳作	林昱妍	安瀾國小

國小中年級組

第一名	莊允辰	金湖國小
第二名	梁睿軒	柏村國小
第三名	李紹椗	中正國小
第四名	張恩碩	開瑄國小
第五名	林家瑄	湖埔國小
佳作	陳 昕	古寧國小
佳作	莊雅婷	古寧國小
佳作	陳致翔	柏村國小
佳作	呂叔岬	柏村國小
佳作	林玥辰	卓環國小
佳作	林宸羽	卓環國小
佳作	陳 羲	古城國小
佳作	楊予呈	金沙國小
佳作	林熙晴	金沙國小
佳作	許婧琪	金鼎國小
佳作	易欣琳	金鼎國小
佳作	許夏熏	金鼎國小
佳作	董亮妍	金鼎國小
佳作	朱亭霏	金鼎國小
佳作	陳姵妡	多年國小
佳作	陳芃甄	開瑄國小
佳作	蔡松航	賢庵國小
佳作	謝雨涵	賢庵國小
佳作	許芷倢	賢庵國小
佳作	戴源伸	何浦國小
佳作	林家妤	金湖國小
佳作	陳妤霏	金湖國小
佳作	李婧禔	金湖國小
佳作	吳芊儒	金湖國小
佳作	李琬婕	中正國小
佳作	邱璿安	中正國小
佳作	陳品聿	中正國小
佳作	李依宸	中正國小
佳作	許瑀恩	中正國小
佳作	葉紜羽	正義國小

臺北區

高中職組初賽第一名

給國中學弟妹的畢業典禮致詞

薇閣中學高中部／**施韋岑**

題說：許多畢業典禮，都會邀請名人或是校友返校致詞，分享人生經驗或是成功守則。首位奧斯卡亞裔影后楊紫瓊，在今年哈佛大學畢業典禮致詞時，提醒畢業生未來遇到困難時的三個應變之道：保持放鬆的心情、知曉自身的極限、找到志同道合的朋友。她巧妙融合自身經驗，給這群哈佛高材生中肯的建議，獲得滿場喝采。

如果今天你受邀回國中母校，為畢業典禮致詞，你會跟母校的學弟妹分享哪些內容？請以「給國中學弟妹的畢業典禮致詞」為題，寫下你的致詞內容。

＊

學弟妹們好，我堅信現今的你們，每位皆嚮往著光的方向。青春的序頁，你們提筆落款寫下了自己的名字，在名為青春的光譜中，每一條譜線皆代表了成長的軌跡。你們在雜草叢生中綻放，如蠶般的破繭而發，如蝶一般在等待展翅一展手姿的璀璨未來，你們在躊躇，在迷茫，在引頸盼望，願生命之河不負你們的青春韶華，也先預祝你們如《莊子》中所言：「扶搖而上者九萬里。」但再亮的星辰也有黯夜，再美的流星也有殞落墜毀之時，青春是由甜美與苦澀鋪墊而成，如何劃破黑夜，衝破荊棘而浴火重生，你們需要三把鑰匙。

第一把，自我審視之鑰。了解自我是規劃人生的起手式，所有的目標與行動皆是以此為基石。要站在靈魂深處進行自我拷問，深度的剖析自身利弊，短處與長處，進行一場場與底層心靈的深入對談，也同時檢討與考核自己的行為及待人處事，了解如何提升自我內在思維及思想高度，有助於更了解自己，看待事物的角度也會更全面且透徹。再者，必須習慣孤獨，與內在的自己和好如初。我也曾是位多話的女孩，總是耽溺於萬眾矚目之感，然而在人世的浸潤後我才體悟孤獨的必要性，要能在混沌時靜下心回到只屬自己的一隅審視自身及思考，如余秋雨所言：「給浮囂以寧靜，給躁急以清冽，……生命才見靈動。」習慣與自我對話，習慣孤獨，便是成長。

第二把，挫折之鑰。挫折是一帖良藥，雖苦口難以下嚥，卻是不可或缺。挫折固然重要但我想傳達的信念是，你們必須對挫折培養鈍感力，要拿得起也放得下。挫折不是使人深陷泥淖的雷鳴，而是使萬物萌發的春雷。只有看淡一切得失，看淡成績上的名次，去思考自己如何進步，有哪些缺點需要改進，眼裡只有自己的目標，我們在風暴中前行，任憑雨打雷鳴，千軍萬馬般的驟雨，將我們千刀萬剮，我們仍要無懼，挺身於風雨中眼神堅毅的注視著名為彼岸的希望之巔，縱使遍體鱗傷血肉模糊，才會明白原來所遇之洶湧浪潮與暗礁，皆是歸途。

第三把，熱望之鑰。有一隅自己的熱望，再平靜也可泛得起驚濤駭浪。人生在世，一定要有熱望。而熱望就是我們一直苦於追尋的彼岸。憧憬不用偉大，能支持自己的心靈即可。青春的另一代名詞是迷茫與徬徨，我們易於迷失在成堆的試卷中，沉重的書包下，悶熱的教室及一成不變的生活。熱望，是建構起屬於自己的桃花源，使疲憊的心靈得以安身，淺嚐那抹歲月靜好的溫存，那份埋藏蟄伏於匆匆時光的恬淡卻又熱切的幻想。而熱望終會演化成夢想，成為一種信念，支持我們走過人生的四季，用年少的熱情與執著，去找尋到自己心之所向，一個只屬於自己的歸屬。

最後，這是個一〇八新課綱的時代，以上的三把鑰匙，皆是此課綱的信念及目標。學習歷程記錄下了青春中所遇的挫折及困難，但其所看重的問題解決及從挫折中成長的能力皆如我前述所云。自主學習便是培養及找尋自己的熱望，學習自己所愛，便是我曾經學習上的桃花源與浪漫。大數據與新課綱的時代，如何善用那三把鑰匙，提升自己思想層面高度，成了通往成功的鑰匙，理性與感性兼具的青春，精打細算卻又有時魯莽的年少，奏下了天上人間，譜下了千年萬年。再祝各位畢業快樂，如鳳凰般浴火重生，直上九萬里青雲。

賞析

畢業意味著走向下一個階段，更上一層樓時又需要具備些什麼能力呢？題目刻意讓高中生從高一階的角度給國中生一些提點，讓高中生的作者重新審視國中升高中時需要提升些什麼能力。本文作者提供了三把鑰匙，審視之鑰、挫折之鑰和熱忱之鑰，並且論述開展這三把鑰匙的作用。文中如同一位親切的學友，熱心分享給國三生未來可能遇到的一切挑戰。最後更是以新課綱的新挑戰為例子，衷心給予忠告。全文文字簡潔言之有理，鋪排有條不紊綱舉目張，讀來如同醍醐灌頂之箴言。文中更引用莊子「直上九萬里青雲」的意象，勉人畢業後如大鵬展翅，飛向更高的階段，帶著文中三把鑰匙，追求更好的自己。

國中九年級組初賽第一名

把遺憾從我的生命字典裡抹去

薇閣中學國中部／張又尹

題說：每個人在生命的旅途中，都有各種需要克服的問題，挑戰自我的弱點便是其中之一。有人性格保守，害怕嘗試與挑戰；有人性格易怒，對於任何突發狀況，總是先發一頓脾氣；有人性格軟弱，遇到被欺負的時候，不敢為自己挺身而出。然而，這些特質並非不能改變，只要願意嘗試與努力，或許就能從中發掘自己的潛力，並且有所成長。你曾經不喜歡自己的哪個特質？而你是如何面對自我、挑戰自我，並提升自我呢？請以「把〇〇從我的生命字典裡抹去」為題，分享你的經歷、成長與內心的轉變。（「〇〇」內文字請自行填入，字數不拘）

＊

日影閒閒，款款挪步桌案；坐對一天的殘霞，心緒漸而沉澱、明澈。喜歡在閒暇午後，看著大臺北城市沐浴在微暖的夕曛中，一朵朵的車燈將暮色點亮，在日夜更迭之際，回首審視一週以來的點滴心得。然而，我常有著同樣的盼望、同樣的遺憾，似乎落幕後的檢討是難以擺脫的儀式，逐漸地，我厭倦不斷後悔的自己。夕色暗潤花瓣，午風低拂柳梢，我許諾自己，將遺憾從我的生命字典裡抹去，喜愛自己走的每一步，無憾。

熒熒星點，溫柔擱淺窗沿；鵝黃色的桌燈攤在日記本上，薄薄地、很細緻。猶記那時的我仍在就讀小學，十一歲那年，摯友贈我一本日記簿作為生日禮物。純白的封面上綴著淡粉的字樣，像極了賞心悅目的彩妝；側邊鑲著一道精巧的閃閃小鎖，像是一個保守祕密的慎重承諾。自此，我養成了寫日記的習慣，習慣反覆咀嚼每一句話、仔細反芻每一舉動，將每腔心得挹注在飽蘊情感的墨跡中，月光下一筆一畫迤邐生輝。原先，我將寫日記視為精神上的反思和充電，然而，我竟發現，在自我對話的來來往往潮汐往復下，我經常被悔意淹沒，遺憾填滿了時空的靜默。許多事，在日記簿上走入過去，來不及說的話、原本想做的事，成了不願剝落的結痂。

印象最為深刻，是前往參加爺爺的告別式。震驚、難過等字眼僅是敷衍的外包裝，心底最深切的悲痛，像全身被掏空般，已難以名狀。徹夜，一邊製作告別式的簡報、一邊翻找照片，無數回憶從腦海深處探出頭來，向今日的我遙遙招手，眼淚瞬間潰堤……看著追松鼠、跳兒歌的那些畫面，清淺寧謐的秋光中爺爺牽著我的手踩落葉；我曾用著不全的發音嚷嚷，「長大後，我要帶爺爺去看全世界！」，沒想到，爺爺卻先走了一步……。無數的後悔湧上心頭，幼時愛鬧脾氣、噘著小嘴抱怨，惹得爺爺心煩，如今憶起只有滿滿的愧疚和後悔。寬敞的廳堂中，我跪著進行儀式，腦中盡是後悔和不捨，充斥心中。我希望，自己能珍惜每一個當下，那些無法再版的青春片刻，那些無法踰越的時空斷層。但願我能由衷熱愛自己的每一步抉擇，將遺憾從我的生命字典中抹去。

霞光烘頰，餘曛在樹，我徜徉在如塵的清閒中，心緒彷彿再一次昇華。蔡淇華老師在《青春動力學》一書中提到，將「夢想清單」改成「不遺憾清單」，更能實踐每一個心願。斜飛的歸鳥啣下了琥珀紅，過飽和的暮靄滲入霓虹燈的夢境，我了然，今晚的日記，將有著不凡的意義，將生命，提升到另一個層次；深信，如此一來，紅塵一遭，即使未達至臻頂峰，亦無損其美。

清風出袖，明月入懷，將遺憾從我的生命字典裡抹去，一朵笑意嫣然綻放於唇畔——無惑、無悔。

賞析

生命字典中若能抹去一件事，你會選什麼？作者以「遺憾」為主題，希望自己不要讓原本殷殷期盼的事情在未盡理想後一再檢討、後悔，成為自己永遠揮之不去的夢魘。能有這樣的自覺，作者一則透過每日書寫日記的行動中反省而得，一則是爺爺的喪禮上，想起與爺爺環遊世界的約定，在總以為「還有時間」的心態下成了空中樓閣，永遠的遺憾。最後引出蔡淇華老師的「不遺憾清單」期勉自己在生命歷程中移除遺憾，留下無惑、無悔的自己。文章選材十分突出，文字凝鍊而精緻，全文一氣呵成，可見作文功力之深厚，是一篇情理交融的佳作。

臺北區

國中八年級組初賽第一名

寫給阿公的信

薇閣中學國中部／**王騰君**

題說：你曾有手寫書信的經驗嗎？在通訊發達的現代社會，實體書信已逐漸被通訊軟體、電子郵件或簡訊等取代，然而手寫的書信仍有其特殊之處。手寫書信雖然比較費時，但透過筆墨、字跡所傳達出來的溫度與誠意，或許不是冰冷的電腦字體所能取代。親手寫信，是別具意義的。現在，請以「寫給○○的信」為題，提筆寫一封信，收信者身分不限，也許是好久不見的國小好友，也許是跟你吵架冷戰的家人，也許是已在天堂的寵物……。信中內容需包含想要寫這封信的理由，以及想向對方說的話。不必遵循書信的格式，結尾不必署名。（「○○」內文字請自行填入，字數不限）

*

落花秋楓細雨，繾綣白雲落霞，如今已是秋分，不知阿公您，是否安好？自從阡陌之間離去後，後院田中便添了幾分黯淡，提起您在我幼時喜愛的龍紋毛筆，磨墨，入硯，不禁想起了您的身影……。

仍憶得，當時我尚年幼，父母因要維持家計無暇照顧我，便將我託付給您，起初，我對陌生的環境感到不安，因而時常啼哭，甚而破壞家中器皿，殷盼著能得到父母的關注，但您總以和藹的笑容環抱我心中的徬徨，祖孫倆時常坐在筵上的竹席，您以粗糙而溫暖的手撫摸著我的頭，並邊吃著自己焙製的仙貝，述說著您年輕時英勇而輝煌的戰爭，我時常隨著引人入勝的故事徜徉，心情迭宕起伏，時而感到刺激，時而對歷經人生百態的您投以崇拜的目光。有時，我們也會騎著「鐵馬」，漫遊湖畔林間，兩人分享著日常瑣事，伴著暾曦、伴著夕暈，祖孫倆的頰頷染上一抹溫潤，笑容莞爾，騎過無數個四季，踏著踏板，我不再躊躇，攥著您的手，幻想著恆久的美好，童年似乎便能如此無憂。

過了幾年，歲月早已遞嬗，而我也上了小學，祖孫二人似乎已不如過往熱絡，反卻多了代溝，早晨的曙輝仍照耀在我的面容上，匆匆背起書包，不整的衣衫和隨手扔下的早餐，我大步跨出門檻，期待著在學校的邂逅，僅隱微聽到一句「乖孫啊！記得吃飯。」便頭也不回的離去……。

傍晚回家時，不見您的身影，稍有不安的我便前去詢問了母親，「你阿公，為了幫你拿早餐去學校，不幸騎車，摔到了田溝中。」母親拭著淚，嘗試安撫著我的情緒，聞此噩耗的我更是百感交集，後悔著「如果當初我有拿早餐」，如果當初我更關心阿公一點，如果……，想到這裡，淚珠從臉頰上洪湧而下，小小的身軀蜷縮在被窩中，彷彿這樣便能逃避現實的殘酷，我滾到床邊，無意發現一本日記，翻開積滿灰塵的封面，看到的是您的日記，從八年前一直到昨日，滿滿的情意展露無遺，「今天，我添了個孫子」；「今天和孫子去看海」，「今天，我……」悲慟的情緒更加強烈，而我泣涕滿面，就這麼哭暈了過去。

時至今日，油桐滿樹，我拈來地上一片樹葉，夾進您的日記中，雙手合十，香爐上訴說著我晚到的感念，而刮墨，收筆，夕陽和楓葉照著腳踏車、照著竹席，照向我身前的小徑，我向前邁去，帶著您的記憶，走向更堅強、無悔的人生。

賞析

思念總在分開之後，本文寫給阿公的信，從季節遞嬗到阿公日常所用物品開啟想念的思緒。信中文字蘸上想念的墨水，寫到童年時阿公無條件包容自己的任性，阿公對自己訴說的「當年勇」，以及祖孫兩人的鐵馬日常。直到阿公出了交通意外後，作者的自責與傷心更是希望阿公能原諒自己。最後無意間找到阿公的日記後宛若與阿公再次相遇，作者也把這封信夾進日記中，隨著一線香煙，希望能讓阿公知道自己的萬般想念，以及帶著有阿公的記憶，走向更堅強無悔的人生。文中段落鋪排有致，文辭堆疊優美且含蓄，情真意切令人動容。

國中七年級組初賽第一名

財政部「統一發票兌獎APP」之我見

再興中學國中部／吳姵潔

題說：在全球無紙化的浪潮下，雲端發票時代來臨，財政部「統一發票兌獎APP」的使用率也與日俱增，它可以將消費發票儲存於財政部雲端資料庫，不僅如此，這個APP還延伸出更多的功能，例如：「發票存摺」結合「載具歸戶」功能，可以在APP中彙整各種載具中的發票，完整的掌握自己的消費情況；「我要領獎」只要輸入領獎人身分證字號及銀行帳戶，中獎獎金就可以直接匯入帳戶，且二十四小時都可以使用；「捐贈專區」可以一指將雲端發票捐贈給社會福利團體，愛心不落人後。財政部「統一發票兌獎APP」功能強大，也提升大家使用雲端發票的意願。

你有使用過財政部「統一發票兌獎APP」嗎？使用上有哪些好處呢？除了上述的功能之外，你還希望這個APP可以結合哪些功能呢？請以「財政部『統一發票兌獎APP』之我見」為題，寫下你對財政部「統一發票兌獎APP」的看法。

*

紙本發票逐之褪去，被線上功能取代。科技馬達奔轉著，一指按下，即能檢視發票；一手滑越，中獎情形一目了然；一眼瀏覽，購物記錄簡扼分明。我周圍浮現便捷的樞紐，按著，急駛。

免一一兌獎，不勞眸子半點力，自動兌換，將額款存入戶頭。購物畢，發票無增何重量，輕便、快速，是現代人們的趨勢。然，其後的善念更是煽動萬物的心湖。早期，未更改為雲端發票的那時，樹木日復承載龐巨傷感，因人的私慾，以銳刀砍倒棵棵茂盛樹，使美景不再，嫩綠悄然失之，生命不歇地吆喝著。此亢奮，初始不為人知，趨彰顯於自然中。氣候突變，初冬時節溫暖舒適，惠風呼起之際卻不見杏花。種種奇景，是大地的啜飲，發現不對勁，改革生活方式，結合網路，塑造新風貌。

聽！是生命的哀嚎！使用財政部的統一發票軟體時，我曾試想，何不新增「捐獻票予流浪動物機構」，既是達成人類以「線上發票」目的，亦關懷不同方面的生命，而發票的捐贈不單單是給弱勢人群，同時發揮愛心予經常受人欺侮的生命。其實，最煢煢、無助的受害者，是動、植物呀！

或許，對許多人而言，結合上述功能並不重要，也可將便捷的功能與腹度萬物之心綜合，發展一套新穎的用途。就上班族時常於下班購買外食的習慣，可邀每個攤販和店家與雲端發票合作，接受線上發票中獎額的交易。當發票中獎時，自動存入戶頭，爾後如須以此金額買外食，點此功能按鍵，APP便把已存進戶頭的金錢轉換進發票，商家掃描QR Code立刻能收到客人支付的錢財。除外，政府向人民索取的稅額，合成之一筆經費中的一部分，如專投入愛護動物、環保機構等捐款，是使社會邁向愛惜萬物、永保自然清純之貌的最佳動力。政府以身作則，結合財政部統一發票APP系統，顧及人民的需求，共創方便、自然美景復存，各生命心之所向的未來。如此，也造就萬物一分驚喜，更響應線上紙票的初衷；無紙化現代。

手指恣意輕滑螢幕，瞥掃各項功能，我不由自主的點進「捐贈專區」一欄，心剎然領悟了某種道理，想像竄出腦海。乘上發達的網路火車，行駛，奔向運用雲端發票的新氣氛。望見，動物淡淡的笑意。

賞析

科技日新月異下，發票對獎也從傳統紙本轉為無紙手機APP模式。文中首先肯定財政部推出APP的用心，無論是對自然樹木、民眾索取發票的便利性、省時兌獎等，都有了跨世紀的躍進。然而，文中筆者也積極提出建議，若是能增加捐贈發票給流浪動物機構，讓發票的愛心能擴及更多的黑暗角落，是個實際且可能實現的點子，又或者增加中獎獎金直接至店家交易的可能，更能提升APP的使用率。文章末段亦是一大亮點，藉由文字的描述再現文章重點，同時利用火車飛快行駛的意象點出雲端發票即將快速普及於大眾的未來，以此收畫龍點睛之效。

臺北區

國小高年級組初賽第一名

傳遞一份心意

再興小學／**陳婕忻**

題說：送一份禮物，可以傳遞心意，俗話說「禮輕情意重」，不管禮物的價值如何，禮物背後想要傳遞的心意才是最重要的。除了送禮以外，也有別的方式可以傳遞一份自己的心意，比如今年初土耳其發生大地震，災情慘重，臺灣便有許多人發揮愛心，寄送物資到災區，這不僅援助了災民，也傳遞了「為災民打氣」、「希望他們重新站起來」等心意。想一想，你在生活中曾透過什麼方式來傳遞一份心意呢？是在別人生日時，曾寫下一張卡片，傳遞一份祝福的心意？或是在別人流淚時，曾遞出一條手帕，傳遞一份安慰的心意？請以「傳遞一份心意」為題，分享你的經驗，並且抒發感想。

*

「同學們，等會兒發下的信封袋，星期一要收喔！」來到學校的第一年，三月中，窗外冷風吹得我直打哆嗦，看著眼前橘黃色的小袋子，是有何用途？此時，我還不清楚。

同學說，這個東西從幼兒園就有了。信封袋上密密麻麻的字，為的就是解釋它的由來和理念——原來，它不僅是個信封袋，更是傳遞心意的一種儀式；每年，學校利用這樣的方式，來募集大家的愛心，幫助有需要的人們和機構，讓生活無法自理的大朋友、小朋友，都可以用「心」去感受到來自遠方的那份愛。一個信封袋，給的是心意；一個信封袋，給的是希望；一個信封袋，給的是但願生命能生生不息的一顆心。

媽媽說，「心意」不是錢的多少，也不是捐獻的人多少，而是大家願意用自身的棉薄之力，在自己可承擔的範圍內，無私的奉獻出不求回報的愛。所以啊，我相信，學校要的不全是一疊疊又紅又藍的紙鈔，反而是看不到也摸不到的熱心助人的精神。於是，「第一屆家庭募款」開始了，由我來解釋，媽媽來說服，爸爸來傳遞心意，就這樣，那一次的信封袋，我裝了一張藍色鈔票，但，那份心意，卻是用錢也買不到、信封也裝不下的。

老師說，請我到總務處去一趟，剎時，我才知道，我是當次班級捐獻最多的孩子，得去那兒簽個名。不過老實說，我還是不免有些悲傷，為何？因為我總感覺，班上願意傳遞心意的同學少之又少，而且，在如此寒冷的天氣裡，居然有人無法吃上一碗熱氣騰騰的湯，就不禁有些泫然欲泣。但，這樣的情緒終究還是被另一種情感給蓋過了：一種成就感，默默幫一群人的成就感。

「愛，是用錢也買不到的」或許，真是如此如此吧！錢，可以做很多事，雖然，只有少數人體會到蘊藏在裡頭的溫度。即使，我知道可以用錢來當作是我伸出援手，但我仍然想在未來投身幫助更多的人！為的，是傳遞有溫度的一份心意。

賞析

文章從學校勸募的活動寫起，看似樂捐的小事在筆者用心的經營下變成傳遞心意的儀式，更難得的是藉由「家庭募款活動」點出樂捐所捐出的不只是金錢而已，而是愛心和希望的心意傳遞。文中提到：「一個信封袋，給的是心意；一個信封袋，給的是希望；一個信封袋，給的是但願生命能生生不息的一顆心。」這樣溫暖的心意緊扣文題，並且貫穿全文。雖然有感於傳遞心意的同學不多，但轉念一想能默默幫助他人的成就感，還是值得相信社會會持續有善的力量。文章結構深入淺出，藉事論理，情感真誠不矯情亦是難能可貴的文心。

臺北區

國小中年級組初賽第一名

我最想擁有的家庭魔法道具

明湖國小／黃靖榆

題說：「我的家庭真可愛，整潔美滿又安康。」然而現實生活中，每個家庭或多或少會有一些惱人的問題。也許是家事分工不公平，也許是溝通不良，也許是家人們有些惹人厭的壞習慣……。大大小小惱人的事情累積久了，會變成一顆無形的炸彈，一不小心，轟！家庭大戰瞬間點燃！

如果你能夠擁有一樣獨一無二的魔法道具，來解決你的家庭煩惱，那麼你會想要擁有怎樣的魔法道具？有了這樣魔法道具，你的家庭生活將會發生什麼改變呢？請以「我最想擁有的家庭魔法道具」為題，發揮想像力與創意寫出你的想法。

*

「啪、啪、啪」一本記帳本由天而降，家人之間的爭吵被記錄在它的書頁中，隨著微風飄到你的腦海，在夢裡重演吵架時的每一刻。

夢中，你再次踏入吵架時的情景。你用狠毒的惡言重傷對方，對方也用凶殘的眼神回瞪你。有那麼一瞬間，你們似乎都看到彼此變成噴火龍，憤怒的大吼；可是，你們卻也不想傷害對方。這時，記帳本又出現了！它把書頁翻面，交換了你們的立場。突然，你覺得自己被一層花瓣包覆，心裡好平靜。想想，對方其實也有自己的立場，爭吵變得好沒意義。接著，你醒了，昨日的憤怒已不復存在。

家人間和睦相處的關鍵，是包容。「包容記帳本」就是造就包容之心的工具。家人之間的爭吵，難免會在彼此心中深深留下不快的烙印。日復一日，家人的情感一定會變得脆弱，禁不起大大小小的衝突。這時，包容記帳本就登場了！它記下爭吵時的內容、你們的心境，在夢裡讓你再度感受爭執的場面。接著，它會灌入另一方的心情，讓你能以第三者的視角重看爭吵時兩方的立場，看清雙方的過失，自我反省。

有了這樣的家庭魔法道具，家人之間的刻痕將會漸漸淡去。大家會看到自己的缺點，努力改進。家庭之間的親情，將會不斷往好的方向發展！

賞析

題目以「家庭、魔法道具」為主題，本文取材不僅完全切合主題，更難得的是，作者又更深一層的以「家庭和睦相處的關鍵是『包容』」的角度出發，讓愛的魔法瀰漫整篇文章。首段以類夢境的視角展現魔法道具引人入勝，藉由書頁翻動「啪啪啪」的聲響開啟了魔法的序幕。緊接著展現「包容記帳本」的用途，當家庭爭吵過後，包容記帳本讓爭吵重演一遍，同時以「書頁翻面」後爭吵者立場互換，藉由立場間的理解化解所有的爭執。有了這樣魔法道具家人之間能看見自己的缺點，改正自己後家人的感情會更和諧。文章無論題材、文句、篇章結構都相當的成熟，是一篇高明之作。

新北區

高中職組初賽第一名

成為自己的英雄

時雨高中／張詠婷

題說：北歐國家高度的性別平等，聞名世界。二〇二二年瑞典首位女首相帶領新內閣政府，二十二位內閣首長中，有十二位是女性，國會議員有百分之四十四是女性。臺灣行政院性別平等處統計，傳統職業性別隔離現象漸漸在轉變，一〇五年調查女性擔任警察比例占百分之八點七，較過去十年增加超過二倍。已發布的「二〇二三年性別圖像」展現我國性別平等表現突出，蟬聯亞洲第一名，二〇二二年地方公職人員選舉女性縣市長突破五成，創歷史新高。聯合國大會一九七九年通過《消除對婦女一切形式歧視公約》保障婦女在政治、法律、工作、教育、醫療服務、商業活動和家庭關係等各方面的權利。而通過的「聯合國永續發展目標」中的「性別平等」亦在推動消除一切形式歧視，以實現婦女賦權與性別平等。稍早日本女藝術家草間彌生的作品〈無題（網）〉以一〇五〇萬美元成交，被稱為全球最貴女藝術家代表，在以男性為主的藝術界中闖出自己遲來的天地。不論性別，每個人都有權利決定你自己是誰、要過什麼樣的生活，可以安全、自由的追求。你有親身經歷，或聽聞過勇敢做自己、成就自己的英雄事件嗎？在勇敢走出自己的路而成就圓滿的過程中，令你印象最深刻的是什麼？請以「成為自己的英雄」為題，分享你的經驗或見聞與感想。

*

善用文字的人用一字一句點醒頑愚、嫻熟編織的人用一針一線經緯人生、擅於領導的人用一言一行凝聚散沙。多樣化的世代，為每個平庸無奇的生命添上不朽的價值，我是自己的英雄，我為自己生命中的一道光。

那年盛夏，蟬鳴比往常更加嘹亮，那讓天空扭曲的熱氣更是讓我記憶猶新。那年我代表班級參與了一場演說比賽，說來也怪，平時總內向害羞的我竟要上臺展現大將之風？只因籤運「太好」罷了。也許是熱愛語言、衷於文字，幸運的脫穎而出，成了區賽的培訓選手，從那刻開始，演說成了我最在意的事，儘管不擅長，完美主義仍在心中隱隱作祟，我把握每個能練習的時間努力練習，視午休為救命稻草的我從此不再休息，瞌睡蟲從筆尖滑過，在我抽題、計時、上臺的過程中無法攻堅我的腦袋就此戰敗投降，此刻的我是戰士，為我最在意的事而戰的榮譽戰士，不過，磨礪戰劍之路並不順遂，陌生的題材、生疏的技巧讓我的每一天充斥著無盡黑暗，當嘔心瀝血完成一篇演說稿時，我會細細端詳一字一句的用心，期待老師也能投以讚賞與欣賞，但事與願違，我所得到的成果往往都是紅墨成河，那一張張稿不再像綠油油的田畝供我書寫，它像是深灰的牢籠，禁錮了我曾經的驕傲與光榮，不只如此，缺乏上臺經驗的我練習過程總無法完整呈現，在打著聚光燈的演講臺上如熱鍋上的螞蟻，若無其事的表情下是擔憂、是恐懼、是絕望，而臺底傳來的斥責更是讓人心灰意冷。我為何站在這？當時老師對我的期待是否錯付了？放棄邊緣垂死掙扎，任由雜草四處蔓延，好想好想就此放棄……。

不知多少夜裡輾轉難眠，倚著窗戶上的小平臺，抬眼望見月光、尋見星宿，明亮而溫暖，卻始終照不進我心。是一句話救贖了我——「每個人都是會綻放的花，只是花期不同。」當我的世界已經傾斜到一個無能為力的支點時，這話如強而有力的支點。我想梅花香自苦寒來、寶劍鋒從磨礪出便是此意吧！賣力寫下所思所感，奮力說出所見所聞，縱使未見光明，但我相信就在不遠處。時間是殘忍的，沒給我太多調整的機會便將我推上舞臺，還記得那天，看見題目的白紙黑字時，我慌亂的在腦中四處亂撞，從未看過的題型亂了我的思緒，我不斷提醒著自己深呼吸、放下所有壓力，不知怎麼的，那一刻我似乎成了自己的英雄。在壓力下，在不知所措下，我已經能對抗、能掌握自己的情緒，我突破了自己。交出題目給評審的當下，我的腳步是莊重但放鬆的，我的心情是豁達而無雜念的，在演講臺上的那五分鐘，我道盡了自己的人生故事、分享了所見的社會議題，每一個眼神交流散發自信的光彩、每一絲微笑，藏著成為自己的英雄的喜悅。回憶那場比賽，我早已不記得最終結果為何，但我永遠無法忘卻的，是突破自己、是成為嶄新的自己的那份感動。

一粒種子，可以無奇的在石縫沉睡，也可以成為稀世珍寶；一個人可以庸庸碌碌過生活，也可以為自己創造不朽的價值。泰戈爾曾言：「最美好的事物總在最不經意的時候出現。」危機轉機的一念之間，決定權始終是自己，成為自己的英雄，你可以的。

賞析

生命中所經歷的每一個關卡，都是提升自我的良機。克服逆境，成就圓滿，即是英雄。

在立意取材方面，作者透過參加演說比賽的經驗，敘寫自己在培訓過程中焦慮不安的茫然狀態，最後克服心魔突破負面情緒牢籠，成為自己的英雄。在結構組織方面，首段排比破題，言己為自己的英雄；第二段書寫培訓過程的乖違不順，萌生放棄意念；第三段轉念突破思想禁錮，自信參賽；末段以泰戈爾名言做結。起承轉合布局得當，結構亦完整。

在遣詞造句方面，作者擅用排比句式使文意馳騁暢達，而心理狀態摹寫十分細膩，是本文最令人驚豔之處。如「我所得到的成果往往都是紅墨成河，那一張張稿紙不再像綠油油的田畝供我書寫，它像深灰的牢籠，禁錮我曾經的驕傲與光榮。」又如「不知多少夜裡輾轉難眠，倚著窗戶上的小平臺，抬眼望見月光，尋見星宿，明亮而溫暖，卻始終照不見我心。」作者將培訓過程的心理煎熬娓娓道來，敘寫細膩，文采斐然。

綜上所述，這是一篇立意取材、結構組織、遣詞造句各面向均優秀的上卷。

國中九年級組初賽第一名

送上我的關懷

竹林高中國中部／顏碩谷

題說：防疫期間，政府為照顧患病的隔離民眾，派員遞送快篩試劑、溫度計、口罩、泡麵等關懷包，讓民眾能居家安心照護；桃園某高中班級為凝聚班級向心團結服務力，導師發起以班費每個月五百元支助家扶中心，認養原住民困境家庭幼兒生活費，長達十六年；儒家仁義理念勾勒美好的政治境界是老吾老以及人之老，幼吾幼以及人之幼的禮運大同世界。

勞動部定義了身障、原住民、更生受保護人、家暴性侵被害人等為弱勢族群，政府及民間社會各界基金會發揮人飢己飢精神，一起在關心照護社會經濟弱勢角落的人們。你曾聽聞過、或親身參與過關懷弱勢的經驗嗎？事情的經過如何？身處其中，你有什麼收穫與體會呢？請以「送上我的關懷」為題，分享你的經驗或見聞與感想。

*

在這個虛渺的世界裡，人人都在一望無際的大海尋覓著無限的答案，亦是活著的原因、抑或是存在的目的。在這個未知的時空，或許真正得到的回應如同稿紙般的空白；空無一人的教室般無聲，宛若得不到回應似的。因此，人真正存在的目的應是「關懷」，在這個無限的宇宙中，送上一絲絲，一絲絲只屬於你的那份關懷。

關懷，如同火焰般的熱情，永續且熾熱；如同天上最閃爍的星星，溫暖且不滅。一份暖暖的熱情，交雜著獨樹一幟的特別情感，無論何時何地，都充滿著來自人世間冷暖中，那最令人感動的一刻。關懷，亦不是指讓人感謝到痛哭流涕，亦絕非是那耶穌降臨的大愛施捨。有時候，在一個人面臨崩潰的那一刻，一份小小的愛心，一個溫暖的擁抱，乃重燃起其內心之火的唯一力量。所以我們應當在人人面前，展現出自己那最富有的寶貝，「關懷」。

猶記國小時，學校老師領著我們到附近的福利院，讓我們理解到自己是活在一個多麼幸福又豐衣足食之處。一開始，我們都十分不屑一顧，認為福利院的孩子應該只是每日每夜的玩耍，而非辛苦的活著，直至踏進門的一剎那，我們才發現，先前的我們，是如此的無知且愚笨，且如此的驕傲又自滿。看著櫥窗內同齡又或是比我們更小的孩子整齊排在一塊兒，努力勤奮的朗誦著課文，如此一面，讓我們當下既驚訝又自卑：如此艱苦的人生，卻比我們更加地努力，我們屬實太過懶散，生在福中不知福。

因此，在第二次探訪前，我們便將平時微不足道且毫無存在感的童玩、零食，全數打包放入禮盒，打算帶給他們，屬於我們的關懷。如此大的禮盒，在我們看來，只是家家都有，從不停止供應的小東西，但在他們的眼裡，這些「小東西」卻是可以視作珍寶，捨不得放下的稀有物。從此，我們再也不浪費身上所有一切，且對任何一件物品都充滿著無限的感激。那次小小的關懷，讓我頃刻間成長了不少，也是從這時候起，我經常將發票捐出，又或是不時捐出一點點心意給各個大大小小的基金會、福利院等等，想將滿滿的「關懷」傾囊而出，把所有已不適合我或用不到的東西，一切的一切，都隨著我的熱情，擴散到人間，直到有一天深夜的對談，我才了解，自己的錯誤……。

那晚，母親輕輕開啟我的房門，和我說到她對「關懷」的看法。她說自己曾經也一直捐出許多東西，瘋狂的模樣也不比我差，但有一日她發現，在「關懷」的前提下，或許應該先了解到自身的熱情，是否只是為了「捐」而「捐」，還是其實內心真的了解到每個基金會設立的目的，且全心全意的支持。那份衝動，才是真正的關懷。懵懂的我，聽後才發現，我先前的過度衝動乃出於愛心，但這份愛心，卻如同為了累計點數般，絲毫沒有一絲「誠心」。

如今，我已對「關懷」能略知一二了。熱情似火，閃爍無止，這即是其最深處的內涵，但其最最重要的前提是「真心對待」。在這茫茫人海的世界裡，我找回了最始的初衷，慢慢地，一絲絲，真心的將我的關懷用最熱情的樣貌展現得體無完膚。

「施比受更有福。」乃一切的真理，乃人們費盡一生尋覓的那份答案。

賞析

一首老歌、一杯香茗、一場春雨，這些平凡的事物足以令人感受到幸福；一絲情感、一份溫情、一點關懷，更能讓佇立於絕望邊緣的人，窺見夢想的天堂。白衣天使南丁格爾曾說：「人人就如蠟燭，生而為人，就應該守本分的燃燒自己照亮別人。」當我們伸出援手，無怨無悔，為他人點燃關懷的火苗時，自己心靈也會閃耀著滿足的光芒。

本文作者善用設喻的手法，將關懷比擬為火焰及閃爍的星辰，為這虛渺的世界點燃希望。並且透過探訪福利院的經驗，說明自己心情的轉折，由懵懂到成長、由無知到感恩。並且藉由與母親一場對話，帶出關懷的真諦。關懷應該是發自內心的誠心，而非只是付出數字的競賽。「真心對待」、「尋找初心」，方能讓關懷的火炬持續熾熱，永不熄滅。

全文文詞清新，雖無華麗詞藻，但說理與敘事兼備，落筆曉暢通順，可知作者的思想深刻，駕馭文字功力亦頗佳，在本次比賽中脫穎而出，可謂實至名歸！

新北區

國中八年級組初賽第一名

我對先入為主的看法

崇林國中／胡丞媛

題說：請先閱讀以下資訊，並按題意要求完成一篇文章。

某科學研究團隊邀請兩位學生根據同一張人像作分析，並事先私下分別告知照片中人物的身分：第一位的答案是精神病患，第二位的答案是科技業的CEO。第一位學生觀察後說：「閃躲的眼神，緊抿的嘴唇，透露出他對周遭環境的遲疑不確定，是有嚴重社會恐懼症的患者。」第二位學生說：「堅定的眼神，代表此人善於觀察且擁有絕對自信，緊閉的雙唇，透露出他性格沉穩堅定，是事業心強且容易成功的社會菁英。」於是，一張照片便出現兩種解讀方式。

為何這兩位學生觀察同一張照片後，卻有兩個截然不同的回答呢？我們不難發現在生活中，人們或多或少會被先入為主的成見，或是既有的偏見所影響——這些看法常會影響我們的判斷，因此產生不同的解讀。你曾經有過先入為主的經驗嗎？或者因為別人對你抱持偏見而苦惱過嗎？請以「我對先入為主的看法」為題，寫下你的經驗、感受或想法。

*

感知，是人們對於判定事物性質的絕對要素。然而，感知的權利，是能被輕而易舉剝奪的；理性的判讀，是能被耳濡目染影響的；公正的決斷，是能被靡靡之音煽動的。而那佇立於人們所不知的角落，掠奪著、干擾著、操縱著的，是先入為主、是被強制灌輸的刻板思維。

在科技發達、網路興盛、近乎人手一臺智慧手機的摩登世代，先入為主的方式與迫害不勝枚舉。無論是基本的口耳相傳，或是多媒體的變相洗腦，無時無刻皆向我們的判斷力下戰帖，常是親朋好友口中的「聽說」，及新聞頭版誇大不實的聳動標題，一字一句，混淆視聽，更造就現今充斥著先入為主錯誤偏見的社會。而我，亦曾以先入為主的帶刺眼光恥笑著無辜之人。帶著「起鬨」的玩笑輕浮之心，無知而愚昧地切割著他人血淋淋的柔軟內心。許是世事皆有因果之牽連，邪惡之手埋下的惡果將由自己摘食，最終，「先入為主」的莫比烏斯迴圈兜轉的終末走回了起點。

「嘿，聽說了嗎？」女孩含著狡黠的笑，附著同伴的耳朵，種下一株以真相與虛假相識的惡之花。「他在與家人吵架後，竟一氣之下離家出走、以便利商店為家，至今已連續三日未曾洗漱。」望著聽眾幾分驚詫、幾分作嘔的神情，女孩滿意地燦笑著：「噓，別告訴他人，這是祕密。」數日後，話中人的座位周圍再無一人。「三日未洗漱」已在流言蜚語一傳十、十傳百的活躍網絡中成了銘刻於聽者心底的深刻記憶，無數的「聽說」縫補拼湊，堆砌而成一具骯髒汙穢、臭氣薰天的人形，成了人們心中對話中人唯一的虛影、成了再難澄清抹滅的，先入為主的「印象」。嘲諷、偏見與嫌惡的眼光，千刀萬剮，刮花了無辜者真實的面貌，更粉碎了先入為主之下的真相。

「嘿，聽說了嗎？那女生以散布謠言為扭曲的嗜好，還曾捏造他人『一個月未洗漱』的離譜謊言！」看向聽眾幾分訝異、幾分厭惡的神色，男孩得意地輕笑著。數日後，女孩聽見了自己的「聽說」。惡花，終釀成災禍之果。

傳言、偏見與先入為主是如影隨形的。

先入為主是禍亂的嫩芽，是無知的體現，更是偏見的惡之源。異花萌芽，若不防微杜漸，惡果便會以難以防衛之形散布歧見、隔閡與疑懼，罪禍的終末，傷人害己。先入為主的潛移默化無所不在，防患未然的方法便是：不編造、不誇大，更切莫成為流言散布、壯養惡獸的幫兇。

賞析

先入為主的成見源於人的無知與錯解，易造成人事間的軒然大波。作者以「嘿，聽說了嗎？」精準捕捉成見如何以傳聞方式渲染人心，提醒讀者引以為戒，展現生動的說服力。

本文前段以人的感知、理性、決斷易受刻板印象影響，加上網絡傳播的迅速，說明現今社會已充滿「先入為主」的現象。接著以曾經「先入為主的帶刺眼光恥笑著無辜之人」為例，彰顯自己見證「聽說」如何透過「對話中的虛影」，產生「難以抹滅、先入為主的印象」，終將造成真相粉碎，「刮花無辜者真實面貌」。最後安排自己也受流言之苦，以「惡花，終釀成災禍之果」的譬喻來傳達成見傷人害己的勸世意圖。

作者靈活運用轉化與譬喻綰合文旨，佐以事例層層揭開先入為主的面貌與影響，精鍊流暢的筆墨，鞭辟入裡的剖析，是一篇成功的說服佳構。

親子之間

崇林國中／陳瑀心

題說：請先閱讀以下資訊，並按題意要求完成一篇文章。

衛生福利部國民健康署調查一一〇年「青少年健康行為調查報告」表中，對於國中學生家庭支持狀況，做了以下的統計：

對於下表，你的理解是什麼？對此統計表中所呈現的親子互動的樣貌，你有何想法？平日裡，你與父母（或主要照顧者），親子間的互動關係如何？請陳述說明並以「親子之間」為題，寫下你的看法或感想。

＊

國中學生家庭支持狀況分布

項目	整體		男生		女生	
	有效樣本數（n）	百分比（%）	有效樣本數（n）	百分比（%）	有效樣本數（n）	百分比（%）
過去30天內，您的父母（或主要照顧者）經常或總是關心您回家作業是否完成						
是	1,370	49.4%	784	53.5%	586	45.2%
否	1,403	50.6%	682	46.5%	711	54.8%
過去30天內，您的父母（或主要照顧者）經常或總是了解您的問題與憂慮						
是	926	33.5%	513	35.2%	412	31.9%
否	1,836	66.5%	946	64.8%	881	68.1%
過去30天內，您的父母（或主要照顧者）經常或總是確實知道您在空閒時間從事的活動						
是	1,622	58.7%	898	61.6%	718	55.5%
否	1,139	41.3%	560	38.4%	575	44.5%
過去30天內，您的父母（或主要照顧者）經常或總是未經您同意就翻閱您的用品						
是	335	12.1%	179	12.3%	153	11.9%
否	2,423	87.9%	1,278	87.7%	1,138	88.1%

資料參考：衛生福利部國民健康署一一〇年「青少年健康行為調查報告」

家人，是在一個家庭中缺一不可的元素，即便大部分時間都在上班、上課，但卻顯得與家人相處的時間非常難得且可貴，每個家庭都有自己特有的教育方式，到底父母普遍都怎麼教育孩子呢？我們將透過「青少年健康行為調查報告」來探討。

據報告顯示，關心孩子是否完成功課的父母約佔比一半；了解孩子問題與憂慮的僅佔比百分之三十三點五；知道孩子在空閒時間從事的活動，佔比五十八點七；將近九成的父母都有經過孩子同意翻閱他們的物品。對於這些資料，我認為大部分的父母都未了解孩子的問題與憂慮！尤其是針對正值青春期的孩子，他們在青春期時，會比較有自己的主見與看法，認為自己已經成熟，事物皆可由自己做出決定，進而與爸媽的看法與管教產生分歧。這時候如果父母漠不關心，孩子將會有悲觀想法產生，認為父母總是無法理解自己，嚴重導致自殘行為產生，所以我覺得最好的方法是「三分管教，七分聆聽」，多聆聽孩子的意見，進而發展出更好的親子關係。

前面講了這麼多，該來說說我與家人的互動關係了，我們家的教育方式較為民主，幾乎很少打罵，跟別的家庭不同的是：從小就訓練我不依賴、勇於嘗試的性格，例如：我們家離學校偏遠，光爸爸開車過去就得花將近一小時，回家時如果他們要加班，我們就得搭捷運和公車，要花一個半小時以上。本來我們都習以為常了，直到有一天下午，在學校的運動會預演摔倒，四肢都有很嚴重的擦挫傷，在普遍的家庭，爸媽聽到消息，一定會在下課時開車接孩子回家，但我就是個例外，每當遇到這種事，爸媽總會說：「一點小傷口，又不是不能走路！」當時覺得他們好殘忍，但直到現在，已把我磨練得非常堅強，近期去看眼科，加上那時是個又冷又黑的夜晚，眼科離學校很遠，爸媽留給我的最後一句話竟是：「路邊自己攔車。」一般人肯定不敢在這麼晚攔計程車——但是我做到了，直到現在，我已練就了「去哪裡都自己想辦法」的個性，加上爸媽認為孩子不能一直在依賴他們，並讓我們獨立，他們做出了很好的選擇，比起同齡的小孩，我算是數一數二的幸福。

父母，影響孩子的一生，也決定了未來孩子走向哪一條路，但不論是好的父母，還是教育不當的父母，我們應抱持著「你不能決定你的父母，但你可以決定你的人生」的想法，讓自己成為世界的優良人才、自己的天使和自己的主人。

賞析

這次題目是要求學生能夠對統計圖表做出判讀，再根據對圖表的理解寫出親子互動的樣貌與關係，但許多學生完全不理會圖表，或者只根據圖表的項目敘述書寫，儘管文情並茂，但都是不切題的寫作。學生可以回答圖表的百分比，或根據圖表寫出家長最尊重孩子的隱私權，而知道孩子空閒時從事的活動高於關心回家作業是否完成，但了解孩子的問題與憂慮卻是家長最弱的部分，或者提出男生獲得的關注也比女生稍多……分析完之後，再根據觀察所得，帶出經驗與感想，如此才是切題的寫作方式。這種圖表題的寫作，是孩子們要加強磨練的地方。

本文作者以家庭教育的重要與獨特入題，帶出圖表分析，再針對家長最弱的部分——未能了解孩子的問題與憂慮抒發己見，指出青春期的青少年有自主意識，他們渴望被理解、被接納，所以「三分管教，七分聆聽」是幫助親子之間恢復關係，有良好溝通，並能防止青少年悲觀自殘的最好方式。接著舉出事例，說明自己父母管教方式看似嚴格，不近人情，實則是訓練自己獨立自強；父母看似漠不關心，實則是了解孩子的能力與極限。因為關懷，所以訓練；因為了解，所以放心。文末並以期許自己做結。

全文能解讀圖表並做論理說明，結合經驗分析親子之間互相理解與支持的重要性，結構井然，敘事有序，文采雖平實，說理頗清晰，洵為佳作。

新北區

國小高年級組初賽第一名

海龜的獨白

昌平國小／廖天儀

題說：二○一五年，一隻抹香鯨擱淺於嘉義縣東石外海，從牠的胃含物中發現了大量塑膠袋與魚網；二○二三年三月，一群潛水客在印尼附近海域活動時，意外發現有五頭野生鯨鯊被困在廢棄的漁網中。大海是孕育地球生命的起源地，但如今卻飽受汙染和垃圾的危害。根據聯合國的報導：「海洋中的海龜、超過半數的海洋哺乳動物和海鳥，都受到海洋垃圾的影響，這一數字持續不斷上升，近百分之八十的塑膠纏繞案例導致海洋動物直接的傷害或死亡。」海洋動物的生存環境越來越惡劣，隨時可能誤食塑膠垃圾，甚至面臨垃圾造成的死亡威脅。請設想自己是某一種海洋動物，處在這樣的生存環境中，會面臨什麼樣的困境？有什麼樣的控訴？有什麼樣的期待？請以「○○的獨白」為題（○○請填寫一種海洋動物名），以第一人稱，書寫一篇首尾俱足的完整文章。

*

在一片湛藍的海洋中，我順著洋流，在浩大的海裡徜徉。原以為這會是個美好的早晨，不料，一個令我食指大動的水母悠閒的漂過來，我立刻張大嘴，津津有味的吃了下去……。沒想到，這是我與死神拔河的開端。

我拍了拍滿足的肚子，又繼續在大海裡享受美妙的一天。在游不久後，我突然感到一陣痛感，肚子咕嚕的叫著。我頓時臉色慘白，直冒冷汗，漸漸的，雙眸前彷彿拉下布簾，將我吞噬於闃寂黑暗之中……。猶記著，在那之後，我昏迷於一塊礁石之上，不斷急促的呼吸。蒼穹中炙熱的太陽散發無情的陽光，把我曬得頭昏腦脹。正當我陷入死神魔掌之際，一陣馬達聲傳進耳畔，原來，一群充滿大愛的泳客瞧見我傷痕滿布的身軀，不忍將我滯留於此處。他們輕輕將我抱起，試著安撫我焦慮的神情。在他們的看護下，我逐漸恢復了意識。

我睜開眼睛，兩旁盡是前來關心我的民眾。我抬頭望著眼前的超音波畫面，只見獸醫師用一種儀器在我腹部上滑來滑去，畫面上便出現一團看似不尋常的雜物。眾人發出驚呼，有些人便慚愧的低下頭，有些人也輕柔的摸摸我，替我感到哀傷。我百思不得其解的望著群眾，聽了他們的對話後，才知曉我肚子中的東西，是曾經導致我親朋好友傷亡的致命武器——塑膠袋。人們說有些不肖人士隨意將自家帶到海邊的垃圾，丟入屬於地球各種動物的家園，也就是海洋。那些海漂垃圾常被我們海龜家族誤認為可口的水母，導致我們毫無顧忌的吞下肚，造成現在的後果。在醫生確認完我的安危後，便將帶回大海裡放生。

我又再次的優游在浩瀚的海洋中。經過一次的生死關頭，我便知道了原來海裡充斥著許多垃圾。不只在色彩鮮豔的珊瑚上布滿漁網，連在金黃色的沙地上都是塑膠碎片，破壞海洋生物的家園。我還聽聞到有隻海龜，鼻孔裡插著塑膠吸管，使牠呼吸困難。幸好一群熱愛動物的海洋學家將牠打撈起來，用夾子拿出吸管，那隻海龜被救活的影片傳至網路上後，各國開始重視海漂垃圾的問題，並立下許多規範，減少人民使用塑膠製品的次數，帶給生物一個友愛的居住環境，讓我們得以喘息，能繼續在這片充滿無限生機的海洋上，活得精彩！期許在人類的努力之下，共同開創你我璀璨的未來！

夜幕垂降，又一天過去了，在今天充滿危機的冒險中，我無意間受到人類的迫害。我摸索著人類險惡之面，不解為何要破壞我們海洋生物的家園？但我也看見了人們善良的一面，他們是這麼的關心其他動物的生命安全，也能立即改正眼前的錯誤，共創綺麗的明天。我含著淡淡的笑靨，帶著對明日的無限希望，進入甜蜜的夢鄉。

賞析

海洋生存環境越來越惡劣，動物們生存其間如何自處？「我含著淡淡的笑靨，帶著對明日無限的希望，進入甜蜜的夢鄉。」正是海龜歷經冒險後的獨白，有傷痕有期待，更有無限的感恩與希望。

許多作品注意到海洋問題便忘了獨白的敘述，使用獨白我的人稱敘述，卻忽略海洋動物的命題，顧此失彼殊為可惜。

首獎作品以景入題優游海洋的海龜誤食錯看的水母，開啟與死神的拔河，切題而生動。次段因昏脹、傷痕的身軀在沙灘上被泳客、獸醫救助，承轉描述聽聞人類丟棄垃圾惡行及不捨憐憫的醫療放生，讓海洋環境的險惡栩栩如生地呈現。此文不採取控訴、怨恨的消極作為，轉寫出人類自省塑膠垃圾濫用丟棄的海洋學家呼籲提醒，用人類重視環保救助的聽聞替代謾罵與指責、以減少浪費濫用塑膠製品換取海洋生物喘息的希望，轉折積極別具用心。末段總結迫害後的醫救，看見人類物我共存的善行希望，共創綺麗的明天，以景呼應作結。

段落清晰俐落，筆中帶情，不見怒意卻見同理善性，層次別具一格。首尾呼應，情理兼具，文字流利，筆端溫柔而有力量，實為模範。

國小中年級組初賽第一名

我想對鳥媽媽說

頭湖國小／張羽彤

題說：每年五月開始到八月，是鳥類繁殖的季節，鳥兒們到處尋找可搭窩築巢的地點，準備下蛋繁衍下一代。或許就在你家陽臺花叢中，或者冷氣機旁，說不定在屋簷下，你們不注意的時候，這些不速之客已經悄悄定居，並且鳥寶寶也順利孵出。每天可以看見鳥媽媽出去覓食哺餵小鳥忙碌的身影，雖然你可以藉此觀察鳥類生態，但是清晨的鳥叫聲總是擾人清夢，牠們的糞便也成為環境的隱憂。若是你家來了這些鳥類朋友，你歡迎嗎？那會為你帶來驚喜，還是製造了困擾？如果你可以和鳥媽媽說話，你會想跟牠說些什麼呢？請你以「我想對鳥媽媽說」為題，依據你的經驗、觀察或見聞寫下你的感受和想法。

*

一年一度的繁殖季節又到了，我最喜歡做的事情就是——觀察鳥類。今天我一如往常的早起，卻聽到有個聲音在呼喚我。此時，外面正有個龍捲風迎面而來，把睡眼惺忪的我給捲了進去。

過了好久好久，我終於把眼睛張開了。卻發現我來到了一個新世界，那裡的鳥兒、蝴蝶翩翩起舞。就在此時一隻小鳥大聲叫著：「快逃啊！怪物來了啊！」天空響起了一道驚天動地的聲響，所有的鳥一哄而散，只剩一個鳥媽媽用絕望的眼神看著我，我想也沒想的抱起她，就衝了出去。在一個山洞裡，鳥媽媽誠心誠意的向我道謝，並開始告訴我這一切的源頭。

自從鳥類誕生後，我們開開心心的生活，這裡有很多的小蟲可以吃，沒有天敵，我們每天都無憂無慮的。直到有一天，一群自稱是「人類」的怪物，每天砍掉我們的樹，害我們沒有地方可以住。還蓋了許多房子，破壞了我們的棲息地。鳥媽媽們更是辛苦，不僅要找好的地點，還要擔心自己的寶寶可不可以順利孵出，真是辛苦！

鳥媽媽忍不住嘆了一口氣，恐怕也是在擔心寶寶們的未來吧！生為人類的我也不禁開始同情鳥媽媽，於是我忍不住說：「是啊！我會告訴自己和別人要重視你們，不要亂砍樹。愛護你們是我們人類的責任，每個人應從自己做起。我會在我家陽臺種綠色植物，好讓鳥媽媽們可以在這築巢，也可以撫育寶寶們。真是太好了！」鳥媽媽對我微微笑。就在這時，那奇特的龍捲風又再次迎面而來，我慢慢閉上雙眼，風吹拂著我的臉，感覺好像有一股暖流。

我睜開雙眼，卻發現我躺在我的床上。「呼！是一場夢啊！」我在心裡暗自發誓，在夢裡所說的事，我一定會做到的。

賞析

作者以奇幻之筆相始終，文章開端透過「龍捲風」將自己捲入夢境，展開一場與鳥媽媽的深度對談，文章結尾亦透過「龍捲風」再將作者吹回現實。虛實交錯的章法，不但令人眼睛為亮，更凸顯作者非凡的文字駕馭力。

在夢境中，作者與鳥媽媽對話，鳥媽媽抱怨人類濫砍樹木、與建房舍，破壞鳥類原本的棲息地，導致牠們無樹可棲息。在字裡行間流露出作者對生態環境的重視，展現了思想的高度與深度。

作者遣詞用字精準，如「一如往常」、「翩翩起舞」、「驚天動地」、「暗自發誓」、「用絕望的眼神看著我」、「我慢慢閉上雙眼，風吹拂著我的臉，感覺好像有一股暖流」等文句，使文章增添不少文采。而文章篇幅長，足見作者平日熱愛閱讀寫作，意到筆隨，文思泉湧。

高中職組初賽第一名

透過科技閱讀

新興高中／林旻諭

題說：

項目	書名	作者	出版日期
1	網路讓我們變笨？數位科技正在改變我們的大腦、思考與閱讀行為	尼可拉斯．卡爾	二〇一五
2	回家吧！迷失在數位閱讀裡的你：認知神經學家寫給螢幕時代讀者的九封信	瑪莉安．沃夫	二〇一九
3	只有讀「書」能抵達的境界：雖然知識、資訊唾手可得，但只有「閱讀一本書」的過程，才能鍛鍊思考力、人格與素養	齊藤孝	二〇二〇
4	智慧型手機知識碎片化時代的「閱讀力」最新技術大全：把現代病「無法集中」轉為個人智能，「輸入」與「輸出」最大化！	佐佐木俊尚	二〇二二
5	我們是數位新世代：善用網路，保護自己，培養獨立思考的關鍵能力！	露恰．托索馬約爾	二〇二三
6	教出雙閱讀素養：紙本╳數位，培養Super優讀者作者	陳明蕾、丘美珍	二〇二三

由以上表格可知，過去的讀者必須具備勤奮努力，一篇一篇文章，一本一本書籍累積個人的知識量，但現在由於手機、電子閱讀器跟電子平臺的風行，只要一機在手，我們取得各項資訊的速度越來越快，效率也越來越高。改變的不只是「載體」本身，在內容上，除了原先的文字表達，現在有更多形式的呈現，例如：懶人包、圖表、照片、影片等等，這些變化大大的豐富了閱讀的樣貌，因此，世界各國有越來越多專家學者認為，數位科技的介入，改變的不僅僅是閱讀的型態，更是人類身心靈一場全新的變革。有的人表示憂心，認為紙本的文字閱讀才是唯一的王道；有的人提出解方，認為善用時代利器，可以更安全有效的提升自我學習程度。

身處數位時代的你，除了平日紙本閱讀之外，想必已經累積不少透過科技產品閱讀的經驗，在這股看似已不可逆的風潮下，你如何選擇你的閱讀路徑？請你分享你透過科技閱讀的經驗與體會，以及你對透過科技閱讀的看法。

*

指尖滑動著微亮的屏幕，冰冷的文字缺少了書頁的溫柔，咔咔敲打著鍵盤的聲響，掩蓋了紙筆沙沙翩然的模樣。眼幕之間僅存著黑與白的疑惑，彈指之間的風景，人們從那不起眼的屏幕中，看見了多少不同的天下？科技帶動著世界的運轉，連同操控著生命的不凡。噤聲的靈魂，蘆葦不再思考，如同戲耍的猴，豢養著社會大眾的思維。

科技閱讀，亦有正反。即如生活一般，黑灰白交雜錯然，有些人看見了真實，而有些，卻沉浮其中而不得自拔。我相信，每一個人必然使用過所謂的電子新聞，也確實，本身就在網路上奔走的我，也長期使用此種媒體來得知消息。起初，我全盤接受了一個方向的思考，並沒有再多做更多的思緒來彌補本身的缺漏，導致自身看待事情產生多處愚笨的偏誤。當我回首一望，所見之處無一地完好善至，斷垣殘壁下有無數的假象。殘存的美好，滯留的遺忘，毫無章法的文辭，皆成了夢中懼怕的未來。那驀然回首間，我發覺一件事，在那殘破不堪的廢墟中，我看見了一件必要的事。

思考。

或許此時，人們會說，思考有何意義呢？大數據提供出來的物件便是承起前人綜合而成的完善資料，我們何必再次浪費多餘的體力呢？可能話是這麼說的沒錯，但若是我們就如此吸吮著，嚼食著，絲毫不去體會味覺的變化，嗅覺的不同，文化的料理，那，我們便只是如同家畜般的被科技圈養著。此狀況，誰又會樂意？想必不會。

那如此一說，我們需要的，便是思考。

發起自由平等博愛為號的拿破崙大帝曾說過：「人是思考的蘆葦。」蘆葦脆弱，卻因為有了思想才得以強大，思考，思慮著，並彌補那些科技閱讀造成的紕漏。跳脫大眾的思維模式，用不同的方向，看看這個與眾不同的世界，天際蒼藍而綠茵浸夏，天地合葬我於山水的自由之間，我一邊觀看著屏幕的世界，卻也同時放下科技的牽掛，在夏夜秋雨微涼之際，思考著，建造著，修葺著，那些斷垣殘壁的雄偉與浩大。科技閱讀所給予的觀點贈予我這些地基，我翻書找尋著合適的建材，再透過思考建造著屬於我個人的山城。書香溫柔交錯著電子堅固，偌大山城，城郊有白蘆珊珊。

指尖滑動著微亮的屏幕，我看著那些無處寄放的基石而置於一旁，鍵盤打響了建城的方向，沙沙翩然書寫於不同的山林，書頁揉雜著書香，思維建造著不同的宮城，噤聲的靈魂張口吟唱。彈指一瞬，天下景呈於眼，緩然思考著，蘆葭漫山，城中無有戲耍的猴，卻在天際飛雁，漫漫珊珊，於晴空蒼然中，高鳴而過。

科技閱讀，亦有正反。但若是我們看清全貌，結合了古人言書的方法，那必然一件事——我們不再看見那破碎的城邦，殘存的美好與滯留的遺望，而是那天地合葬我於山水的自由之城，書香柔和而科技牢固，吹面春風，而城郊有白蘆珊珊。

賞析

作者藉由個人閱讀電子新聞的經驗，探討了科技閱讀的影響，立意深刻且富有哲理，展現了作者應對科技蓬勃發展的閱讀方式——思考。

誠然，在這個人人皆被大數據豢養的時代，我們所選擇的每一則新聞、每一部影片，往往決定了我們所見的世界，甚至所見的「真實」。若是沒有思考，甚至懷疑，甚至抱持「我可能錯了」的謙虛態度，那麼終將成為一隻隻遭到戲耍的猴，成為演算法的禁臠。

深刻的立意之外，是作者富有文采的遣詞造句，充滿詩意和哲理。作者將不假思索的科技讀者比喻為「戲耍的猴」，而深思熟慮的讀者則如「蘆葦」，這些比喻形象生動，著實增強了文章的表現力。尤其難得的是，作者能夠將這些比喻「回收再利用」，成為描繪「理想閱讀世界」的素材，隱隱有了文學象徵的雛型。

祈願未來世界一如作者的理想，每個人都能勤於思考，建築一座座栽滿白蘆的堅固山城。

國中九年級組初賽第一名

中壢國中／林季緹

題說：「容貌焦慮」是一種無法停止思考自己外貌上的缺陷或瑕疵的精神狀態：會將輕微或客觀上難以察覺的外在瑕疵放大檢視，耿耿於懷並花費大量時間反覆照鏡子、修飾瑕疵等；也會因此產生過度焦慮的情緒，甚至處於抑鬱的狀態；嚴重時會逃避人際互動，影響工作及就學。臺安醫院醫師許正典指出，「容貌焦慮」比較容易發生在青少年身上，尤其是隨著習慣口罩成為生活的一部分後，口罩禁令的解除，更加重了部分學生無法適應的狀況。

一、下圖是一個與「容貌焦慮」相關的圖表，請簡要說明你的理解。

二、請將這樣的理解結合經驗或見聞，說明你對「容貌焦慮」的觀察與看法。

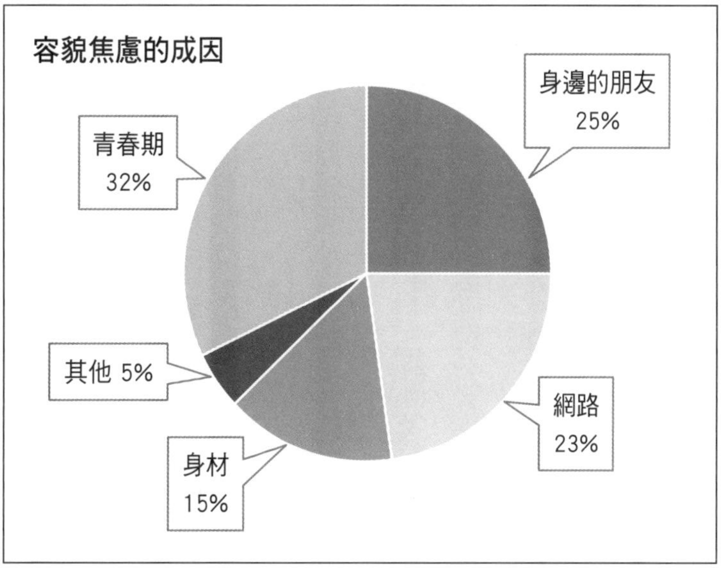

*

我常常在夜闌人靜時，獨自坐在鏡前，看著自己暗沉的皮膚、微突的雙唇、凌亂的牙齒、稀疏的頭髮、和比例不均的身材。儘管許多人都認為，我已經像那天上高掛的月亮一般，發著淡淡溫暖的光，給人一種純淨的美，但我總認為，我就像一顆被隕石撞擊的小星球，身上充滿了不堪入目的瑕疵。

我本人，就是一名患有容貌焦慮的國中生。

從國小開始，我就時常戴著口罩，因為大家都誇我的雙目，有著鑽石般的光芒、有著珍珠般的光澤、有著人人都嚮往的臥蠶和雙眼皮。導致我疫情開始後，更是將口罩當作我生命的支柱，當作我隱形的防護罩，它就好比士兵一般，擋在前頭，擋住那外界的眼光，擋住那他人的閒言碎語，而我就像溫室中的花朵，自信的生長，盡情享受著世界的溫存。

可當拿下口罩時，我卻覺得，好像大家都在盯著我瞧，好像我在朋友之中，我是最黯淡的存在。我的士兵們開始撤退，獨留我在戰場上，迎接外界對我的無情殺戮，迎接他人對我發出的攻擊。我會反覆查看鏡子中的我，檢查自己的裝備，打磨自認為鈍硬的武器。可不管我如何準備，我還是會自覺不足，而舉起投降的白旗。

造成我焦慮的因素，其實大多都是網路的虛假——隨手一滑便能看著身材勻稱，皮膚白皙的女生；隨手一按，便能看見鼻子高挺，有著濃眉大眼的網紅。我常常被這些資訊洗腦，灌輸自己輸人一等的想法，可卻忘記了，除了原圖直出外，多數人都會選擇修圖這條路，我就直接歸類成「天然」美女。再加上身邊朋友的改變，我也努力在國中這個階段，把自己打造成高中生，甚至大學生那種成熟的美，用不合我早齡的服裝，築一道高牆蓋上了我原來的清純，而我這麼做，卻也僅是因為身旁朋友們的意見。

其實，不論是網路，又或是朋友，抑或是青春期等原因，我們都太過在意外界對自身的看法了。為何我不拿下口罩，建一個自己的城堡，保衛自己的城邦？為何我不面對真實的自己，撕下網路那虛假的濾鏡？為何我不堅持自己的想法，偏要硬生生將自己塞進不適合的模具？

或許我們都認為，自己的缺點實在太多，只好隱身在人群後，當一位默默無名的旁觀者，看著人群中央的表演者，大放異彩。可我們都忘了，再美的月亮，實際上表面全是被隕石擊損的痕跡，它美，是因為它散出自己的光；它美，是因為它不顧一旁雲層的阻攔，始終高掛在黑暗中，自信的展露它的美。

賞析

這篇文章透過細膩筆觸和真摯情感，深刻描繪了作者對於容貌焦慮的感受與反思。

立意取材方面，作者勇敢地選取了自己日常生活中的經驗與感受，揭示現代青少年的外貌焦慮及其背後的社會壓力。這些素材真實且具代表性，使讀者容易產生共鳴。而尤其值得肯定之處，在於作者敏銳且精準地捕捉時代趨勢如何推波助瀾，加劇容貌焦慮——疫情期間長期戴口罩，以及社群媒體高標準審美轟炸，不約而同地削弱了青少年尚待成長的自信。

結構組織方面，文章層次分明，恰當地由自我凝視引入，逐步展開容貌焦慮的相關經驗與深入剖析，最後以富有哲理的反思和呼籲作結，形成了一個兼具感性與理性、記敘與議論的探索過程。

遣詞造句方面，作者的文字細膩且富有感染力，尤其「月亮」的比喻選擇更是堪稱一絕。或許就像作者所建議的一樣，我們每個人都是月亮，必須練習欣賞自身那表面凹凸不平，實則散發柔光的美。

國中八年級組初賽第一名

我對服儀規定的看法

振聲高中國中部／孫映玄

題說：二〇一五年，臺中女中學生因不滿學校「不得穿短褲進出校」的規定，在升旗典禮時集體衝到司令臺前，脫下裙子，露出預先穿在裡頭的短褲，並高喊「男女平權，短褲無罪」——此事在媒體和網路引起廣泛討論，「學生該不該穿制服」再次為熱門話題。

二〇二〇年，教育部〈國民中學訂定學生服裝儀容規定之原則〉指出：為維護學生人格發展權及身體自主權，並教導及鼓勵學生學習自主管理，學校應設常設或任務編組之服裝儀容委員會，訂定學生服裝儀容之規定，經校務會議通過，以創造開明、信任之校園文化。

以下有針對服裝儀容規定的不同看法，請仔細閱讀後，以「我對服儀規定的看法」為題，抒發你對服裝儀容相關規定的看法。

學生上學穿一致性的制服，可以避免不同經濟背景的學生感受到服裝帶來的階級壓力。

服裝儀容規定有助於辨識學生，是維護校園安全的必要措施，也能展現學校精神及文化特色，許多企業也有服裝一致的相關規定。

一致性的規定會扼殺個人的創意及自主性，人本來就具有許多面向，無需追求外在服裝儀容的一致。

沒有任何證據指出服裝儀容的規定與學業成就和學習態度有因果關聯，若以此為由限制服裝儀容是不合理的。

*

走在一片綠蔭深濃下，放眼望去，盡是一片白，一種象徵，一種寄託，亦是一種存在，油然而生的湧上心頭，一種標示，一種證明。服儀，在學涯中永不抹滅的記憶。

想當年，一向懵懂的我，認為那服儀，是束縛，被限制，因而渴望服裝自由。認為每個人都穿著同樣的服裝，是呆板、古老的傳統，無知的認為那是框架，但現在回首一望，倍感框住的，其實是自己的心，也曾為了服儀而據理力爭，不過也只是為了一己之私，嫌棄校服的款式不盡人意，不討喜罷了，曾經以為，校服，是束縛。

上了國中後，不經意瞥見了校規上那密密麻麻，如暴漲的泉水般湧出的服儀規定，震撼了許久。張潮：「皆以閱歷之深淺，為所得之深淺耳。」深思熟慮後，參透了服儀背後學校的用意與苦心，為了幫助弱勢，不因沒有足夠的經費裝扮而自卑，不因此而受到漠視和同儕的壓力，為學生爭取零碎時間，不愁如何裝飾自我，學習如何不以外貌作為對人的評價，也能空出時間發展自己的興趣與嗜好，為的是學生能擁有更好的前程，有心力朝自己的夢想邁進，背後無盡的深意，才明白，服儀，不是束縛，更不是限制的框架。

服儀，是對自己的認識和了解，服裝，清楚的訴說，對學校的熱愛，換上校服，走進回憶的湧泉，校服，是媒介，一一浮現的記憶，喚醒一種對學校的認同，一種安全感，亦是無盡的歸屬感，我也明白，那份對校園的熱愛，需要服儀，來展現、認同自己是一分子，代表自己的學校，為此感到光榮，為此感到慶幸。服儀，貯存了對一間學校的懷念、不捨，亦是記憶，每當從衣櫃中拿出校服，回憶如瀑布般傾洩而下，歷歷在目的，是那些美好的過往。服儀，同時也是象徵對學校的歸屬，了解自己身在何處，為何而活，告訴了我生命的意義和價值。

校服，抑或是服儀，都不是限制的囹圄，束縛的框架，而是對學校無法言說的思念和認同，學校，是第二個家；服儀，是存在的證明，能夠代表，也是一種象徵，更是回憶深深的羈絆和連繫。當有一天，沒有穿著學校的校服，也能產生深深的認同和歸屬，才是穿校服真正的用意，不需要透過校服，而產生羈絆，才是最真摯的感情。校服，是回憶的展現，一絲一線，都深深鑲嵌進我的心靈。

賞析

面對此等傳統的題目，作者倒是寫得異常聰明。

作者聰明之處，在於將文章聚焦制服主觀上的情感意義，而非一味辯證客觀上的功能、優劣。但凡穿過學校制服的讀者，想必都會認同作者的觀點，同意制服為校園團體生活帶來了一種安全感、歸屬感。制服更是當年那段日子的象徵物，儲存了點點滴滴的美好記憶，足以在畢業後成為觸發情懷的信物。這也就難怪大學校園常見學生舉辦「制服日」活動了。

至於結構組織也頗具巧思。作者以「昔今對比」的方式謀篇，藉由第二段的曾經感到受限、束縛、守舊，凸顯第三段起的察覺到了其他情感意義。唯一稍嫌可惜之處是作者「斷句不確實」，以致影響讀者閱讀的體驗。

國中七年級組初賽第一名

題說：統一發票給獎是為了鼓勵消費者主動索取統一發票，以防杜商家逃漏稅捐，達到增加國家稅收的目的。聰明的你，有沒有更好的方法鼓勵民眾主動索取統一發票？又或針對洗發票等不當的行為，有沒有什麼好方法可以防止或管制呢？請提出你的想法及具體的作法，完成一篇完整的文章。不必訂定題目。

治平高中國中部／**何伊欣**

*

統一發票，是為了國家防杜商家逃漏稅捐而發行，對於國家可說是最簡便也最快速的方式。而為了鼓勵民眾索取發票，政府更開出了以中獎可領取獎金的活動，以刺激大眾索票意願。如此做法雖提升了民眾的意願，卻仍有部分人民不願配合。何況被有心人士所利用的「洗發票」事件頻傳，更使這條發票稅收之路陷入膠著。

先從不願索取發票的民眾根本做起吧！源頭若汙，溪水何清。其一，民眾不索取的原因是麻煩：一張薄薄的小紙片，容易丟失遺忘，對起號來又費時費力。既是如此，何不鼓勵民眾下載雲端發票？一支手機便能輕便搞定，且不需費時力核對號碼，自動對獎、自動通知，又較紙本環保簡易。同時規定部分商家，如民眾使用雲端發票者，可贈送集點、飲品、點心等以茲鼓勵。其二，對於洗發票事件，可採取鐵腕政策：規定民眾不可於同次採購中領取二張以上的發票。對於商家則規定：不可讓民眾分開二次以上的採買，如超過則不辦理，或列印發票卻不給予等。

發票的稅收之路想達到清明無垢的境地，必定是漫長的、艱難的一段過程。但我願就從你我做起吧！主動索取一張發票、不貪洗發票的小便宜。若每人都能如此，不只是對國家，更是對我們所身處的這個社會，最大的福音！

賞析

這是一篇結構完整的文章。作者以「總分總」的方式組織本文，先從發票與稅收的關係以及洗發票亂象「總起」，而後「分述」兩點建議：透過獎品鼓勵民眾使用電子發票，並且嚴懲洗發票的惡行，最終「總結」個人期待，期待「稅收之路達到清明無垢的境地」。

然而在完整的結構之下，是文章內容的稍欠新意，實屬可惜。作者似乎對於發票運作的「現況」並不了解，以致所提出的新建議都是現存的舊辦法，比如雲端發票本就附帶自動兌獎、自動通知甚至自動匯款的功能，並且還提供專屬獎項鼓勵民眾索取發票與環保無紙化。

比起老調重彈，或許作者可以考慮聚焦個人相關經驗以及人們的內在，剖析現有措施背後的群眾心理，進而提出有別於傳統賞罰之外的新點子。

請你不要這樣，好嗎？

大業國小／簡丞蔚

題說：生活裡，有時會有一些不愉快的事發生。當你開心的和同學玩在一起時，有人惡意破壞規則，壞了大家遊戲的心情；當你專注閱讀手上的書籍時，同學忽然衝過來，指著你大笑說你是假認真；或者有人沒有經過你的同意，隨意拿走你的作文，甚至大聲朗讀起來；也有人不自覺說出傷人的話，甚至做出傷人的行為——這時，你會怎麼面對呢？是否曾經鼓起勇氣，說出自己心裡不想要這樣被對待的想法，並且請他停止這樣的行為？請以「請你不要這樣，好嗎？」為題，寫出你曾經或是曾經想過，要提醒他人不當行為或是拒絕他人的經驗與想法。

*

仰望天上的星星熠熠生輝，好不美麗！就在我欣賞著璀璨的星辰時，頃刻，一片烏雲飄了過來，遮住了如夢似幻的銀河，壞了大家的興致，更壞了難得的觀星機會。人生亦是如此，生活中，總會有許多干擾的人事物，阻撓著我們做一件事或追逐夢想。

大隊接力現場，每位選手無不奮力向前，為自己和班級爭取至高的殊榮。然而，就在我準備上場時，隊友抱怨的話語不斷傳來，「他跑這麼慢，一定會拖累全班。」「我看替補都比他快。」明明我在一百公尺可是獲得了全班三十人中第七的成績，居然還這麼講？這些酸言酸語如同硫酸般侵蝕著我的鬥志，我了解，再怎麼證明自己都無濟於事。這種無奈感到現在依然籠罩著我的心，那些同學啊！看清眼前的事實，不要藐視他人，說出如同硫酸的話語殘害隊友旺盛的鬥志，請你不要這樣，好嗎？

在以前的年代，男女的刻板印象甚是流行，男生一定得剛強、強壯，女生則要溫柔、賢慧。直到玫瑰少年的出現才消除這個偏見，他由於個性較其餘同儕男生溫和，所以經常遭其他男生脫褲檢查，導致他總是上課才向老師說有如廁需求。有一天，他一如往常的在上課期間來廁所報到，卻遲遲不回來，最後竟離奇死亡。雖然最後查無真兇，但他的故事卻使男女平權的觀念萌芽，創造了人人平等的社會。不過我依然想為葉永鋕發聲：男女沒有一定的性格，也沒有刻板印象的高牆阻礙著通往未來的道路，那些欺負他的同學啊！請你不要這樣，好嗎？

在夜深人靜的夜晚，我再度走到觀星臺看著寧靜的夜空，前所未有的綺麗星空盡收眼底，那片烏雲，飄走了；大隊接力的酸言酸語，也乘著那朵雲，飄走了。

賞析

生活中難免出現遭到輕視與歧視的事件，然而比賽當下要想信手拈來倒也未必容易。從這個角度而言，作者取材能力著實不俗，不但能以班上大隊接力遭人嘲諷的「己例」下筆，還能援引玫瑰少年葉永鋕的「他例」為素材。

除了取材能力不俗，作者也頗善經營文章中的「對稱設計」。而正是這些對稱設計，為文章增添了修飾過後的美感。比如二、三段陳述例子之後，作者皆義正詞嚴地針對加害人喊話，奉勸停止不當行為。再比如文章首段與末段細心安排隱喻情境，以「星空與烏雲」類比生活遭遇，使抽象的概念與感受具體化，更藉由星與雲的變化暗示喊話後的影響。

至於面對生活中的烏雲，或許我們能做的唯有鼓起勇氣為自己或他人發聲，最終「撥雲見星」。

睡前的歡樂時光

西門國小／林千翔

題說：當一天的工作與學習結束，盥洗完畢，換上舒適的睡衣，準備就寢，睡前的這段時光總是輕鬆自在又愉快的。在父母親人手足的陪伴下，或許利用這個時間，彼此約定一些事情；或是說說床邊故事，玩玩小遊戲；也或許是聊聊當天發生的趣事，分享彼此的心情——睡前時光總是輕鬆愉快又充滿樂趣和笑聲。小朋友，你睡前的時光都和誰在一起？你們如何渡過這段歡樂時光呢？你當下的心情如何？請以「睡前的歡樂時光」為題，和大家分享屬於你的那段睡前的歡樂時光。

＊

天空掛上了黑色的布幕，月亮登上了天空的舞臺，家家戶戶都把明亮的燈關上。用了一天力氣的我，腦袋開始疲勞，但是要把眼睛閉起來之前，我會先畫畫平復一天的壞情緒，再開啟最愛的小夜燈，好好享受晚間的放鬆時光。

回想起小時候，我躺在嬰兒床上，爺爺和奶奶都會唸著睡前故事；凝視他們倆猶如番茄一樣紅通通的臉蛋，如翠玉般亮的眼睛也漸漸的瞇了起來，就像把眼球的門關起來；而過著忙碌的現代生活，寫到一半的作業、做到一半的評量……個個都是壓力來源，但可以透過睡前和媽媽擁抱、談談今天發生的大小事、親嘴等，都可以發洩壓力，來解決課業煩惱。

在度過睡前的這段時光，我也會拿起代表作品——畫了一整年的捷運路線圖。對捷運有興趣的時間是在我國小低年級，繪製這張圖的靈感來源是二年級第一次搭乘臺北捷運板南線，到大姐家去玩。一直到現今，望著這張自己得意洋洋的畫作，我忍不住流下了一滴晶瑩剔透的淚水，因為這是花了很多志氣和勇氣去挑戰的，這樣就如同俗話說的「有志者，事竟成」，這種感覺也會使我感到舒暢、爽快，會更幫助睡眠。

夜晚的布幕，是烏黑的，也是寧靜的。在度過放鬆的晚間時光，我會先開啟最愛的小夜燈，接著和媽媽擁抱、談談大小事，接著拿著花了很多時間、勇氣和志氣所畫的捷運圖，最後瞇上如翠玉般明亮的眼睛。當壓力達到最高點時，就可以做這些事情發洩。利用這段歡樂的時光，好好享受放鬆的感覺吧！

賞析

作者這篇文章勝在深入探索睡前時光，以及聯想力十足的遣詞造句。

作者睡前的歡樂時光是「畫畫」，畫一張臺北捷運路線圖。睡前畫圖並不罕見，罕見的是作者並不停留於畫圖表面上的娛樂性，而是進一步深入探索，寫出一幅畫作背後耗費無數夜晚，努力不懈、有志竟成的喜悅。深入反思之餘，作者的聯翩浮想也令人印象深刻。無論是「翠玉般明亮的眼睛」，還是「把眼球的門闔起來」，都建構了具體且不落俗套的畫面，有助於讀者理解、想像。

唯一稍嫌可惜之處，是第二段的定位不明以致喧賓奪主。作者可以考慮省略瑣碎的「擁抱、交談、親嘴」，著重強調「從前多虧故事，如今多虧畫圖」，以致更流暢地引出下一段，同時確保每一段都緊扣作為核心的畫圖。如此一來，勢必成為一篇在全國賽也能脫穎而出的佳作。

跳脫勝負，我做得到

六家高中／徐湘晴

題說：身為學生，在求學過程中經歷過各種「競爭」，從個人的考試成績、語文競賽、繪畫比賽，甚至是競選班級股長、社團幹部、學生會代表，到團體的科展競賽、大隊接力、拔河比賽等。在這些競爭中，有人勝出，便有人落敗。常言道：「成功固然可喜，失敗亦無需沮喪。」有時勝利的背後暗藏巨大的代價，讓人贏了面子卻輸了裡子；而挫敗則暗藏省思的機會，有時反而讓人獲得更大的收穫和成長。

在求學過程中，你曾有過什麼「執著於勝負」的經驗？你如何看待那次經驗的結果？假如重新來過，你能跳脫勝負的框架嗎？請以「跳脫勝負，我做得到」或「跳脫勝負，我做不到」為題，書寫你的經驗與體悟。

*

人生之途漫漫；人生之徑悠悠，我們彳亍其中，時而犖确；時而險巇，躓踣在所難免，比起成功，更重要的是如何不讓勝負影響自我。

最初，我迷茫而不知心之所向。在那年溽暑，本該是學生放暑假之際，我卻坐在教室內，手中不安的擺弄紙角。我的成績一落千丈，概因我從來不敢盡全力去讀，害怕盡全力的最後，仍「竹籃打水一場空。」課後，老師找我談話，在一番談論後，我將煩惱全都傾訴，老師最後給我一張字條，上面寫道：「若沒有離開海岸的勇氣，你永遠沒辦法跨越大海。」這句話宛若當頭棒喝，使我驚醒，若我都未曾努力，何來勝利，於是，我不顧一切的向前。

後來，我堅信勝利是努力唯一目標。在接下來的日子，我寫著一道道題，背著一行行字，手不敢離書半刻，不願離筆一寸，隨著一天天刻苦，成績終有起色，師長們皆說理想高中應是十拿九穩，卻怎料那天的鐘聲，似是早已預定我的結局。

我似敗得澈底，心卻又起波瀾。會考當天，我胸有成竹的寫完每份試卷，到了作文，我最有把握的科目，寫至倒數第二段，想著應可拿個好成績，卻怎料鐘聲忽然響起，我才知看錯時間。在第二天的考科，我雖盡力穩住心態，卻仍無可避免的失常，最終以一題之差，與理想學校失之交臂。看著師長驚詫帶著失望的眼光，同學紛紛考上理想學校，我感覺被世界遺棄，大家都邁步向前，我卻仍於闃黑一隅，寸步未進，無盡的嫉妒、羨慕，以及對自己的失望，正蠶食我的內心，我變得膽怯，即使同學邀我出遊散心，我卻仍選擇活在自己的一隅，怕自己會被朋友發現內心陰暗。為了轉移注意，我恆常去圖書館，使自己泅游於字裡行間，但我卻發現，許多成功人士都曾遭遇挫敗，如蘇軾曾任帝師，而後被貶，卻能昇華自我內心，由「假豁達」到真豁達；海明威曾被嘲江郎才盡，卻不斷寫作，最終寫出《老人與海》這部鉅作。我才明白，成功，並不是唯一選項。

勝負，不能左右我，只有我自己，才能決定我自己。或許，困難就像一叢花，即使我們沒穿過，但只要肯走進，就必然染上芬芳，而在穿過的過程中，即使「五日畫一石，十日畫一水」又如何？只要實實在在的走進，面對困難，本身就是一種勝利。人貴在自我超越，而非自我實現，不需將自己困於成敗之間，而是不斷面對挑戰。

在人生路上，難免遇峰嶼崴嵬，但「只要我們肯擁抱世界，那擁抱得笨拙又何妨？」只要做到不斷挑戰未知，努力，擴心中阡陌，就是一種成功，無論勝負之間。

賞析

本文以課業學習為素材，敘述兩段深陷勝負煎熬的經歷，從而學會面對挫折、跳脫勝負。兩個例子，由淺而深，引人共鳴，將跳脫勝負的題旨發揮得淋漓盡致。

開頭敘述國二時不敢盡力學習，乃肇因於無法面對努力過後的失敗；在老師的開導下，開始轉念全力衝刺會考。原本準備萬全、自信滿滿，豈料，會考當日最拿手的作文一科，因誤看時間而失常，遂與理想學校失之交臂。之後便被嫉妒、失望、膽怯等情緒左右，無法面對自己與他人，陷溺在自憐自怨的深淵中。然而在讀過蘇軾、海明威等名人生平後，獲得救贖，並終於理解到，面對挑戰即是一種自我超越，無關勝負。

全文鍛字鍊句，匠心獨運；敘事流利，承轉自然；篇幅完足，體悟深刻，誠為不可多得之佳構。

國中九年級組初賽第一名

拾起一片青綠的落葉

成功國中／詹子毅

題說：打掃時間，在校園清掃落葉。一地枯黃的落葉，有一片特別顯眼。有人將它拾起端詳。「咦！你們看這裡有一片青綠色的落葉，完全沒有一絲枯黃……」同學們湊近一起觀察。「應該是被強風吹落的吧。好可憐，就只有這片綠葉被吹落！」「哪裡可憐？這是解脫好嗎？被釘在樹枝上多不自由啊！」「對啊，說不定是綠葉自己想離開，去跟地上的朋友們歡聚，或是流浪天涯。」「你們都沒聽見綠葉的哭泣聲嗎？生命真是脆弱無常。」「我覺得綠葉的生命並未結束，與『化作春泥更護花』一樣，是一種生命的延續。」大家你一言我一語，表面上是在談青綠的落葉，其實也顯露出各自的個性與對生命的態度。

大自然是最好的老師，若是你遇見了這片青綠的落葉，你有什麼樣的想像及體悟？請你以「拾起一片青綠的落葉」為題，分享你的感懷及想法。

*

初入秋旻，季節的更迭為校園染了一層秋色，枯黃枝葉遍地，微風颯爽，此時，我忽然看見一片青綠的落葉，我緩緩拾起，沿著葉緣，我可以看見它頑強的體魄；順著葉脈，我感受到它強韌的生命力，即便是被慓風颳落也依然不褪去顏色。

黃玉霖為我國溜冰好手，但在無數光榮背後，鮮有人關注他曾經的陰影。其實他幼年腳患有疾，是醫生為了矯正而跟他說溜冰有益，僅年少三歲的他便產生了興趣，漸漸地，溜冰成為他不可或缺的一部分，他每天都花大量時間練習，日以繼夜、努力不懈，也讓他在青年的白紙上渲染出旖旎的婆娑、溜出無數獎項，近期的亞運會上，他更是秉持著不屈不撓的毅力，以極小的時間差距擊敗了韓國，彷彿是風雨中的泥、葉，即便已經被浸溼得狼狽不堪、縱使已經從枝椏上脫落，他依然堅強抵抗，讓我們看到最終的勝利、青綠的崢嶸。

霍金被譽為二十一世紀最偉大的科學家。早在他幼時便嬰疾纏身，但他熱愛科學，在成長的過程中，即便身有不適，依然保有如赤的忠誠，可天不遂人願，到了中晚年他甚至已經無法行走、言語，但他憑著對科學的熱愛，屢屢突破醫生為他設下的生命期限，對貢獻的渴望讓他突破了重重痼疾的枷鎖，他不駐於坐以待斃，即便在他生命的過程風吹雨打、日曬雨淋，他依舊憑藉自己的毅力和韌性，縱使四季遞嬗、邁入晚年，他仍保心智的矍鑠，挺著不褪的青綠在科學壇上留下許多貢獻，在成為醫學史上的奇蹟時，也就此成了歷史中的科學巨擘。

一陣強風吹動了我的心湖，此時我猝然想起曾看過一個實驗：幾位科學家將食物、植物、細菌置入一個觀察室，記錄內部的罨損情況。首日，大部分的食物無變化、少數蚊蠅滋生，接下來連續觀察幾週，食物上有許多霉菌、植物大量枯黃、蚊蠅大量滋長，環境每況愈下，但就當科學家們以為實驗結束時，生命的狀態出現了轉圜，蚊蠅因沒有食物而餓死，屍體掉落土壤中，植物得到養分繼續茁壯生長，原本了無生命力的實驗室又獲生機，這便是絕處逢生的道理、周而復始的輪轉，都驗證了「生命不會消逝，只是換一種型態存活」。

猝然雲起，淅淅瀝瀝的雨滴將我從回憶喚醒，泥土被浸溼，將我剛才看到的綠葉埋沒，「化作春泥更護花」，我知道那片葉的落下不代表它將消逝，它只是化作了養分，繼續在校園生存。

隔年春分，我又走到這棵樹旁，不同於先前的枯枝，隨著春天的腳印到來，枝葉又葳蕤，茂盛的葉中也有幾朵簇擁的花，鮮豔的顏色彷彿當初那片落葉的印記，已非青綠、卻化冶豔，身已消逝、心猶崢嶸。

賞析

校園一地枯黃的落葉中有一片與眾不同青綠的葉子，作者拾起綠葉，仔細端詳，即便為風吹落也未褪去顏色，感受其強韌的生命力。

由綠葉聯想到溜冰選手黃玉霖幼年即有天生殘疾，但他透過勤奮練習，克服障礙，在亞運會上一腳奪金；科學家霍金年少時即被宣告將逐漸全身癱瘓，即便無法行動言語，仍依靠一根手指動按講話器按鈕來表達思想，成為最受敬崇的物理學家。兩人與青綠的落葉皆提早經歷生命的脆弱無常，然而憑藉恆心毅力，卻讓我們看到「最終的勝利、青綠的崢嶸」。

本文以真摯清麗的文字表達深刻獨特的體悟，飽含鼓舞人心的力量：人生的可貴不在於風平浪靜，乃在風雨摧殘後，仍能不屈不撓，展現生機；生存的意義也不在於永不消逝，而是零落萎謝後，依然滋養大地，來年新綠。

國中八年級組初賽第一名

每個國中生都該參加的活動

康乃薾雙語中小學國中部／許舒涵

題說：身為一名國中生，你是否感受到在學業、身體、社交和情感上都面臨許多的變化和挑戰呢？在國中這個多變的成長時期，多方參與活動將有助於國中生獲得較全面且均衡的發展。國中生能夠參與的活動數不勝數，有學術活動，如科展、辯論會等；有體育活動，如田徑、游泳等；有藝術活動，如音樂會、攝影展等；有文化活動，如節日慶典、宗教盛會等；有志願服務活動，如淨灘、社區環境打掃等；有發展個人興趣的活動，如烹飪、園藝等……。在難以計數的活動中，你認為哪個活動是每個國中生都應該參加的？理由是什麼？參加這個活動將會有什麼樣的收穫？請你以「每個國中生都該參加的活動」為題，分享你的觀點及理由。

*

和煦的金黃光暈傾瀉而下，倚著烈紫的曉霞緩緩貼近海平面，使海面浮著腺紅的紅暈；鮮活的吻仔魚自那片蔚藍中撈起，在車馬喧囂的大街小巷中，成了可口的佳餚；微風輕輕吹拂過一片茂密的綠意，葉緣懸掛著晶瑩的朝露，在陽光的照射下隱隱散發著光輝。在這偌大的世界上，有太多值得我們追尋、太多值得我們摸索，卻默默隱藏在書海之中。興許，一個可以旅遊各地、走遍社會的活動，才是國中生的首選。

記憶回溯至童年，那時的時光恍若刻意為我們放慢了腳步，腳步在世界各地都鏤刻下一些童年的碎片，逐步拼湊出當年的陽光與風聲。隨著時光漸漸流逝，一眨眼間，大量的知識試卷迎面襲來，在我們還來不及與童年告別時，就已佔據了我們的生活。國中，純屬課業的代名詞，那些對於旅遊滿溢的不捨，倘若得以化為一項活動，或許就能使我們暫時跳脫出曾有的框架，放下隨時溢出的課業壓力。

這項旅遊活動，因為是適合每一位國中生的活動，我們可以摸索社會上的各個領域，甚至是世界上的每一寸土壤，滿足每位國中生的欲望、嚮往。在這些過程中，我們亦能結合各個領域的導師，邀請童軍老師訴說野外求生的祕訣、融合生物老師對於自然界的探討、甚至是社會老師對於人文特徵的解說，使我們踏過的每一隅，都能成為輕鬆的知識寶庫。

村上春樹曾言：「每一日的堅持，是幸福的感覺。」在這個旅遊活動中，在不同環境中仰賴雙手誠然對於都市小孩來說難免和原先的生活日常好似隔著鴻溝，然而這也能在無形中教導我們堅持的價值。而在大自然的遞嬗中，我們亦能沉澱下心扉中的所有，放下沉重的包袱，隨著心靈的融合過程，學會停下腳步，回過頭看向曾經的自己。興許，我們就會發現，原來在這裡的每一張笑容，終將成為回憶中的可貴。

步伐隨著人群穿梭在大街小巷中，鞋底沾滿了在塔里木沙漠中的沙石、漁村中的海鮮味、熱帶樹林裡黏稠的土壤。當金黃光暈再次灑落時，這些印記終將被時光的流逝沖蝕。然而，伴隨著旅行活動的發展，更多的回憶又將湧上心頭，對明天的未知、明日的探索說聲：「我來了！」

賞析

本文以「旅遊」作為每個國中生都該參加的活動，在旅遊活動中，能夠暫且擺脫課業牢籠，肆意滿足探索世界的想望。說明人都該接近大自然，從而沉澱內心，探索自我價值。這樣的活動即是「壯遊」！

作者以學習不該局限在教室，應走出戶外，並由各個領域的老師引導為例，將學習殿堂從教室帶至大自然，對比了過往僵化的學習環境與思維。而引用村上春樹的名言，提點讀者，堅持藉著旅遊活動探索並感受身旁的一草一木，方可知一花一世界，藉此內觀自我，同時細照他人，藉以提升心靈，寫來深刻且極富有哲思。事例及言例直指本文核心，充分證明了「旅遊」該成為每個國中生參加的活動。

全文以陽光、晚霞、海洋、吻仔魚、微風、朝露等自然景緻破題，以沙漠、漁村、樹林、陽光收束。通篇綰合了自然之景，緊密扣合發展的主題——藉著旅遊，探索世界。

國中七年級組初賽第一名

那一句叮嚀

康乃薾雙語中小學國中部／王熙妍

題說：「三思而後行」、「吃虧就是占便宜」、「失敗為成功之母」等，都是我們日常生活中常聽到的叮嚀。它們可能來自家人師長，或是朋友同學，這些老生常談，似乎常被我們當作嘮叨或指責，但是真正遇到難關時，這些叮嚀往往能陪伴我們度過低潮、避開險阻，或是讓我們找到再出發的勇氣。

在你的生活當中，哪一句叮嚀曾經讓你有過深刻的體悟呢？那是誰對你的叮嚀？伴隨著那一句叮嚀，你曾做出怎樣的改變呢？請以「那一句叮嚀」為題，分享你的經驗與體悟。

＊

和風輕拂，綠意搖曳，閉眸，輕擁著柔和涼意。生而為人，自幼便是在師長、同儕，甚至是陌生人口中的字句叮嚀裡茁壯。身在這資訊繁雜混亂的世代，總是那一句叮嚀在腦海徘徊，引領我走向生命的理想所在。那一句小而美的提醒伴我走過童年，迎向青春，亦如細繩，緊牽我與美好的距離。

風起，我航向屬於我的幸福之島。孩提時期，總是匆忙渡日，忘卻了許多微小而重要的生活細節，亦將「早餐」的必要性拋諸腦後。仍清楚記得，又是一日急忙醒來，曾盲目認為不重要的早點亦又將是我留於家中的母愛，而令我停下動作往餐桌走去的動力是源於一張亮粉色的便條貼，黑色的筆跡裡藏著溫柔的叮嚀「記得吃早餐唷！」淺顯的短短字語卻在我混亂繁忙的人生中，成了點亮世界的一盞心燈。日復一日，搜集著母親的愛，那已疊成堆的五彩繽紛是母親對我不曾改變的溫柔，亦是每日風起，我都如幸福偏愛的孩子，洋溢著無限笑靨。那一句叮嚀從未改變，亦是在歲月洪流的措不及防中，唯一留下的。依稀記得，每一次從陽光中睜眸，聽著和風拂過耳畔的柔和，出門時，餐桌上不曾留下什麼。

風落，已達幸福，定居於斯。那一句叮嚀在我的人生道路上是最重要的陪伴，使每當被低谷擊敗，我都有勇氣再次站起，只因我明瞭，那份永恆的母愛將是我最堅實的倚靠，不論天青與否，都為我點亮生命長夜裡的繁星點點。叮嚀從那一瞬起，興許便不再是指責與煩躁，而是我在深冬的大雪中，可以緊緊追隨的火苗。使生命不曾是單獨奮鬥的勇士，而是有權喊累，躺地遙望星辰的小女孩。從叮嚀中，我看見的並非黑白無色，而是母愛之偉大，隨風拂過心靈的每一隅，那是希望的七彩。在這年歲堆出的成熟中，那亮色的叮嚀似乎已成回憶，在夢裡守護我。就算叮嚀已遠去，不變的是以輩子為單位的母愛無限，永唱著幸福。那一句叮嚀亦教會了我同時獨立，在雨落時懂得撐起傘，靜待雨過的彩虹，茁壯的剎那。

清風遠走，留下的是愛之暖，讓它能是最溫柔的相守。願當枝椏停下擺動，我能是下一個翱翔的身影，在叮嚀中爬上高峰，風落時展翅，透過我的羽翼，成為起風者。我親愛的小叮嚀，謝謝你伴我走過懵懂，使我從每一句叮嚀中，都看見最深刻的愛，那一句叮嚀。

我想，我已緊握了細繩。

賞析

叮嚀源自於對生活細節的修補和預示，以「潤物細無聲」的方式影響生命。

作者以叮嚀為「引領生命的細繩」意象貫穿全文。文中擷取了尋常可見的早餐記憶，從基本生理需求的精心照顧，日復一日、書寫成堆的便條紙積累出深厚母愛。自細節描摹、以小見大。接著作者進一步強調叮嚀的重要性，運用譬喻等修辭技巧書寫生命中的低谷與重生，從徬徨恐懼中回首才發覺記憶滿是叮嚀，背後是母愛與之相伴。因而有勇氣向前，得以看見生命的絢爛。深刻寫出擁抱母愛後茁壯的自我。再從人子的角度，在展翅高飛迎向未來之餘，真摯感謝母愛的一路相伴。

末段以「我想，我已緊握了細繩」收束，首尾呼應、結構精巧。作者的文辭優美流暢，溫柔細膩，得以從中品味出無限的情思。

新竹縣區

國小高年級組初賽第一名

親手做的背心

題說：「這是我親手做的喔！」當人們說出這句話時，代表這個東西是他們花費了時間與心血，特別用心製作的。無論是媽媽親手做的蛋糕、奶奶親手做的毛衣、爸爸親手做的椅子，還是自己親手做的卡片，每一樣親手做的東西，都是獨一無二的。你覺得親手做的東西跟買外面現成的，有什麼不一樣？你曾經對哪個親手做的東西留下深刻的印象呢？請以「親手做的〇〇」為題，不論是別人親手做的或自己親手做的東西都可以，請你將自己或是他人親手做的故事寫出來。

興隆國小／陳海綸

＊

一件亮黃色的背心被我從衣櫥內翻了出來，腦海不禁浮現製作的畫面。那已經是七年前的事了吧，但我仍依稀記得這一件亮黃色的絨毛背心是幼稚園的園長媽媽一步一腳印的教我。

年僅五歲的我任何東西都充滿了好奇心，唯獨毛線給我不一樣的感覺。而就在一旁的她看見了我雙眼好像對毛線特別有興趣，因此她便開始為我心中萌生的小豆苗灌溉。日復一日，我完成了人生中第一份送給自己的禮物——「薰衣草紫的毛帽」！畢竟是第一個手做東西，而且還是親手做的，因此我特別喜歡它，幾乎每天都抱著睡覺。此時園長媽媽更是感受到了我的快樂及享受，於是，她從櫃子拿出一捲亮黃的毛線，又拿出捲尺量我的肩。一頓操作下來她對我說了一句話：「我們來做背心吧！」當然，我絲毫不帶猶豫的答應了。

但製作的過程簡直太難了，我剛開始就想放棄。但一想到那一頂毛帽，心裡瞬間燃起了興趣的火花，我一定要完成這一件絨毛背心！在好勝心的力量下，我每天下課忙到沒時間休息，但距離完成就只差一步了。終於，一切的努力都在頃刻化為一件背心出現在我面前。穿在身上，手的餘溫也都還停留在上面，有一股難以言喻的溫暖。

時間彷彿停止，畫面也永遠的停留在了這一刻。雖然我已畢業，園長也早已去了另一個新的學校，但時光拉住歲月，回憶拉住留念，親手做背心則拉住我和園長。一切都回不去，但都還在。我也無所遺憾，只希望重來。

賞析

以親手做的背心為題，帶出背後深刻的故事與人情，令人動容。首段「睹物思人」，以亮黃的絨毛背心帶出思念的對象——幼稚園園長。

回溯記憶，寫出園長的循循善誘以及作者的孜孜不倦，從縫紉簡單的毛帽開始，體會親手製作物品時感受到的快樂與珍愛之情；從親手做的毛帽再到親手做的背心，領悟親手製作物品時的難處與堅持到底的毅力，最終在一絲一縷的牽引下，描寫看見成果的成就感。

末段以作者的畢業與園長的離開等「人事變遷」，帶出這件背心的獨特價值，細膩描寫物件背後所藏的溫暖、思念與牽絆等情緒，回憶縈繞如同編織，作者從中感悟，縱然物是人非，但回憶長存，不留遺憾。全文情感細膩，刻劃物品富有意象，更具生命感思。

國小中年級組初賽第一名

那面牆，我想畫上……

康乃薾雙語中小學國小部／**蕭婷云**

題說：你有過在牆上畫畫的經驗嗎？也許是在家中，父母請你為某個特定牆面畫上圖案來裝飾；也許是在學校，校方開放圍牆讓學生們盡情揮灑創意；也許是在藝術活動時，藝術家邀請參觀群眾一起在藝術牆上創作；也或許是任何地方，只因兒時懵懂無知而任意塗鴉，甚至招來斥責……。

如果今天有一大面牆，能讓你自由畫上任何圖案，你覺得那會是哪裡的一面牆呢？你會想要畫什麼呢？為何會選擇畫這樣的圖案？這個圖案對你有什麼特殊意義？請以「那面牆，我想畫上……」為題，分享你想畫上的圖案及背後的故事。

＊

我家的那面牆，總是空空的，我從小就覺得了。而我，想為家，畫下第一筆顏色。

這面牆，我從三歲就開始記錄。那面牆，有著我的整個童年。媽媽傾聽了我的心思，幫我買了盒色筆，讓我塗鴉。起初，我會每隔一月去站在牆面，畫了身高，了解成長，漸漸，我開始畫出夢想、想像，或出其不意的想法。那面牆從來沒有滿過，我總可以找出空隙，卡進我的生活。那面牆，是我們家的驕傲，每位客人都會看得細。住在旁邊的叔叔，也沉浸於觀察我的內心和生活，而他們便會看到畫在中心的最大夢想，也是我的第一個願望，這是一幅畫著全家和樂的笑，旁邊還寫著，永遠。這是我畫的第一個夢想，我想要永遠的和樂家庭。

這面牆，是我的全世界，是有著我生活的時時刻刻、點點滴滴的內心。這幅童年畫，有著的不僅是生活，還有著成長和快樂，即使長大，接觸了社會、我也不忘回家，懷念童年，每當看到那幅畫，便想到了之前在塗鴉的自己。那面牆，是我和童年的小橋。我從未忘記我小時候的一切。

那面牆，至老都是我的全世界，因為那面牆，宛如日記本。那面牆的顏色早已散開來，整個家園，充滿著溫暖。整個顏色早已充滿在家中，也偷偷的跑進了我的內心世界，被我好好保留著。

賞析

以家中的牆為書寫中心，透過牆上的畫，延伸到自身在「家」的每一步成長、每一個夢想與每一份親情。從零碎的「身高線」畫起，記錄自己的生長歷程，再以個人的想像與夢想填補空隙，每個筆畫彷彿代表著作者的生命軌跡，最後以完整的「全家福」為畫作的核心，並聚焦在畫上每位家人的笑容，勾勒出一幅和樂的家庭。筆鋒一轉，回視畫作，作者反思牆上的畫作代表的是「家的溫暖」，是成長的支柱，也是童年的陪伴。末尾以畫筆溫暖的色彩，渲染著家庭的溫馨，更豐盈了作者的內心。

全文透過牆上的畫作為核心，總結自我成長與家庭關係，琢磨於畫作背後帶出的生命體悟與感思，情感深刻。

高中職組初賽第一名

關懷高齡長者

新竹女中／曾涵豊

題說：隨著人口結構的改變，臺灣已於一九九三年成為高齡化社會，二〇一八年轉為高齡社會，推估將於二〇二五年邁入超高齡社會。如何維護年長者的生活品質與尊嚴，因應高齡化社會帶來的照顧問題，以及減輕照護者重擔，除了是政府持續努力的目標外，身為未來社會的中流砥柱的我們，更應該關注這個社會現象。

知名作家張曼娟在她《中年書寫三部曲》作品中提及，經歷年邁父親的思覺失調、母親失智後的心情轉變，「我決定把自己的意識安放在這個意念上。我毫不猶豫的扛起照顧者的責任，雖然有時也會有無以為繼的痛苦，但更多時候，對於這個身分，我是引以為榮的。」這是身為子女的責任，面對年邁父母的衰老，很快地看清事實；面對自我，一肩扛起照護長者的責任，並學會自我調適。但社會的角落中，仍有無數的暮年者，以無助孤獨的姿態凝視人生末尾的光景，暮年黯淡的境況。作家平路在〈暮年者的尊嚴〉一文提到「我們社會常是以敬老為名，『敬』而遠之，把老年實相從意識層隔離出去！」、「我們的文化符碼裡，老人家找不到夠用的語彙表白自己的狀態。」——這或許是值得我們重新思考的問題。

你曾有和暮年者相處的經驗嗎？是家中的親人還是居處鄰近的高齡長者？或是有課餘時間到安養中心擔任志工照顧長者的經驗呢？在與高齡長者的互動過程中，你有什麼特別的經驗或感受？互動過程中你曾經思考過老人失智的照護、長照的資源與品質，或是面對暮年的生命議題嗎？請以「關懷高齡長者」為題，寫下你的觀察、感受或想法。

*

走在熙來攘往的街道上，我們是否曾留心那白髮皤然的身影？隨著臺灣人口結構的轉變，銀髮族人口已伴隨著時代變遷而有顯著的提升。身處高齡社會的我們，面對即將來臨的超高齡社會與各種相關困境，關懷高齡長者儼然已成為不可或缺的人生課題。

而在那社會的角落，有心聲需要被聆聽。漫步於往常的道路上，我看見一雙雙手推著輪椅，然而推著輪椅的人們正自我陶醉的談天說笑，長者卻憂愁的以空洞雙眸注視前方，彷彿失去的靈魂而衰老的殼；又曾幾何時於街頭巷尾望見那佝僂而步履蹣跚的背影，他們用盡暮年裡氣若游絲的力量，努力踏出穩重的一步，無奈的眼眸環顧四周，身旁竟無人陪伴。我望著這樣的景況，內心波瀾遂起……。

曾經，我也聽見爺爺心底的呼聲。小時候，爺爺常和我們幾個孩子一同玩耍，那溫藹面容上，溫暖的笑靨，是我童稚時期最難以忘懷的動容。然而在歲月的摧殘下，生理上的自在終究敵不過光陰帶來衰老，我的爺爺因椎間盤和肌肉萎縮的痛楚，笑容不再……。為此，家人們爭執不休，是情緒上的失去理智，亦是對安養照護的歧意，有那麼的一段時日，陷入冷戰……。但在這混沌中，我卻依稀聽見爺爺的聲音。

當我們思忖長者的照護時，卻往往忽略了他們的想法和心聲。當家人們爭執該進入哪家安養中心時，爺爺否決的意見從未被聆聽。其實爺爺理智尚為清晰，若有看護相伴依舊能應付。在看過太多氣氛滯鬱的、失去自由的環境後，他的觀點，我能理解。

或許關懷並不是以自我的看法為中心的單方付出，而是雙方之間的交流與寬容。達成所謂老有所終的願景，我認為傾聽長者的需要便是那天邊繽紛的彩虹，美好社會的一片碧海藍天。真正的投入心意、尊重長者的視野，我們方能誠然替彼此找到安之若素的所在。而透過主動和長者對談互動、積極關懷，也許我們也能在既定的路程上，從彼此的眼眸中看見嶄新的未來！

不過社會中依然有角落萌發善意的嫩綠。拉馬丁嘗云：「愛是每顆心靈中最美的黎明。」如同各大基金會替長者打造老者安之的適宜環境，透過各式課程及活動，為每個垂老的身軀注入溫暖的新生命；社區學校也替長者安排許多親子活動，活絡人與人間的連繫，更昇華了彼此之間的感情，讓人情成為暖冬裡的太陽，綻放在最美的花期裡，也照亮長者生命中最後一段的旅程。

願這個世界多一分關懷長者的積極，少一分忽視逃避的冷漠。末了，家人們終於在良好的溝通下和解，也開始重視爺爺的心聲，達成協議。期許自己也多一點主動關懷的善意，讓生命的溫存如一道滋潤芸芸眾生的暖流，讓社會裡愛的蒲公英遍地綻放！

賞析

「老者安之，少者懷之。」是儒家的理想社會。關懷年少者，是動物的本能天性；關懷高齡者，是社會文明的高度表現。

首獎作者起筆，從白髮皤然的高齡者，「在街頭巷尾，以那佝僂且步履蹣跚的背影移動，亦在公園的角落，以空洞的雙眸注視著遠方……」，文章前段鋪陳，身處高齡社會的我們，正面臨「關懷高齡長者」的人生課題。中幅的部分：作者善用家人衝突的事件，凸顯爺爺安養照護的歧意與困難，並提出「關懷長者，並不是以自我看法為中心的單方面的付出，需家人間的交流與寬容，才能達到老有所終的願景。」顯露出作者細膩敏銳的觀察，與祖孫間深厚的孺慕之情。尾段的部分：作者運用密而不繁的意象，巧而不炫的描寫，刻畫高齡者恬淡的晚年，「讓關懷成為暖冬的太陽，綻放在最後的花期，也照亮長者生命中最後一段的旅程。」

「言之有物、言之有序」是本文得以拔得頭籌的主因。脈絡有層次，筆觸刻畫細膩，立意明確高遠，更是讓本文脫穎而出的關鍵。

我的成熟記事

光復高中國中部／**許茹棋**

題說：余秋雨〈東坡突圍〉：「成熟是一種明亮而不刺眼的光輝，一種圓潤而不膩耳的音響，一種不再需要對別人察言觀色的從容，一種停止向周圍申訴求告的大氣，一種不理會哄鬧的微笑，一種洗刷偏激的淡漠……。」以心理發展理論而言，「成熟」是指個體在生理、心理上以不同速度和形式發展，並經歷若干階段，達到完備狀態的過程。每一個階段都是下一個階段的預備，若每個階段都好好成長，慢慢成熟，下一階段就會比較穩當順利。在成長的歲月中，你有成熟的表現嗎？是思想上的成熟、感情上的成熟、還是心態上的成熟？請以「我的成熟記事」為題，分享自己成長中的經驗、體會與想法。

*

五歲時，賴皮的和長輩討糖吃，像森林的小精靈闖入不屬於童話的世界；七歲時，誓言要對抗這瘋狂的世界，懵懂無知的跌入千年舊夢；十歲時，和少男少女們顫抖夢的蟬翼，尋一個彩虹似的夢；現在的我荳蔻年華，不再像以前一樣開懷大笑，不再像以前一樣痛哭流涕，不再像以前一樣天真瀟灑，而是一種成熟的蛻變。

偶爾淺淺一笑，偶爾紅了雙眼，失了從前耍賴的個性，在海邊的盡頭聽著風越潮聲，在漫天星辰下和誰深情相望，在煙花燦爛時驀然回首，以一種成熟而端莊的心態去領略生活中個個事物的美好。

雨滴輕敲著不堪回首的回憶，弦月彈奏著悲歡離合的故事，微笑是他送我最後的禮物。一顆流星從高璨的夜空中隕落而下，眼神逐漸空洞，四肢逐漸無力，茫然之中失了言語，眼淚奪眶而出。他離開的那一天，把所有溫柔帶走，把所有的快樂和回憶都帶走，留下嘴角漾起的一抹微笑。也許誰都不可能和誰一輩子在一起，好好的珍惜身旁每一個愛你的人和你愛的人。經歷了生離死別，以一種成熟而執著的心態，去珍惜每一個相處的時光，每一份真摯的愛，每一次相擁的瞬間。

車水馬龍的城市，擁有不同的觥籌交錯，不同的聲色犬馬，而這熙來攘往的人海中，我相信總會出現一個人，讓你原諒這善變的世界，從前的我嚮往浪漫花海、唯美神話和那深情溫柔的情話，然而那些風花雪月的愛情往往只是曇花一現，留下的只有悲傷的眼淚，以一種成熟而淡漠的心態去看淡這些愛恨情仇。

心，像月亮牽引潮汐；像星光藏倔強，像霜花顯露成熟，在成長的路上難免會有挫折，但挫折能磨出成熟的光輝，面對遙遠的未來，我以成熟之名，綻放出無人能及的萬丈光芒和七彩琉璃的斑斕。

賞析

成熟是什麼？「成熟」是個體經歷若干事件，若干階段後，達到一個較好的狀態。以本題「我的成熟記事」而言，作者所「記」的「事」就很重要，而且該「事」和所體會的「理」——即題目的「成熟」要能相應。

本文從兒時的天真入題，細數自己的蛻變，繼而帶出情感上經歷的合與分，由分離當下直接感受到的：「珍惜每一個相處的時光，每一份真摯的愛，每一次的相擁」；再進一步思考後體會的：「以一種成熟而淡漠的心態去看淡這些愛恨情仇」；最後望向未來：「面對遙遠的未來，我以成熟之名，綻放出無人能及的萬丈光芒和七彩琉璃的斑斕。」——段意層層高起，掌握題旨且能進一步闡釋，並完整作結。

善用意象辭采美麗，體會深刻情感真摯，奪得首獎，實至名歸。

國中八年級組初賽第一名

窗外的風情

培英國中／蕭莞凝

題說：窗是建築物的框架，看似隔閡，其實卻能讓室內與室外交流，人們得以透過窗戶，觀察外面的世界。房子的窗戶讓我們能看到戶外的風景，匆匆行駛的車窗上卻常常映照出車內旅客的倦容。我們的心也像窗，若能敞開，讓溫暖的陽光灑落，必能感受他人的溫情與世界的美好。

生活中，你看到的窗外世界是何種風情呢？是否曾透過窗戶，看到季節遞嬗、繁華的街景人群？或曾在車窗上看到消逝後退的風景，如回憶的片段縮影？還是曾在打開心窗後轉變情緒、調整心情，重新正視人生？請以「窗外的風情」為題，寫下你的觀察、感受或想法。

＊

窗簾被一陣清風吹起，晨光便叮叮噹噹灑進來了，喚醒夢眠中的我，起身走向窗邊，揭開新的一天。

我喜歡透過窗，看外面的世界。看行人熙熙攘攘，看綠樹交錯在建築物間，都帶給我無限的遐思。或許是因為自幼沒有什麼朋友吧！同儕玩樂之時，我就坐在窗邊，看他們在陽光下盡情揮灑童年的側臉，而不自覺地，在作業本上描繪出他們耀眼的輪廓。

窗，好像一道透明的隔閡，分開我與這個世界。但也多虧了窗，讓內向怕生、不太與人社交的我，能以另一種方式探索這個世界。我想，從窗戶望出去的風情，一定比手機上的影片更加真實。因為所有的噪音、所有的吵鬧，上班族下班後的倦容、在回家路上大聲談論八卦的小學生，他們的不安，他們的興奮，都投射在表情上，透過玻璃，透過窗櫺，傳遞到我眼中。這座城市的窗子太多了，誰會知道、或介意玻璃的另一頭有人正在觀望呢？

不知不覺，窗成了我與世界接洽的管道。教室裡，我獨愛靠窗的那兩排，閒暇時，也常倚著客廳的落地窗，看看外面世界的人傑地靈、燈火通明。但偶爾，自己也成為走在窗外的人，是否也有人透過窗戶看見我，感嘆或許感動這個世界就是如此運作的。

我曾讀過一本書，書裡的小女孩雙腿無法行走，只能從公寓窗戶看下面既接近又遙不可及的世界。一個男人經過，看見坐在輪椅上的小女孩，低著頭彷彿在啜泣。男人問她為什麼哭？「因為從上往下看到的人都只有頭頂！我好想、好想看到一整個人，還有他們的臉……」於是，男人便躺到人行道上，讓小女孩可以看到一整個他。這本繪本最後，定格在女孩上揚的嘴角。

我相信，僅管隔著玻璃、隔著窗櫺，世間的人情冷暖，仍是可以傳遞的。就像我，以窗認識世界；就像繪本裡的小女孩，透過窗，仍能感受到溫暖的人情，而綻放笑容。

新的一天，我從窗望出去，行人熙熙攘攘，綠樹交錯在建築物間，而那扇窗，依然那麼有溫度，就像它讓我看見的，窗外的風情。

賞析

生活周遭，美無所不在，但現實生活的壓力接踵而至，卻讓人緊閉靈心慧眼，無法頓悟美感、觀照心靈、逐漸對世間情與愛失去感動！因此，窗便成為世界與心靈交流的管道，窗外的景致及窗外的人情，若能被細細觀察、用心體會，定能成為眼眸心上，一道道瑰麗的風情。

本文作者擅長融情於景，且手法巧妙。隨清風揭開窗簾，似銀鈴叮噹聲撒落的陽光，揭起全文的序幕。無論是錯落的街景或是熱鬧的人群，都能成為作者觀察的對象，除了生動的表情描摹，作者也細膩描寫窗外傳來的聲音，窗裡窗外相互呼應，形成趣味；作者在窗內觀察萬物，卻也不諱言，自己也成為窗外行色匆匆的路人，讓別人觀察，「我見青山」、「青山見我」的哲理躍然紙上。可貴的是，除了窗外風景細膩描摹外，那個讓自己躺臥在人行道上，只為讓窗內坐著輪椅的小女孩，看到一整個身型的男人，不也是窗外感人的風情嗎？「我以窗認識世界；就像小女孩，透過窗，感受溫暖人情。」作者巧妙的將窗外景致及人情綰合，讓讀者看到人間難得的真善美，也領略到文字的魅力與心靈的觸動。

生動的摹寫能力，如碧草上的芳菲、黑夜的星辰，能引人入勝，奪人目光。全文不論視覺、聽覺的摹寫，均十分用心，但更可貴的是作者以蘸滿情感的筆，細細勾勒對窗外風情的觀察與體會，也讓我們看到內心深處的愛與感動！

餐桌上的記憶

康橋國際學校國中部／呂勁廷

題說：劇集〈百味小廚神〉描述怕鬼卻擁有通靈眼的國小男孩，為了找回與阿公的記憶，必須學會做菜給眾鬼們吃，藉以找回與去世阿公連結的祖孫之愛，展開餐桌上的冒險旅程；徐國能〈第九味〉散文中描寫健樂園餐廳大廚曾先生經常把「喫是為己，穿是為人」掛在嘴邊當口頭禪；研究論文《味覺地圖上的漫遊者》也提到，一篇成功的飲食書寫除了記錄原料構成、佳餚製作，應是以食物為餌來垂釣記憶進而昇華到個人生命的體悟，帶來閱讀的興趣與感悟。

在你的日常生活中，出現在餐桌上的各種菜餚、湯品、點心等，是否曾經帶給你感動，進而化為記憶，成為一股溫暖的力量支持著你？請以「餐桌上的記憶」為題，分享你的經驗、感受與想法。

*

實現夢想要先累積新的人生體驗，也要經歷汗水奮鬥，更要付出恆心與毅力，唯有從失敗中破繭而出，才能撼動生命。白白厚實的饅頭躺在餐桌上的盤子，而這些是賣不掉拿來當下午茶，爸爸正在揉麵桌前揉擰麵糰。爸爸教我製做饅頭的記憶，將留存於餐桌。

蒸氣緩緩飛騰，麵粉靜默揮散，光影切面映照出我和爸爸一起經營的饅頭店，雖然我從小就認識饅頭，可我與饅頭能算相識嗎？面對既熟悉又陌生的饅頭，我有了新的夢想。

晨光灑落櫃臺後，從前我右手俐落擰張塑膠袋，再套入燙手饅頭，接著騰空左手撈出零錢找零，零錢叮噹聲響彷彿在核對金額，最後微笑送別客人，感謝他們在人生旅途中，駐足片刻。但現在我有了新的夢想，想真正認識饅頭。所以休店午後，我請教爸爸製作饅頭的真工夫，希望更熟識爸爸與製作饅頭的技藝。

爸爸拿起長勾拉下鐵門，領我走到揉麵桌，光影在雀躍的步伐裡忽明忽暗，我手指輕輕滑過喚醒味蕾的桌面，深吸一口粉塵裡的古早味，淡甜香氣在鼻內悠悠擴散。

爸爸擰下一塊半醒麵糰放在我面前，腦海中，努力將自己融入爸爸平日工作的身影，將麵糰攪成麵架，搓成長條，切塊，靜置木片，接著轉頭仰望爸爸，我們四目相對，爸爸一抹微笑，眼神裡充滿光影神祕。他再擰下另塊麵糰，這次大手疊加小手，手掌翻滾麵糰。一如蒸氣盤桓麵粉繚繞，我們共同搓揉，最後爸爸在新切塊上蓋紅印。

等待總會給人意外驚喜，屏氣凝神，微光在一側饅頭照出皺褶鬆垮，而我和爸爸一起做出來，蓋有紅印的另一側卻圓潤飽滿。

我眼珠淚光折射失敗的氣餒，但爸爸粗糙的溫柔大手再次圍繞我，解釋他的真工夫，原來在揉擰過程中，需時刻改變方向，斷開麵筋纖維，讓空氣均勻分布，這樣饅頭才會厚實甘甜。

換我再次嘗試爸爸的真工夫，雙手在木桌上加力，震出麵粉，白塵鑲在努力的汗水。果然，這次饅頭一如爸爸手底的樸實卻有勁，我實現了饅頭新夢。

即使鬆垮饅頭截斷去路，但我相信這是學習新事物的人生常態，面對新的體驗，要拚盡全力，不能放棄，而在夢想實現背後，我將不畏艱難，奮力前行。而爸爸的真工夫和饅頭的夢想將永存於餐桌上的記憶。

賞析

能夠端上餐桌的湯品、菜餚、點心，不僅色香味勾動著我們的味蕾，若能以這些食物垂釣出記憶，有深刻的生命體悟，有溫暖的親情流動，這樣的書寫有情有味，自然奪得評審青睞。

餐桌上白胖厚實的饅頭來自父親的好手藝，家中經營饅頭店，作者不以結帳為滿足，乃生發傳承父親好手藝為自己的夢想。父親親授揉麵、搓麵、醒麵、滾麵的功夫，作者亦步亦趨的學習模仿。親子互動的過程中，「光影在雀躍的步伐裡忽明忽滅」，「深吸一口粉塵裡的古早味，淡甜香氣在鼻內悠悠擴散」的描繪，以視覺、嗅覺的摹寫，浮現出一幅動靜有致的父子圖像。「我們四目相對，爸爸一抹微笑，眼神裡充滿光影神祕」彷彿時光靜止，親情卻悄然流動。並在失敗之後，領略父親成功之法，記取經驗，勉力突破。

本文情感飽滿，餐桌的記憶，是饅頭香甜的記憶，也是父子合作，手藝傳承的親情記憶。作者善於運用各種修辭，使文句意象鮮活；細節的描繪，讓情景更具畫面感。結構清晰，文采斐然，實為佳作。

國小高年級組初賽第一名

我有辦法和這樣的鄰居相處

曙光國小／張晏綺

題說：我們常說「遠親不如近鄰」這句話道出了鄰居的重要性。「敦親睦鄰」更是指出鄰居之間需要互相幫助，和睦相處，營造一個幸福和氣的居住環境。可是如果你的鄰居是噪音製造者，每晚將音響開得震天價響；或者呼朋引伴，在家引吭高歌，擾人清夢；或是放任寵物隨地便溺，門口放雜物還堆積垃圾甚至發出惡臭。面對這樣的鄰居，你該怎麼辦？你有什麼法寶可以跟這樣的鄰居相處呢？請以「我有辦法和這樣的鄰居相處」為題，分享你的方法、經驗及體會。

*

是夜了，秋蟬的鳴聲緩緩在寧靜的社區中迴盪，點點燈火一一在星空下閉上了眼睛，我倚靠著窗櫺，伸手準備將屬於自己的那座燈光關掉，放鬆自己疲憊已久的身軀，沒想到，這時吵鬧的流行音樂刺破了我的耳膜，嚇得我驚慌失措，但是時間已是深夜，我只好忍著刺耳的音樂一波波襲捲而來，渡過一個難眠的夜晚……。

日子一久，我原本還可以忍受，但當看到家裡的花園開滿垃圾，牆壁上也有遭到噴漆破壞的殘骸，或者鄰居家植物的長髮巧巧在我們家的陽臺留下枯枝，於是大家在家中討論起社區中的種種「災難」，決定要想辦法重新營造幸福和氣的居住環境，給社區全新的樣貌。

我們在清晨時動手打掃社區，貼上警告標語，連陽光也來為我們加油，製造一個風光明媚的天氣。我負責整理花圃和枯枝，讓它重新恢復傾國傾城的容貌，即使我感到疲倦，也仍然不停下手上的工作。我緊握著夾子，夾起一個個塑膠製品，將它們丟進垃圾桶。正當社區整理得一塵不染時，突然風雲色變，社區下起了傾盆大雨，松樹上的枯葉又飄了下來，使得社區在一瞬間內亂七八糟，我嚎啕大哭。這時那位鄰居走了出來，發現正在風雨中辛苦工作的我們，便帶我們到屋內休息。

暖氣四溢的客廳內，鄰居後悔的和我們道歉，沒想到自己一時的方便，造成社區內所有人的困擾。轉瞬間一週的時間過去了，社區內再度變得一塵不染，之後大家和諧的相處，開心的過了每一天。

是夜了，秋蟬的交響樂在社區中迴盪，點點燈火在星空下一一的閉上眼睛，我倚靠著窗櫺，想起這次與鄰居相處的回憶，經過這次的經驗我學到了許多事情，我將屬於自己的那個明燈熄滅，空氣中早已沒有刺耳的音樂，而是滿滿幸福的回憶，我閉上眼睛，進入了美好的夢鄉。

我有辦法和這樣的鄰居相處是因為我們知道用「愛」去包容，用「行動」去表達，用「和諧」當目標。

賞析

我有辦法和這樣的鄰居相處因為我們知道用「愛」去包容，用「行動」去表達，用「和諧」當目標。如此結論寫來溫馨又積極，柔軟中帶有改變的正向、敦親睦鄰的力量，真好。

作者以是夜秋蟬鳴作為寂靜深夜惡鄰吵雜噪音為包圍，帶出鄰居刺耳噪音難以入眠的首段。此文不採取投訴、警告、報警的消極作為，於次段家人討論後轉而以身作則主動化解清除災難。當他們動手打掃、貼出警語，反而影響了鄰居主動道歉、熱情邀約的善意回報，著實化忍耐為愛心、化抱怨為行動、轉化怒氣為和諧溝通，引發鄰居良知善念醒悟，是最佳敦親睦鄰的實踐。清理後的社區夜晚，秋蟬依舊鳴叫，沒有噪音反而是悅耳的交響樂及滿滿的幸福回憶，進入美好的夢鄉。末了，以理作結，為行動驗證，實為醒目。

筆中帶情，初有怒意後轉閒情，如大智慧家的包容理解與行動，善用聽覺，抓住想像、活潑畫面。首尾呼應，情理兼具，段落剪裁有致，實為高手之作。

國小中年級組初賽第一名

最有成就感的一份作業

竹科實中國小部／**賴郁庭**

題說：每天放學後，總有各式各樣的作業，等待我們去完成。無論是一篇假日週記、一幅寫生圖畫、一篇讀書心得，或是採訪家人的學習單等，不同的作業，總是考驗我們的耐性，及完成作業的能力，在努力完成這些作業後，總會帶給我們成就感甚至讓我們引以為傲。這當中，哪一份作業帶給你的成就感最大？這份作業需要完成什麼任務？你如何完成它？過程中你曾遇到什麼挑戰呢？完成後，你收穫了什麼？請以「最有成就感的一份作業」為題，分享你的經驗和心得。

＊

在自然課下課前一分鐘，自然老師出了一份作業——水生生物介紹，一聽到要做海報，我開心得快要跳了起來。

幾天前我們去香山溼地校外教學，大家都收穫滿滿，乾潮時，一望無際的泥巴地看起來沒有生物存在的痕跡，走近一點，地上有不同生物的家，有時還看得到螃蟹軍團從你的腳下走過呢；滿潮時，只看得到一波波的海水緩慢的朝你流過來，老師出的作業是要我們介紹一種在香山溼地生活的水生生物。

在八開的紙上盡情發揮創意、貼上照片、寫上文字、畫上精美的插圖，一份報告就快完成了。去上學時我都目不轉睛的寫這份報告，就連下課時我也忘記周圍的聲音，彷彿我跳進圖畫紙去旅行，一直出不來。想起截止日期，那就是明天，我加快速度，下午就把作業寫完了。隔天，自然老師收到所有人的報告，於是她慷慨的自掏腰包，請全班喝冬瓜茶。甜甜的冬瓜茶加上一份一百分的自然作業，加起來是最美好的滋味，也是我目前最有成就感的一份不能忘記的作業。

我把那份自然作業放進我的人生相簿中，讓我最有成就感的作業永遠留在我的心中，成為一段最有成就感的回憶。

賞析

自學習以來，作業便如影隨形地出現在學生的日常。多數成就感的作業，雖能展現投入過程與用心程度，少了點沉浸式的熱忱而「閱之無味」，若想展現引人入勝的「成就」，以如何完成作業的角度分享，便能帶領讀者品味學習的意趣。

首獎作品，先單刀直入，從期待作業展現學習熱情。接著便鎖定作業素材，與校外教學息息相關。作者介紹濕地景觀的敘述中，透過潮汐變化展現層次分明的觀察力，從乍看的不以為意到細瞧的驚喜發現，足見其赤子童真。完成作業過程中，作者從貼上、寫上、畫上的紙上功夫，到上學時與下課間的忘我投入，能感受完成作業的過程裡作者的享受之情。最後以老師一百分的點評與甜甜的冬瓜茶，綰合作者完成作業的滿意。作者善用感官記事，以視覺摹寫與味覺的疊加，喚出心中滿滿的成就。即便作業過程只是一時一刻，作者卻將它放進人生相簿中典藏，展現深刻體察之情，令人難忘。

面具與我

臺中一中／陳歆閔

題說：在這個快速變遷的時代，每個人每天或許都得切換各種身分，身為高中生的你，同時也為人子女，擔任班級或社團幹部，甚至是網路上的自由創作者或是評論人……。為因應不同的身分，我們往往會戴上不同的面具，以不同的面貌來示人。請想一想，在生活中你需要戴上哪些不同的面具來應對不同的身分或場合？變換不同面具對你而言是輕易或困難呢？這些面具對真實的自己是否有所影響？請以「面具與我」為題，結合自身的經歷，說明你的想法、感受與省思。

＊

先民敬畏天地的恆亙與無常，因而在歲寒臘月之際，戴起或哭號、或狂笑的儺偶，試圖用鬼神的臉譜對話蒼生；無獨有偶，日本的能文化中，那些青面獠牙、瞋目怒視的面孔，也成了凡人意欲扮演造物者的慰藉。古希臘的戲劇成就冠絕古今，彼時的演員也經常佩戴各式表情的面具，讓情緒彷彿也成了一種能裝卸的載體。前人對各式面具的各類嚮往，時至今日，我們都依舊踐行著偽裝的智慧，以及在掩體後反芻自我的歷程。

我曾對現代人的各種面具深有體會。那些和善而白淨的面孔，倘若未嘗不經意流露眼神裡的機心，那便是一張完美的面具；而那些肅殺或令人生畏的長相，偶爾耐心捕捉，也能一窺其雙瞳中難以覺察的徬徨無助。我想，我們從小都以為，生著大白臉的必是奸臣無誤、一臉紅得發黑便是錚錚鐵漢；殊不知，當戲劇與現實相撞，我們竟一時間不知誰才握著腳本，誰在賣力演出。面具，代表著人們渴望被記住的樣子，而至自己究竟是什麼樣子，多數時候我們也不願面對。

如果一張面具生而古怪，甚至離經叛道，那一定是他的主人在說：「請別知道我是誰。如果真想，那麼請記得我這個樣子。」看著周圍熙來攘往的面具，我們是應加入這場假面盛會，抑或摘掉防備自放天地？我想，與其苦惱苦尋所謂「真實的自己」，何不精心揀選一副鍾意的面具共襄盛舉？畢竟，在追尋真我的路途上，我們始終是在向著心目中理想的自己奔赴，成為那看似完美的我，與戴起面具何異？是以，我寧願他人不以外在的形象認識我（當人人都戴著面具），而是當彼此願意敞開心扉相識，因面具形成的隔閡，莫過於叫錯對方姓名。

我也曾在各種的身分切換間焦頭爛額，在同儕面前保持親切風趣，在師長面前舉止禮貌得體，在父母面前體貼懂事，在心儀的對象面前，竟又會不由自主地故作孤傲冷峻。這些面貌拼湊出了我的人格，只是，當夜闌人靜，沉默流淌，我無法回答我是誰這樣的問題。原來，面對人生的終極課題，人類從未摘下過面具。從篝火旁跳起的奇詭舞蹈，至今日一言一行中裹挾的所有目的與偽裝，都是在朝同一個問題不停試探：他人眼中、自己所感知到的此「我」，究竟何物？因為這樣真實的我不被眾人環視，不被拿著顯微鏡審度，我們才有餘裕聽從心的指引，更甚，與這樣流變的姿態共存。我於是不再迷惘，反而有更多心力去叩問，面具下的我的心聲。戴起面具，我真正擁有不受打擾的一方天地。

如果沒有面具，便不會讓凱瑟琳愛上魅影，楊過清癯的面容，也不會帶給郭襄無限的遐想。是面具，讓故事的真相被隱藏，當真正窺見面具下的身影後，故事也隨之完結，留下無限的譜寫與解讀。

賞析

曾有報導打趣的說：如果學生也算職業，那臺灣高中生堪稱最血汗的一群。上述雖是無害的玩笑，卻真切地唱出現今高中生們夾處於課業壓力、人際羅網、情感風暴、家庭議題……中的悲歌。高中生們一天的行程有如推出新輯的藝人，二十四小時不休息，即便不是二十四個比利，也必須在各種場域與角色中切換。「面具」是其相當有感的議題，藉此書寫也能後設的認知到：原來社會化帶來的不只成長、成熟與成績，還有必須隱藏自己，穿戴起大眾期待的意義。過程中難免迷惘、迷路與迷失，沒有暗礁哪有浪花。如何在染缸中保有自我又能與世界和諧流動，是所有人必修的共同科目，沒有一代人的青春是容易的。

若真有美文存在，本篇第一名的作品彷彿無瑕的雕刻藝品，從古今中外不同的面具文化切入，引經據典；而後滲透戲劇理論，以表演的角度詮釋人生面具；最後回扣一己，忖度自身所戴的各種面具，是如何映照與拼湊人格。現代人內心都因嚮往多重宇宙的不同版本而角力與掙扎著，是以，本篇可貴之處在於，寫作者能回歸自我，三省吾身，「因為這樣真實的我不被眾人環視，不被拿著顯微鏡審度，我們才有餘裕聽從心的指引。」一句是當代不可或缺的金玉良言與心靈良藥，提醒所有大人，即便戴上面具，都必須回應內在的黑暗面與偏執面。全文流暢、精準、嚴謹、深厚，筆跡更有如精緻印刷品，實為完美之作，無可匹敵，後生可畏。

臺中區

國中九年級組初賽第一名

明道中學國中部／毛彥琳

題說：請先閱讀以下資訊，並按題意要求完成一篇文章。

下列是「重度網路使用者最近六個月上網時從事較多活動的類型」：

文章整體內容應包含：

一、對於下列圖表顯示上網從事較多活動類型的統計，簡要說明你的理解是什麼？

二、將這樣的理解結合你的經驗或見聞，寫下感受或想法。

◎你對下列圖表的理解，可以是針對單一類型的解讀，例如：最多人上網看社群類型影片；也可以不同類型的比較，例如：多數人上網從事的是休閒相關的活動，從事學習活動的非常少；或者是其他的想法。

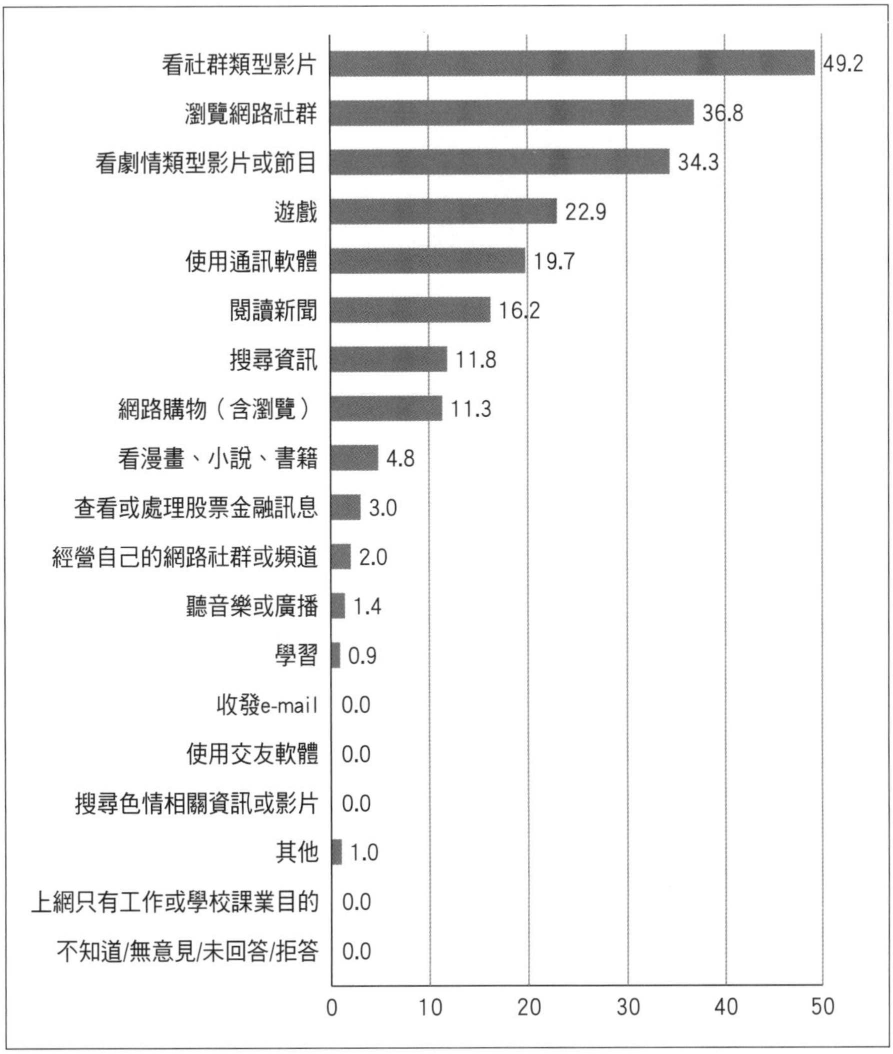

資料參考：國家發展委員會「110年網路沉迷研究調查報告」

*

藉由上述圖表可得知，將近五成之重度網路使用者在半年以來都看社群類型影片，接下來便是各類休閒項目：瀏覽社群、追劇、玩手遊等。身處於快節奏且充斥著網路的時代，我認為上網不單單是為了休閒娛樂，對於教育方面，也將會是一大進展。

從前的我對於科技和網路發展並無太大概念，僅僅認為是閱讀武俠小說、觀賞電影的最佳方式，輕便且能隨地使用，我也能經由玩線上遊戲和好友暢遊峽谷，建立深厚的情誼並培養精湛的團隊默契。直到疫情的到來，打亂了以往的節奏、也增加了我針對網路的認知——線上教學。

原來，網路能成為學習的助力！這個認知顛覆了我的想法，如雷貫耳般的擊中了我，使我茅塞頓開、醍醐灌頂，在此之後，我便下載了學習相關的程式，在通勤時間默默地戳戳手機螢幕，抓緊時間了解更多知識和意涵。

近期，聽聞來自瓜地馬拉的學者說道：「網路是能改善偏鄉教育較為難以跟進的一大助力。」我深表同感，利用網路，我能隨時學習新知、了解時事、甚至關注許多社會議題，這些是身為地球人十分重要的養分。另外，學者也列舉了一個能學習各國語言的應用程式。

那款應用程式也能學習各類艱深詞彙，不同以往的是，能讓親朋好友們齊聚一堂，研究語言學、各類文字的由來，更結合最近爆紅的AI科技，使用者能直接和機器人展開對話，探討生活大大小小的日常並轉換各國語言！

經由這些成為我學習小幫手的應用程式，我能利用零碎時間學習更多專業事物、領略更多的國際情勢，是能和好友們利用其特性談一場遠距離的「友」情，更能跟上潮流趨勢，和機器人對話，簡直是一舉數得！

網路無遠弗屆，填補了和好友疫情期間無法談天說地的遺憾，彌補了偏鄉學生較稀缺的資源，如此深通廣大的它叫人難以忘懷，我也將持續探索更多的可能性；開拓更大的網路版圖；進而培養出令眾人拍案叫絕的能力！

賞析

現代人上網的行為模式，可以說是學習最大的危機與轉機，上網可以打破時空限制，學習網路中的無盡寶藏。但不幸的是，多數人容易分心去看短影片，打小遊戲，遺忘了原來的學習任務。

本文能精確解讀圖表，梳理出國家發展委員會發布的一一〇年上網從事活動類型研究調查報告呈現的意義，立意取材方面，能依據題目的寫作任務要求，適切地統整、運用材料，首段即破題，寫出「將近五成六重度網路使用者在半年以來都看社群類型影片」，然而作者能看出此現象背面的轉機，即將網路運用在教育上。文字精準，並能進一步闡述說明以凸顯主旨，例如「經由玩線上遊戲和好友暢遊峽谷」，並將經驗遷徙到其他方面的學習，甚至徵引瓜地馬拉學者的說法，說明網路可以改善偏鄉的學習落差，有其國際觀。

作者也提及最火熱的AI科技，若是善用則可以圓滿學習的各種可能性。文章敘述能力頗佳，論點明晰且井井有條，並且能分析上網從事活動類型可能的發展性，篇幅雖不甚長，但可以看出論述全面，且具有未來性。

臺中區

國中八年級組初賽第一名

我看及時行樂

五權國中／王恩奇

題說：「及時行樂」是一種生活哲學，強調專注於追求當下的快樂和滿足感。「及時行樂」提醒我們生命短暫，幫助我們更珍惜當下生活，不浪費時間在追悔過去或擔憂未來；但是「及時行樂」也可能讓我們沉溺於享樂，放縱自我，長此以往，勢必會產生問題，例如放縱飲食而危害身體健康，沉迷網路而忽略現實生活等。請你結合生活中所見所聞的具體實例，以「我看及時行樂」為題，闡述你對及時行樂的看法與體會。

＊

人生苦短，享受才是真諦。

每當我看到那些沒有儲蓄觀念的外國人拿到錢後就快樂的把錢都花完，我總會想：「想把畢生所換來的財富交給下一代的東方人是否是正確的呢？」我依雙方的特性來比較優劣，請讓我發表我的淺見吧！

東方人，尤其是中國人，總會不斷的存錢，想讓下一代贏在起跑點，而當下一代步入社會，也會開始思考同樣的事，雖然看起來儲蓄可以增加後代的生存率，那為什麼有些人，甚至是世界級的大老板不會留過多的錢財讓他們的後代使用呢？我們來看看西方人的做法。

西方人，特別是美國，他們的想法較貼近及時行樂，而這種做法帶來什麼好處呢？你可能會說：「若沒有先行準備，當意外發生時不就會手足無措，不知如何是好？」這種說法不全然是錯的，雖然發生時會比有存錢的人困苦，但在處理意外的途中，是否又學到了不少的處世原則呢？社會是殘酷的，若你無法挺過種種危機，你將會被這個世界所淘汰，在天擇的過程中，脫穎而出的就是那些精英了。若無發生任何意外，在創業的過程中也會不斷遭受挫折，而家裡無存款可資助，也是一種外在動機：若不自己找出路，就只能過著窮困的生活了。

回過頭，再看看東方的陶淵明，他受不了官場的勾結而隱居山中，過著清閒卻又窮苦的日子，抱著「今朝有酒今朝醉」的心態，度過了他的一生。這看似是及時行樂最好的例子，但這位靖節先生卻餓死了他兩位孩子啊！

有個哲學家尼采說過人是通往超人的路（此處超人是指超脫世俗，勝過常人），這條路上要一直提問自己，了解自己內心的深處，若不經苦難何得成功，一路上的傷都是你的歷練，若你像美國人一樣，做到過火的及時行樂，你總有一天會被重創；若你像中國人一樣，將大半輩子所努力的都交給兒孫，你的人生會充滿壓力，那不如學學李白吧，他早早就想通了要自由就必須有資本，有了錢才能行樂，若連活著都有困難了，還談什麼享受，除非你已成為超人，看破世俗了吧。

我曾經也想學我的表哥，休學到美國「體悟人生」，但想想，我沒有那股勇氣，所以最後只好作罷，現在回想起來有點兒後悔，我的熱忱和勇氣都被制式的世界所消磨掉了，所以現在若有想做的事，我會立刻動身，俗話說：「不知是明天先到還是意外先到。」現在手腳還靈活時多看看世界，等老了之後，病痛纏身，搞不好連走動都有問題，現在看到的是永遠的回憶，錢可以再賺，但人生不能重來，珍惜現在，量力而為，「及時行樂」不也是一種未知的冒險嗎？

人生苦短，享受才是真諦。

賞析

「及時行樂」的思想，從古到今被人們傳誦，因為人生苦短，何不活在當下去秉燭夜遊？但「及時行樂」也有潛在風險，因為過度追求眼前的快樂，可能導致忽視未來的規劃或長遠的目標。這可能會導致日後追悔莫及。

本文的優點在於結構工穩，例如首段以「人生苦短，享受才是真諦。」破題，結尾又以同樣的句子前後呼應，主旨明確。此外，說理部分旁徵博引，用以論證所提論點，例以「今朝有酒今朝醉」之及時行樂心態，探討「及時行樂」的優缺點，很有說服力；又提到哲學家尼采「通往超人的路」，可說面向豐富多元，看法轉折多層，令人刮目相看。

作者在生活實例中，又以自己的表哥在美國貼近「及時行樂」的所作所為，提出反思，並簡述東西方價值觀的差異。全文緊扣題說，行文深刻，論理多元，篇幅豐贍，在這瞬息萬變的世代，面對「及時行樂」的思想，這是篇發文深省，論述多層次的好文章！

臺中區

國中七年級組初賽第一名

如果可以重來

豐陽國中／蔡岱霓

題說：生命是一條單行大道，事件的發展往往只能往單一方向前進，無論結果如何，都難以迴轉或改變。在生命這條單行道中，我們看待事情的角度、與他人周旋溝通的方式、面對事件的應對態度等，都取決於自己的選擇。倘若時間可以重來，面對同樣的一件事，我們是否能以不同的角度切入處理？用更為適切的方式與人溝通？或者能以更為成熟的態度應對？請以「如果可以重來」為題，寫一篇文章，先論述一件發生過的事情，再想像事件如果可以重來，你會做出什麼樣的選擇，並分享你的想法與感受。

*

練習柔道多年的我，也經歷了大大小小的比賽，時常看見其他選手只因為沒注意到一些細節，而錯失了勝利的機會，當然，我也一樣有發生過，但是，它卻在一場最重要的「全國賽」發生了……。當時的我信心滿滿，只因我的對手在我眼裡都不需要有全力以赴的心態，而就是因為我的自大，而讓我輸給一個以前被我贏過的對手。

還記得，我和他接手的那一刻，我就覺得不太妙，也許是因為我的大意，我竟然無法攻擊到他半點，他的力氣比之前大太多了，我在他的手下，也無法用力，全身像被他死死的抓著，而最令我緊張的是因為，那只是我的第一場，我只能利用阻擋，來彌補我無法攻擊的部分，當然，因為心理的壓力，加上身體不足以和對手硬碰硬，我最終還是在第一場，被贏過了。

一直到現在，已過了兩年，我認為，因為心態上的錯誤，我才會輸在他手上，因為無心的失手，而讓我錯失良機……如果可以有重來一次的機會，我一定會把自大的心態放下，認真對待每個對手；如果可以重來，我一定要把他贏過；如果可以重來，我會在賽後好好感謝他，讓我認清自身的不足，也讓我知道，每個人在進步的同時，而我卻因為不正的心態，在原地踏步。

我想回到那次比賽；我想再和他對摔一次，我想贏下那場比賽。現在想想，當時的自己真幼稚，怎麼會有那種無理的想法呢……不過那全都是我自己的做法，也只能怪自己，但後悔也來不及了，「輸」是不能重來的結局，但我對於心態的調整，卻是能時刻迴轉的。

重來是不可能的，但我知道，一旦有想過「重來」的人，心態是能時時調整的。經歷了那場比賽，我了解了，任何很想勝利的人，都有進步的機會；但如果覺得自己一定能勝利的人，往往只能看著自己漸漸退步。

我想重來，但早已來不及，我想改進，卻隨時可行。

賞析

人生是由大大小小的瑣事組合而成的故事，過程中的每一個選擇，都可能造就不同的結果，而這些選擇的起心動念，也影響著我們人格的建立會是端正或歪斜。能帶著正向的信念反省過去，幫助我們成為更加良善的人。

全文以柔道比賽的經過作為背景，敘述過往面對比賽時作者因為一時的大意，沒有謹慎應戰，而與獎項失之交臂。勝負的輸贏以及事後的愧疚感和遺憾，陪著作者一路成長，走到現在。如果可以重來，希望能以更為健康的方式面對各種挑戰，才能不愧對自己。

難能可貴的是，作者在最後甚至能突破題目的限制，了解到可以重新來過的真諦，其實在於每一次都踏實的努力，每一次都心安理得地面對挑戰、面對所愛、面對自己，如此，亦才算是把握了「再一次」的珍貴。

國小高年級組初賽第一名

黑暗中的那束光

后庄國小／**張呈語**

題說：生活中，不免有令人感到挫折、孤獨或徬徨的黑暗時刻，在那段掙扎的過程中，總會盼望著有那麼一束光，能為我們指引一條明確的方向，或是給予我們一些溫暖的關愛和幫助。這束光可能是一個人、一本書、一部電影、一句話，讓你在渺茫中看見方向、擁有信心，引領你走出不愉快的時刻。

想一想，曾經有哪一次的黑暗時刻令你感到印象深刻？而又是什麼人、事、物扮演著那束光，幫助你度過那次難關？請以「黑暗中的那束光」為題，寫出自己的經驗、感受或想法。

*

幼雛需經無數次的墜落失敗冶煉，才能化身蒼鷹展翅飛翔萬里晴空；新芽需迎颶風斜陽的試煉，乾涸洪水的滌洗，才得以化為參天大樹，矗立於大地。夏天的下午，天空被沾上了厚重的烏雲，空氣中瀰漫著悶熱，大樓裡的透明電梯，我喘著粗氣，雙腳不克制的發抖，冷汗劃過背部，希望電梯趕快停下。

豔陽照在遊樂園七彩斑爛的器材上，反射出刺眼的光芒。同學們拉著我，快步跑向一旁的雲霄飛車，我卻像一棵生了根的樹一般，動也不動地杵在原地，對罪惡的痛惡，對原則的困惑，如同鐵鍊枷鎖般，綑綁著我自由想飛的心。「我……我不敢玩……。」我吞吞吐吐的說，同學們不屑的啐了一聲「膽小鬼，那來玩幹嘛啊。」然後就逕自走掉。

無數的深邃和闃暗，迷失在往返正道的路上，想要放聲吶喊，卻好似被勒緊了頸，只能發出痛苦難聽的呻咽。空氣中流動的快樂彷彿在我身旁戛然而止，沉默夢魘的悲傷在遊樂園中顯得突兀。我低下頭，不甘心的眼淚從兩頰流下，緊握雙手，決心克服懼高症。

回家後，我跟爸爸說，我要去玩高空彈跳，爸爸一臉詫異的看著我，但還是帶我去了。到了場地後，我穿戴好安全裝備，站到橋邊，忽然，我雙腳一軟，呼吸變得急促，心臟也以極快的速度跳動。背後傳來爸爸低沉的噪音，「別怕，我陪你跳。」我滿腦子疑問，高空彈跳不是只能一個人跳嗎？突然背後一陣推力把我往橋下推去。

我被慣性丟了出去。起初，時間的流速彷彿變得無比緩慢。風壓中睜眼，眼前的風景飛快的往天上衝去，彷彿事物在高天之上都有立足點似的，只有自己被動力的鉤索拖行著前進。在最靠進河底的瞬間，又被背後的拉繩拉得騰空飛起，懼高症好像隨著高空彈跳落入河裡，被河水沖走了。突然背後聽到一聲喊叫：「你還怕高嗎？」逆著風，我往一旁大喊：「不怕了！」

蒼鷹迎風睥視大地，大樹矗立猶如亙古。朝陽升起，照亮了半個世界的黑暗，也同樣驅散心中的晦暗，迎來溫煦。即使身處穢地，只要我心澈洞明，我的信仰足以撼動人心！

賞析

在成長過程中所歷經的「黑暗」無非是課業壓力、人際互動或面對競賽的不安與挫折；而那束帶給人希望的「光芒」，往往是身邊最親近的家人、一句話或甚至一朵小花。「懼高症」是長久以來困擾本文作者的心魔，如同永夜一般襲捲著、阻礙著欲展翅高飛的心。

作者以幼雛的飛行試煉為寫作軸心，象徵著個人決心戰勝懼高症的意志，並藉由一次高空彈跳的經驗以及父親的陪伴與鼓勵，在高速飛躍的疾風之上，衝過了黑暗，迎向光明和那全新的自己。

本文的寫作技巧上，能在此學習階段運用文學意象於文章之中實屬難能可貴，且文字技巧運用成熟，情感起伏有層次，充分展露想要改變的堅決意志，更融入蒼鷹迎風飛翔、大樹矗立等壯闊畫面，由黑暗至朝陽升起之鋪陳下，種種意境皆賦予了主題嶄新的一面，值得肯定！

不能做的事

題說：從小開始，父母師長們總會對我們耳提面命，有哪些事情不能做。像是不能邊走邊玩，不能一直使用3C，或是不能沒有禮貌，不能傷害別人等。在許許多多「不能做的事」當中，你印象最深刻的是哪一件事？為什麼對這件事印象深刻呢？不能做這件事的原因是什麼？你是遵照父母師長的叮嚀，從來沒有去做這件事，還是曾違背叮嚀，做了這件不能做的事呢？請以「不能做的事」為題，寫出你的經驗、感受或想法。

僑信國小／李昌頤

＊

生活中有許多不能做的事，像：弟弟沒有辦法切菜，而我不能做的事情是——不能煮飯。

當時，我一直很想煮飯，不過父親和母親都不准我煮，都很怕我受傷，所以才不准我煮，可是我還是想，大哭大鬧的吵著，弄得爸爸、媽媽大發雷霆，父母親都憤怒的說：「等你長大再說吧！」聽到的那一刻，又傷心又生氣，氣得跑回房間，並反省自己做錯了什麼。

我回到了房間之後，先把自己的心情平靜下來，再想一想，我剛才做錯什麼？那時，我對父母大吼大叫，才會讓父母非常生氣，弄得大家心情都不快樂，我反省了一下，並且對父母道歉，然後又提起了那一件事，父母終於答應了，先教我切芭樂，一不小心，就切到了手，幸好有馬上擦藥，過了不久，就恢復了。

這件事告訴我一件事：父母對孩子的「不行」都是有原因，原因就是——對我們好，是因為父母都會想到可能會發生的意外，所以父親就會說「不能」。此外我們也要想到會發生的意外，因為父母是為我們的安全，我們也要不讓父母擔心，就是社會說的「百善孝為先」，要想到自身安全，不讓父母擔心，這件就是我不能做的事。

賞析

在亟欲成長的童年歲月裡，我們總氣憤於父母師長們所施加的諸多限制，而我們也彷彿存心作對一般，在禁令中反覆試探，試圖取得自己已然足夠成熟的證明，又在懵懂犯錯後，開始漸漸體會自己的所作所為，是否合適，又是否我們一開始便將自己站在對立面，不曉得以他人的角度思考。

作者所述的「不能煮飯」，是眾多想法中十分新穎的一項，不同於常見的不能玩3C產品、不能在走廊上奔跑，煮飯這樣的行徑出現在小學生活中，似乎像是個小大人般的存在，而作者所撰寫的思考成熟脈絡更值得深究，他會大吼大叫，也會氣悶的暗自療傷，但最令人激賞的，是他在每一次的衝突後，都會靜下心來思考，並一步步轉變，最終站上他人的立場思考，這種種階段性的成長，正是本篇文章能帶給人的最大收穫。

幸福無需比較

明道中學高中部／陳詠曦

題說：人類是一種社會性的動物，因此人們會產生與他人比較的心態，這可說是一種自然的天性。然而，如何看待比較之後的結果，就因人而異了！與際遇好的人相比，有人會為自身的不幸感到悲傷或沮喪，也有人會因欣羨對方而觸發自我前進的動力；與際遇差的人相比，有人會產生滿足感或優越感，也有人會對別人的不幸寄予深切的同情。法國思想家孟德斯鳩說：「倘若只想擁有幸福，這沒什麼難的；難的是我們往往期待比他人幸福。」你是否贊同孟德斯鳩的說法呢？你認為幸福需要比較還是無需比較呢？請以「幸福需要比較」或是「幸福無需比較」為題，寫下你的觀察、經歷與感受。

＊

彳亍於人生的迢迢長途，我們總是在追尋。尋花開斑斕，見鳥語花香；尋一抹笑意綻放於唇畔，盼汩汩暖流淌入心扉，卻時常在尋覓的途中坐困愁城，無語問天，崇仰更高遠的富足與悸動，喟怨己身遭逢的愁腸百結。其實所謂幸福並無需比較，走自己的時區，邁自己的步伐，唯有學會珍惜所有，忠於本心勇敢闖蕩，方能發現幸福的蓓蕾已在身旁，悄然綻放。

人生就如一場戲，每個人有不同劇本與際遇。有人自幼一帆風順直至終老，有人生於憂患而奮力拚搏，亦有一生禍福流轉的曲折故事。幸福建立於相對，本就無法具體量化與比較多寡，因此我們無需以自身經歷與他人對比。幸福之於上流富家，或許是豪奢名牌或金碧輝煌；之於底層小人物，是三餐溫飽與穩定家園；之於忙碌上班族是一場輪休的喘息；之於學子是一次金榜題名的滿意；而之於此刻流亡的烏俄與以巴難民，幸福僅是能夠保有性命。不同的課題與艱困，使我們擁有相對程度的滿足，不必欣羨他人抑或怨懟自身，在自己的故事裡走得踏實，努力追尋，幸福便如期而至。

曾經的我一心望著身邊人群，埋怨為何他們擁有那麼多；健全的雙親家庭、溫馨的避風港、無需時刻掛心的勝利人生。每日深陷比較的淵谷，卻怎麼也尋不出解答。一份全球幸福指數顯示不丹為世界第一，如此經濟不突出的小國裡，人們滿足渺小世界裡的所有，不媚外地享受簡單生活，清心寡慾而恬然自得。於是我轉而思索自身，不再一味執著外界；以自己為主角，才發現許多被慾望蒙蔽已久的微小幸福。興許上天本就不公，然而比較中絕無法尋出開啟快樂的人生解答，唯有忠於自身，在平凡的生活裡時刻留心，方能笑望幾抹靛紫嫣紅自貧瘠與荒漠中綻放。

幸福無法比較，無法期待比他人要完美，卻能在自身相對的際遇裡奮力追求，立志每一階段都有所突破，掙取更深層的滿足。檢視自我缺失，萌生改變念頭便勇敢去闖，與其坐等好運降生，不如在堅定的步伐與熾熱的眼光中放膽追求，如此縱使造化弄人，我們亦有開拓前路的勇氣，打造自己最滿意的人生故事。

滿載星輝一船，在星光斑斕中，我將在生命歷程中寫下精彩與永恆，以時間齒輪的轉動，尋覓最動人的幸福之曲。

賞析

本文選擇「幸福無需比較」之立場敘寫，首段即破題點出，幸福並非來自比較，而是學會珍惜，忠於初心，便能於「走自己的時區，邁自己的步伐」過程中，發現自己已身處幸福。

次段臚列各種身分的幸福，如上流富豪、底層小人物、上班族、學生，甚至延伸至戰火下的烏俄、以巴難民，說明幸福並無絕對的標準。接著作者描述曾經欣羨他人境遇而自怨自艾，然而在閱讀全球幸福指數排名第一的不丹報導後，開始試著領略簡單生活中的微小幸福。最後，鼓勵世人在既定的人生劇本中勇敢突破、放膽追求，打造屬於自身的幸福之歌。

全文從多樣角度切入主題，層次井然，詮釋透闢，措語細緻，字跡清麗。榮膺首選，當之無愧。

我看臺灣「吃到飽」文化

爽文國中／王蔚

題說：「吃到飽」文化在臺灣流行了幾十年，種類遍及火鍋、港式點心、美式餐點、日式燒烤等。對喜歡各式美食或是講究經濟實惠的人來說，「吃到飽」的飲食方式充滿吸引力，不僅能在短時間內遍嘗各種美味的食物，也能自由選擇自己想要的餐點，不必局限於某類料理。然而，近年開始有人思考「吃到飽」的飲食模式所帶來的種種效應：為了吃回本而刻意餓著肚子，到吃到飽餐廳再猛吃一頓，傷害了腸胃；餐廳準備過量的食材，以及顧客經常拿了太多卻吃不完的食物，在在都造成了浪費……。生活在臺灣的你，喜歡「吃到飽」這種飲食模式嗎？你對「吃到飽」文化有什麼意見或想法呢？請以「我看臺灣『吃到飽』文化」為題，說明自己的觀察及省思。

＊

遍布餐臺的料理、金碧輝煌的裝飾，餐桌上，擺滿了熱氣蒸騰的佳餚，是現烤出爐的披薩、一刀切下肉汁四溢的牛排，甚至五彩繽紛的糕點……吃到飽，已成了臺灣再普遍不過的餐廳選擇，商人藉著無限提供新鮮的菜餚，吸引不少喜愛品嚐美食的顧客。

自有印象以來，爸媽常帶著我去家附近的吃到飽，每當看到撒滿彩虹碎片的蛋糕、周圍擺放許多棉花糖的巧克力噴泉，年幼的我不顧危險，仍踮起腳尖一串接著一串，看見沾滿熱巧克力的棉花糖放進冰塊裡瞬間冰凍，不論是否吃得完，直到爸媽吃飽準備離開，我才肯停下手邊的玩樂，放下一盤不吃的棉花糖，卻意猶未盡。

直到年紀稍長，一聽到今晚要去吃到飽，便瘋了似的不吃不喝，甚至上網查了許多「如何吃回本」的攻略，一到餐廳直奔向店裡「最有價值」的食物，其實我並沒有特別愛吃那樣菜餚，只是為了不虧待爸媽賺的血汗錢，也不虧待白天節食挨餓的自己，喪失理智的拿取，毫無節制。

畢竟，人常說「使用者付費」，而我如今付了錢，便能理所當然的享受這臺灣流行的文化：無限次使用。

暑假，一次營隊完美落幕的慶功宴，受邀去鎮上小有名氣的吃到飽餐廳，剛帶完學員累得虛脫的大家，一進餐廳便開始瘋狂掃射，而我也毫不猶豫接連拿五、六盤，痛快地飽餐一頓，彌補夏日炎炎還四處奔波的自己。似乎是大夥吃得差不多，不知不覺玩起了「調製飲料」的遊戲，將火鍋湯、果汁、汽水、辣醬胡亂混合，猜拳輸了就要全部喝下，因為可以無限拿取，他們就更肆無忌憚的把玩，服務人員走過，那種無奈卻無能為力的嘆息，令身為旁觀者的我，陷入反思。

結束這場幼稚的遊戲，告別離開時，看見餐廳廚房的後門正清理客人吃剩的廚餘，一桶接著一桶，又回想起浪費食物的他們，還有過去的自己，一夕間，才發現「吃到飽」這個文化是否已經變了質？本是以提供多種料理讓顧客享受更多美食為初衷，怎麼變成了一場誰賺誰虧的賭局，還有殘忍浪費食物的理由？

品嚐美食，本是一件快樂而享受的事，來到吃到飽，不應是撐得上吐下瀉，或者桌上滿是剩菜的景象。臺灣的吃到飽文化，讓我看見把食物當成玩具的現象、顧客為了利益求小便宜的心態，更看見貪心的自己。並且使我明白了，這樣文化給人們的初衷。

珍惜食物、愛惜自己，不貪不搶、銘記初衷，讓這項美好而具有價值的饗宴，帶著道理永遠傳承下去。

賞析

作者從自身角度寫出對臺灣特殊「吃到飽」文化的細膩觀察，精彩生動地描寫各式美食，「餐桌上，擺滿了熱氣蒸騰的佳餚，是現烤出爐的披薩、一刀切下肉汁四溢的牛排，甚至五彩繽紛的糕點」。並將「吃到飽」餐廳如何吸引作者「看到撒滿彩虹碎片的蛋糕、周圍擺放許多棉花糖的巧克力噴泉，年幼的我不顧危險，仍踮起腳尖一串接著一串」寫得維妙維肖。

然而這樣美好的初衷，卻隨著年事漸長已然變質，一到「吃到飽」餐廳，便「喪失理智、毫無節制」拿取食物，只想到要如何「吃回本」。直到某次慶功宴時，看著同伴們肆無忌憚地玩起「調製飲料」的遊戲，糟蹋食物，不禁有所反思：品嚐美食本是享受的事，但若貪小便宜、不顧健康，便得不償失；甚而滿是剩菜、浪費食物，更是令人不齒。

文末呼籲「珍惜食物、愛惜自己」，讓「吃到飽」文化得能回歸初衷，繼續滿足顧客味蕾與心靈。

國中八年級組初賽第一名

幸好，我沒有錯過

普台中學國中部／**吳宛宸**

題說：你一定曾有過這樣的經驗：原本不想參加的旅遊行程，沒想到走訪後竟比想像中來得有趣；原本不敢報名的比賽，沒想到投入後竟然收穫滿滿；原本第一印象不佳的同學，沒想到接觸後竟成為知心朋友。生活中有許多和原本想像不同的人事物，必須實際參與、接觸之後，才能發現其中出乎意料的精彩，當你回頭看時，你會慶幸自己沒有錯過。

請你試著回想，生活中有什麼原本可能忽略或放棄，但幸好沒有錯過的經歷呢？請以「幸好，我沒有錯過」為題，分享你的經驗、收穫與感受。

*

榮耀秋菊，華茂春松，花開花謝，月升滄海，行於流光淌過的軌跡，我沒錯過天地的深情。隨著武陵漁人的步伐，於青春的桃花源中踽踽獨行，不論落英繽紛抑或是幽長甬道，細遊、漫走，一花一草、一石一磚，感謝每刻永恆，幸好，我沒錯過夢的相遇，則得雋永、悠長。

詩人泰戈爾：「若你因錯過太陽而流淚，那麼你也將錯過群星。」若當年文字與羽翼間的翱遊，我走進了安逸舒適圈，將錯於未來。猶記，薰風乍起，師長一句輕聲的詢問：「你要不要參加作文比賽？」伴著風、隨著光，進入了心扉。我點頭答應，從此開啟走火入魔般的訓練。夜裡，秉燭夜遊、翻越書海；夢裡，尋章摘句、苦思長想。日復一日，日升日落，月曆上紅圈布滿版面，我勤耕筆耘，更是苦練墨耘，在格格稿紙間不斷精進。當時，為的也不過是一份成績，卻深深影響了我的未來。

曙光乍現、暖陽煦照，本以為一切的努力能淹沒茫茫對手，卻先顛覆心靈的一葉扁舟。我名落孫山。夜半失眠、迷迷離離，床邊似長滿齊膝荒草，只見一身神色孤傷、青衫灰暗，我失落的心走進黑暗一隅，月光的照拂對我只是諷刺。眼眸雜灰沙，淚已乾，落然起身，偶然讀到林海音故事中一句：「硬著頭皮去闖，闖一闖就過了。」一語驚人。失落千噸重般的鎖鏈被我一破而解，尋尋覓覓，冷冷清清，淒淒慘慘，原來，成功是偶然的收穫，失敗是必然的關卡，等待自己找到出口。

人生海海、時光漫漫、潮起潮落、山腳山巔，我重新拾筆寫作，我手寫我心，讓文字飛越障礙。屏氣凝神，寫作從競賽轉為生活，寫的，不是冰冷的詞藻，而是如情的熱血、心的狂注，一種失敗後的撼動。如小說家史蒂芬・金：「寫作不是人生，有時它是一條重返人生的道路。」反反覆覆、字字句句，我逐漸找出自我的風格，成了興趣，滋養作家夢的種苗。此刻，站在自己曾經走過的道路，驀然回首，發掘那時失敗的苦酸滋味成為人生的禮物，也許當下未能領悟，但回過頭來路時，卻幸好自己沒有錯過。是的，雖青春如詩短，然夢想將如韻長。

若流風之迴雪、太陽升朝霞，相遇與面對，得以正視暴風的來臨，成就我與文字夢的雲彩交際。正如詩人余光中一句：「人生有許多事情，正如船後的波紋，總要過後才覺得美。」行過失落，我深深明白。我仍於桃花源中向前邁進，雖未完全抵達理想的對岸，但卻知惜曾走過的每一段路，尤其是那些失落和感傷。

對於過去的、曾經的，那幽長甬道的踽行艱難，造就未來一段落英繽紛的美境。幸好，我沒有錯過青春與文字夢的相遇，一種挫敗後的領悟，而得其韻浪漫、悠揚。正值琥珀般色澤的青春，我舞筆恣意放飛夢的燦爛，堅定、不悔。

賞析

全文以「寫作」作為「幸好，沒有錯過」的生命經歷。從一開始外在師長的鼓勵，到發自內心的熱愛創作；從初初為了得獎而創作，到讓創作真正走入生命之中，皆能看出作者在這段旅程中的成長。

將創作世界喻為「桃花源」，而個人在途中探索、追尋、失落、獲得，卻未曾棄守前進的可能。即使過程有失落或感傷，仍舊未曾放棄，並在其中盡力修正並成長，緊扣「幸好，我沒有錯過」的主旨。

全文順手拈來的精鍊文句、譬喻等修辭技巧，創作功力並不一般。而各段落更引用了名言佳句鋪墊，並層層堆疊出思維的深度：從遇到挫敗時「闖一闖就過了」，到「寫作不是人生，有時它是一條重返人生的道路」，最末體悟人生如船後波紋，過後才覺得美。漂亮地將創作與人生的成長境界巧妙綰合。文采與思想深度並茂，實屬佳作。

綠色生活從我做起

南崗國中／王語芊

題說：「綠色生活」是指在日常生活中，將環保意識貫徹到每一個生活細節，綠色飲食、綠色消費、綠色建築等，都是屬於「綠色生活」的例子。目前有許多國家及企業都制定出環保與永續的相關發展目標，也有越來越多的民眾響應綠色生活理念，在日常生活中為愛護地球貢獻一己之力。

二〇二三年，臺灣已有三十二間無包裝商店，這些商店販售商品時不提供包裝或提供極簡包裝，以減少塑膠垃圾，盡可能降低對環境的破壞，讓生活更環保和永續。身為地球的一分子，我們在生活中應如何實踐環保、打造綠色生活呢？請以「綠色生活從我做起」為題，分享你的經驗、做法與體悟。

*

清晨，曙光篩過葉片，灑了一把的溫暖。我倚身窗櫺，窗外撲來陣陣由青草、花朵釀造的天然香氛。然而這和平的時光持續不到多久，俄頃，我跌落到另一個世界……。

一切都和以往相同，身旁的擺設絲毫不見改變，只是原來輕撲而來的香氣，瞬時化為足以「沉魚落雁」的臭氣，使人不能自已；窗外祥和的景色更化身巨大怪獸向我撲來。這世界究竟怎麼了？

近年來雖環保意識高漲、政府積極推動綠色生活，然而我卻發現大家都是思想的巨人，行動的侏儒，無數具建設性的話語總化為灰炭，只剩一片虛無。

由最基本的塑膠袋說起，政府縱然發動一元一個塑膠袋的攻勢，可許多產品的過度包裝還是無法解決；縱使推動隨手關燈，但因沒有強制規定而效果不彰；即便要求垃圾分類，在教育不普及的鄉下地區，根本毫無約束力——上了年紀的老年人根本不會分。更糟糕的，是那些貪圖方便的年輕人，他們識字，但不願看；他們好手好腳，卻不願多走幾步，將垃圾分類，丟進垃圾桶。因此，這些政策可說是非常失敗。

不過，我在這一片黑暗中看見了一道令人感動的光芒——一位位買菜的家庭主婦，手持拯救地球的武器——環保袋，仔細挑選著煮晚餐的食材；近年興起的無包裝商店，販售時不提供包裝，以減少塑膠垃圾；上完廁所的女孩，主動按下光源的開關，用小小的舉動為地球貢獻一己之力。種種行為，阻止了可怕怪獸的襲擊，世界又恢復了往日的寧靜。

但，事情沒有結束。

假如我們繼續置之不理，事情又會捲土重來。

並且，以更激烈、火暴的行動向我們報復。

因此，我拾起掉落的環保袋，隨手關掉電源，用最怡然而自得的姿態，為這世界，奉獻這渺小卻又彌足珍貴的力量。

賞析

「環保」是人類生存的永恆課題，然而當環境安穩、經濟利益、慾望同置於天秤，孰輕孰重？答案在世人心中似乎撲朔迷離。

文中作者先書寫景致的美好，而情勢急轉直下，點出環境遭受汙染的險惡，再提出撼動人心的沉重叩問。並善用對比，一句「思想上的巨人，行動上的侏儒」極顯張力。層層推進，以銳利寫實的筆法點出眼中所觀察到的弊病——眾人對於環保的無知與漠視。

在絕境中，作者仍從中汲取希微的溫暖，細膩描寫少數人貫徹綠色生活的作為，小至隨手關燈、攜帶環保袋等都予以肯定，結尾並非以純然正向的角度收束，而是以簡要段落鋪排，警告與呼籲並行提點眾人。自作者從容自在姿態中，可見已然將環保意識與生活緊密結合。全文語句精巧、結構縝密，可謂佳作。

國小高年級組初賽第一名

再次拜訪

埔里國小／吳宛軒

題說：我們常有機會重複拜訪某地或是某人，也許是與家人重遊某個國家、城市或觀光景點等，也許是回到幼兒園拜訪以前的老師，也許是再次拜訪住在遠地的親戚……。知名詩人徐志摩初次到英國康橋留學，心中滿是新奇與興奮；後來時隔多年再次拜訪康橋，因為年紀與閱歷的增長，加上拜訪的目的不同於前次，所以心境上也有所轉變。

你曾經多次拜訪過什麼地方或什麼人呢？每次拜訪的原因與看到的人、事、物是否相似？再次拜訪時，內心的感受是否和以往不同？請以「再次拜訪」為題，寫出你的經驗與感受。

*

推開沉重的門扉，一縷斜陽的金光如我身上的披巾，踏著蹣跚的步伐，仰頭的剎那，玻璃窗被夕陽餘暉染上一層緋紅的色彩，我頭頂上空景，好似水彩盤翻倒的一片橘，別有一種獨特的美。

童年髣髴逝者，如斯般離我而去，那深切的回憶又是像鏤刻的銘印般永不忘懷。蒲公英曾與母共度的那片茵草，縱使成長奔波，仍有一絲回顧之情；橡果落至肥沃土壤，渴望再次回到參天大樹的肩膀，是否能夠乘著一葉扁舟再次拜訪那令人無法忘卻的地方？小時候總是跟著外公的腳步，造訪那他不能背棄的植物園，芬芳清香縈繞身旁，常悉心眷顧含苞綻放的蓓蕾，在夏雨氛圍之下，為花朵許下對眾芳競妍的期待，伴花走過凋謝的最後一程。可如今，卻是靜看風殘燭年的外公和花朵齊凋零，心田的寂寥再次襲捲身靈，隨著霏霏細雨而如洪水傾瀉而下的，是我說不盡的淚珠以及感傷。我，會再次拜訪這裡嗎？

兒時曾有位自小與我進園玩的男孩，我們倆總看著外公的背影捉弄他，外公戲稱所謂搗蛋鬼，早已因為長大而不再聯絡。偶然，在外公鍾愛老宅書房中，發現了男孩的日記，上頭已經積滿塵灰，我克制不住衝動：翻閱書頁，我驚訝，內頁滿是對植物園的憧憬，原來，他也同樣期盼時間的倒轉，小時候的種種思念，湧上心頭，最後一頁的插畫，雖畫技並不優秀，可是那三人哄堂大笑的面容，我的心被軟化了，我也……同樣希望，我必須付諸行動，我童年的初衷身在何處？現在，我正迫切需要：前往屋外植物園，再次拜訪園內的撲香，小池塘清靜白瓣、黃色花蕾的孤香……。

我起身，奮不顧身，站在那古銅色的門板前。

轉動那生鏽的把手，一個身影佇立眼簾，熟悉不過的、衷心思念的植物園與男孩同時間轉頭，不知是笑容先起跑，還是眼中的汪洋？再次拜訪植物園，我發現了原來男孩早就數次來訪，每次轉動把手，又是心想我的到來或外公的影子，我該是歉意，植物園仍是舊日的那股香韻，幸男孩的整理，我見一旁那張外公專屬的樹幹枝枒上，從前外公的扶手椅，現是鳥巢，藍色的知更鳥蛋破裂，小鳥寶寶低啼，迎接我再次造訪。

鐘聲結束的每個下午，牽著落日的纖細手臂拜訪植物園，男孩決心照顧這裡的一切，我也一樣，相信外公的植物園不久後，可愛的知更鳥寶寶不再牙牙學語，承載我們的願望翱翔，點燃植物園的生意盎然，永遠不凋零。

賞析

以小說式的行文推動故事情節，其中連綴作者「再次拜訪」的心緒意識，形塑出迷人的氛圍。

作者書寫童年所見的植物園，以花草繽紛、與童年玩伴嬉鬧、年輕力壯的外公等圖像，勾勒出記憶中美好的樂園；對比「再次拜訪」時，花朵凋謝、破裂的鳥蛋、風燭殘年的外公，寫的都是生命中的失去。所幸，唯一不變的是，童年的玩伴與作者一樣，心繫著植物園，也願意一起守護這塊地方。透過文字，表達出人生際遇中必然會發生的哀愁，但同時也傳遞出正面溫暖的能量。

文章的亮點在於，作者深刻地捕捉「再次拜訪」當下，一種「近鄉情更怯」的幽微心靈，在生動的敘事間，體現細膩情思。

南投區

國小中年級組初賽第一名

一次練習的經驗

南光國小／**梁琦葳**

題說：每個人在成長的過程中，或多或少都會有為了某事而反覆練習的經驗。例如：為了學好數學，反覆背誦九九乘法；為了參加繪畫比賽，反覆練習如何勾勒線條；為了大隊接力比賽，反覆練習交接棒的技巧。透過練習，可以改進不足之處，慢慢掌握訣竅，逐漸累積自我的經驗與實力。

小朋友，你曾經為了什麼事情反覆練習呢？練習的過程中，可能有許多辛苦的地方，是什麼原因使你堅持下去呢？請你以「一次練習的經驗」為題，分享你為某事反覆練習的經驗，以及你的感想或收穫。

*

在夏日的某天，老師突然建議我參加「朗讀比賽」，當時才二年級的我卻和老師報名了，但當時我心想：「朗讀比賽應該只是讀一篇簡單的文章而已。」不過後來我發現是多麼的愚不可及。

練習時，我不斷的唸，一直唸，但令人沒想到的是「我用錯方法」，老師提醒我要把文字在腦海中浮現畫面，唸出情感，要理解文章內容，讓觀眾能體會到這篇文章的意義，最重要的就是語調，難過時，唸起來要比較緩慢，興奮時，要比較快。當天晚上我回家馬上改進，把老師告訴我的小訣竅加到文章裡面，此時，我的文章瞬間變得栩栩如生，老師提醒我的重點真是最好的「心靈雞湯」。

距離朗讀比賽只剩一週，我依然持續練習，在這短短的一個月內，我察覺到了我朗讀的能力更上了一層樓，其實我遇到了許多困難，有時會一直反覆唸就哭了，有時會唸起來不通順，有時會因為唸太快，而忘詞，為了克服這些艱難的問題，所以我總是告訴自己：「熟能生巧，都答應老師了一定要堅持到最後一刻。」

比賽當天，我的心跳簡直就要跳了出來，不過我相信只要有練習，一定會有好成果，而我依然還是把老師的話記在心裡，為了不要辜負我的努力，所以必定要堅持下去。

賞析

作者以一次參加朗讀比賽的經驗為主軸，寫出練習過程中所遭遇到的種種困境。情緒轉換的不熟練、文句朗誦的不通順，以及日復一日反覆練習的苦悶感，甚至也曾因此流淚。

文中也敘寫在練習的過程中，自己並非單打獨鬥，還有身旁老師相伴，在老師殷切的指導與叮嚀之下，自己不斷改進與調整。最終感受到練習過程中，一點一滴的成長與蛻變，字裡行間能夠清晰描繪練習時的情景與心情。

最後，透過自我反思，體認到「熟能生巧」、「堅持到底」的道理。作者能夠扣緊「練習」的經驗，了解到過程更勝於結果，體現出即使面對困難仍勇敢向前的生命態度。

高中職組初賽第一名

斗六高中／陳俞蓁

題說：請先閱讀以下資訊，並按題意要求完成一篇文章。

下列是一〇〇～一一一年雲林縣公立圖書館，每年借閱人次統計：

文章整體內容應包含：

一、對於下列圖表顯示的資訊，簡要說明你的理解是什麼？

二、將這樣的理解結合你的經驗或見聞，寫下感受與建議。

◎你對下列圖表的理解，可以是針對某個年度的解讀，例如：一〇〇年的借閱人次最低，可能與疫情封控有關；也可以是綜合比較，例如：一〇九～一一〇年借閱人次減少，但一一一年有回彈的跡象，顯示人們已逐漸回復疫前的借閱模式；或者是其他的想法。

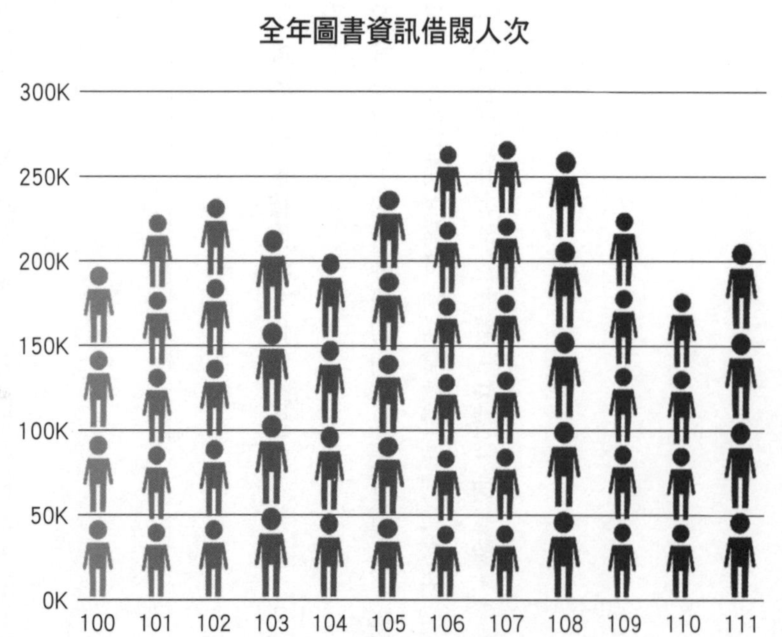

年底別	全年圖書資訊借閱人次
100	202,755
101	233,786
102	241,585
103	224,244
104	210,941
105	246,926
106	275,341
107	278,464
108	271,036
109	235,649
110	187,581
111	215,547

資料參考：公共圖書館統計系統（雲林縣公共圖書館概況）

*

在雲林縣一〇〇年至一一一年，公立圖書館每年借閱人次統計資料中，可發現人數比例呈現規則的波浪狀，且在一一〇年中，人數最為低落，而在一〇七年時，人數最為高昂。

在一〇七年時，人數為近十二年來之最，有可能是欲為即將迎來的「一〇八課綱」做準備，然而一〇八課綱最為重視的核心觀念為「閱讀素養」，因此喚起了人民對於「閱讀」的重視，更對於「圖書館」擁有更深層的依賴。

猶記得國小高年級時，新課綱將上路，班導師為使我們升國中銜接新課綱，不會感到茫然無助，或對於題目的「文字海」感到畏懼，老師為全班辦理了「借閱圖書證」，企盼我們得以利用空閒時間，到圖書館借閱書籍，並以閱讀學習單的方式，了解書中精華及內涵。因此在一〇七年時，全縣的借書人數達到巔峰，極有可能為人民為儲備一〇八課綱之實力所達成。

然而在一〇九年至一一〇年期間，借書人次急遽下降，可能因新冠疫情逐漸嚴峻，人與人間總避免過多接觸，增加染疫風險，也漸少了外出機會。綜觀以上兩點，正為實體借書的致命傷，將公共圖書借回家，使人民有「是否會引病毒回家？」的疑慮；也因為政府發布了「三級警戒」，使人民不敢恣意外出。形成借閱人數大幅減少的趨勢。

從小便有兩週一次和母親至圖書館以書香洗滌心靈的我，在疫情期間斷了「例行公事」，沒有新內容可閱讀，誠如彼時遭病毒所囚的生活，日復一日，沒有生機，沒有樂趣。面對眼前一堂又一堂的線上課程，總盼望，能否也能線上閱讀？讓我喜愛的張曼娟、余光中、徐志摩，成為我線上課程的老師。

近日處理學習歷程檔案，老師提供我們許多「線上借書」的資源，或許是一場疫情，使傳統的紙本書籍和科技有了時代新產物，許多公立圖書館網路皆提供了線上閱讀的服務，不再受外在大環境影響，人民皆能擁有閱讀好書的機會。一〇八新課綱，閱讀素養起飛的世代來臨，人民皆有更多對於「閱讀」的需求，以及對「圖書館」的依賴。當科技和傳統書本結合，出現便利的時代新產物——電子書，會使借閱人數，穩定地處於高峰，歷久不衰。

賞析

「疫情」、「防疫」等相關題材在大疫燎原的這三年已是被用罄、過載的作文命題，本屆雲林縣初賽的題目雖然是以近十年公立圖書館的借閱情形變化考驗寫手的分析與判斷能力，但仍脫離不了疫情的影響，以致許多選手僅能看到防疫帶來的借閱人次改變，無法綜整與跳脫框架，流於直觀直敘，相當可惜。是以，入選佳作以上的作品，都能盤整近十年的借閱情形，分析趨勢、綜觀巨觀、以小見大，方能有理有據的說明何以變化如斯，而非空洞腦補。

第一名的作品最能掌握時代脈動，先就大方向說明變化情況，進而分析從課綱的準備到正式上路的過程，是如何藉由「閱讀素養」來影響借閱風氣，接著才提及疫情的影響、電子書的崛起等。最可貴之處在於，寫作者能回扣自身的閱讀習慣，反思線上閱讀的可能，突破框架的思維，站在巨人的肩膀，高瞻遠矚，疫情或許不是劫難而是轉機。文章一氣呵成，又能不流於政令說教，真切地以高中生的視角與立場說明何謂「素養」。緊扣世代議題，又是第一線的實踐者，藉此梳理自己的學習歷程，寫作也是自主學習，實屬不易，堪為上乘。

國中九年級組初賽第一名

東南國中／周睿栩

題說：請先閱讀以下資訊，並按題意要求完成一篇文章。

下列是一一一年交通部觀光局統計的「雲林縣主要觀光遊憩區的遊客人次概況」：

文章整體內容應包含：

一、對於下列圖表顯示的觀光遊憩區遊客比例，簡要說明你的理解是什麼？

二、將這樣的理解結合你的經驗或見聞，寫下感受或想法。

◎你對下列圖表的理解，可以是針對某一觀光遊憩區遊客比例的解讀，例如：草嶺風景區仍有人喜愛，因為滿足了人們走入山林，享受大自然的期待；也可以是綜合比較，例如：和刺激的遊樂園相比，更多人喜歡到廟宇祈求心靈的安定；或者是其他的想法。

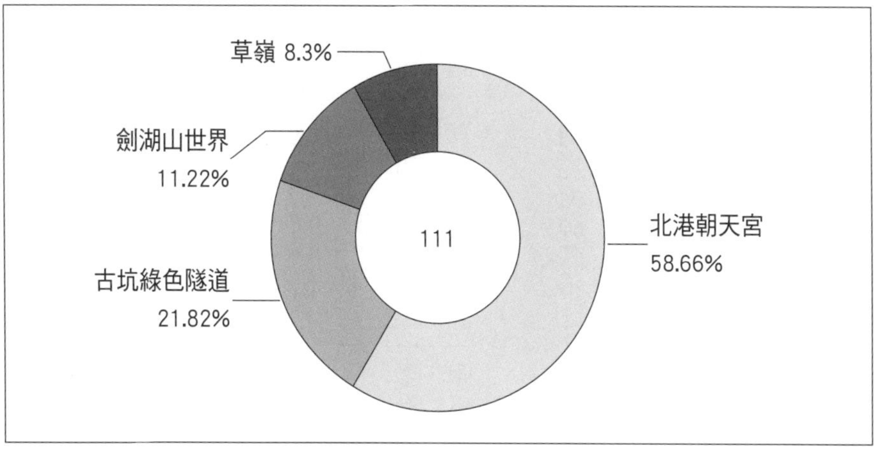

資料參考：雲林縣統計視覺化查詢專區

＊

斗轉星移，當今成了科技卓越發展的現代文明；車水馬龍，舊往的淳樸民生社會已不再——恆古不變的是百姓為求身心靈的調適，切換環境，任憑步足於不同光景下，覓得的「新鮮感」。

世間的紛擾喧囂，聚集於一畝孩童的樂園：「劍湖山世界」。社會的腳步迅速而推著青少年長大成人，時光荏苒，有多少人為了工作，迫於現實的放棄遠大夢想？來匆匆去也匆匆的雲霄飛車、緩緩運轉上升雲端的摩天輪、堆滿粉紅泡泡的旋轉木馬，這些是多少稚嫩幼兒的理想天地？其實不然，「劍湖山世界」的受眾廣布——我曾見過手牽手許下甜蜜承諾的情侶選擇在此舉辦婚禮，讓歡樂的氣氛去妝點牛郎織女的感動；我也曾看到近乎耳順之年的伯伯隻身到此，盯著櫥窗上的玻璃娃娃，耳畔不時有兒歌童謠的旋律伴著嬉鬧聲，瞥見他的上揚嘴角，我想他拾回了最純粹的快樂。遊樂園不僅是親子出遊的首選，更是尋獲赤子之心的童話世界，這也是它能歷久彌新的緣由。

當王子變回青蛙，當馬車變回南瓜，夢幻的玻璃鞋從不存在，現實世界仍充滿自然之母鬼斧神工的偉大傑作：「草嶺」、「古坑綠色隧道」，以及藉由宗教力量改變命運的：「北港朝天宮」。好鳥枝頭亦朋友，落花水面皆文章，四季嬗遞成就春、夏、秋、冬迥然不同的面貌。萬巒層次的「草嶺」蘊育萬靈生機，其中的「峭壁雄峰」更是令人嘆為觀止，撲鼻的桂花香氣總令我陶醉不已；橫枝交錯的天然陰涼處、綠色植物茂盛的祕密花園，「古坑綠色隧道」還有著人情味，親切招待的老板攤販、熱情交友的當地人群，讓更多的外國遊客倍感溫馨——我想，真正的「桃花源」應不只景緻雅麗，更有蓬勃生機等待綻放及濃厚且動人的「家鄉味」。

天有不測風雲，人有旦夕禍福：「北港朝天宮」是最安定人心的遊憩區。自古以來流傳的怪力神談不計其數，臺灣的廟宇更是隨處可見，這不豈是種追求穩重生活的證明？我沒有任何的宗教信仰，更不信空有的虛傳空談——但當我拜訪「北港朝天宮」，卻被精雕細琢的雕欄玉砌吸引目光、更被傳教的僧侶信服，不得不承認我也有了「歸屬感」。

雲林，被喻為「文化沙漠」，但土生土長的我從不自卑，我清楚這是屬於我們的一片天地，不論是「劍湖山世界」、「草嶺」、「古坑綠色隧道」、「北港朝天宮」，都是我最驕傲的「家鄉遊憩處」。

賞析

本文能精確解讀圖表，梳理出一一一年雲林縣風景區的遊客比例，統計呈現的意義，呈現出雲林有山有水、有宮廟文化、有主題樂園的豐沛觀光資源特色。立意取材方面，能完成題目的寫作任務要求，適切地統整、運用材料，能深刻描述各區特色，文字溫暖且幽默。作品中能進一步闡述說明以凸顯主旨。敘述能力頗佳，論點明晰且井井有條，尤其最後聚焦北港朝天宮的心靈歸屬感，層次更高，言之有物，殊為難得。

作者首段以「百姓身心靈的調適」為伏筆，二、三段採總說、分說、總說之論述方式，第四段之「心靈歸屬感」可以呼應首段，末段再擴及所有景點，回扣二、三段，甚為精妙，境界高遠，是篇立意取材豐富、段落結構穩當、文字運用嫻熟，各方面皆屬上乘的優異作品。

國中八年級組初賽第一名

不被淘汰的力量

協同中學國中部／**蘇子俞**

題說：在這個被AI浪潮席捲的時代，有許多職業在未來可能會被取代，所以如何讓自己保有競爭力，在世界占有一席之地而不被淘汰，是我們每個人都必須思考的問題。所謂「花若盛開，蝴蝶自來。」假如一個人能專注在自身的成長，累積自己的實力，讓自己具備高超的本領，如此一來，美好的人事物自然會來到我們的身邊，也就不需要擔心被忽略、被淘汰。對於還是學生的你而言，你認為不被淘汰的力量是什麼呢？你會如何培養這種力量呢？請以「不被淘汰的力量」為題，結合自己的生活經驗，表達你的見解與體會。

*

近年來科技日新月異，網路更是無遠弗界，在生活中更是經常能看見許多AI機器人取代人力的行業。而對於新世代的我們來說，除了面對同儕之間的競爭外，還要面對人工智能的興起，我們應該如何培養自己不輕易被淘汰的能力是值得我們反覆思考的問題。

第一，我認為要培養創新的力量。在現今的社會中，一成不變的工作是最容易被AI所取代的，我們身為人類，能在物競天擇的世界中站到金字塔的頂端，所依靠的無非就是我們靈活的大腦。所以，在生活中就要不斷的接收新的知識，並且學習新的能力，不斷進步。例如去觀看一些成功人士的演講，思考他們成功的方式及他們異於常人的能力，藉由向高知的人「取經」來獲得創新的能力。

第二，培養獨立思考的力量。至今，AI智能的能力依然是透過數據分析、人類教授所獲取，而獨立思考不僅能讓我們提高自己的價值，不輕易被取代外，更能讓我們的思維及能力變得更加成熟。因此，在生活中遇到困難挫折以及疑惑時，不要立馬求助於人，先自己思考解決辦法並嘗試，透過經驗的累積不斷成長，擁有獨立思考的能力。

第三，培養不斷學習的力量。「不斷地學習」這幾個字似乎是一件每個人都做的到的事，但是在生活中，有許多人在學習到一定水平後便會停止學習，自然而然的以為自己已經學會了天底下所有的道理，然而就連雜誌、課本每年每月都會有新的版本，更何況每天都會有新的知識。因此我認為，不斷學習是如同呼吸、吃飯般重要且不可間斷的事，更是人一生中不可停止的事業。

古人云：「花若盛開，蝴蝶自來。」真正有能力的人是不會害怕被取代的。正是透過累積自己的能力、經驗才能擁有如此的能力及自信。因此我認為創新、獨立思考及不斷學習就是，不被淘汰的力量。

賞析

AI時代如大浪襲來，如何不被數位科技淘汰？成為這個時代的重大課題。綜觀所有作品，普遍的問題在於：提出的方法，實在不夠多元，且不甚具體。大多數的同學可以寫到很怕被取代的焦慮，但寫不出如何不被取代的具體方法。建議大家可多舉生活中正在發生的AI實例，如利用生成式AI協助撰寫報告、善用線上資源學習、強化媒體識讀等素養，較能說服讀者，培養並擁有不被淘汰的力量。

第一名的作品優點在於破題精確，首段即緊扣主題。二、三、四段提出三段論述，言之有物：例如：「培養創新的力量」、「培養獨立思考的力量」、「培養不斷學習的力量」扣題度極佳，最後結尾回扣第一段，而且總結全文的重點，非常條理分明，不但首尾呼應，言之有物，格式更是知性散文的典範，實屬不易，堪為上乘。

雲林區

國中七年級組初賽第一名

面對挑戰時，我會……

斗六國中／**簡盈宥**

題說：十九世紀法國文學家雨果曾說：「所謂活著的人，就是不斷挑戰的人，不斷攀登命運高峰的人。」這句話告訴我們：人，必須勇敢面對挑戰，才能創造更多屬於自己的驚喜和成長，才算真正活著。人在生活中常面臨各種挑戰，學業上的瓶頸是一種挑戰，友情間的衝突亦是一種挑戰，內心的各種煩惱更是一種挑戰。身為學生的你，曾經歷過什麼令你印象深刻的挑戰呢？面對挑戰，你是怎麼應對的呢？過程中你體悟到什麼道理呢？請以「面對挑戰時，我會……」為題，寫出自己的經驗、作法與體悟。

＊

作文對我來說就是個挑戰，從看別人寫文章，到別人看我寫的文章，最後去比賽，這些都是為了挑戰而做準備，奈何，事情不可能一直順利下去，我遇到了低谷期。

國小六年級時我也有去參加作文比賽，從市賽晉級到縣賽。比賽結束後，我就有一陣子都沒寫任何文章，專心在運動和讀書上，可能就是因為缺乏練習，當我再次面對作文，僅僅只是國文課的功課，我寫不出來，連開頭也不知如何下筆，腦袋沒有任何頭緒，最後甚至沒寫完，只拿到了及格分。

在那之後，我思考了很久，為何寫不出來？為何沒有靈感？我給心理層面不斷施壓，雖然想說就算了吧，但失敗的挫折感真的讓人脫離不了那個「負罪感」，不想讓大家和我對自己的努力白白浪費，越想越頭痛。

好巧不巧，聯合盃作文比賽的到來只剩一個禮拜。看著准考證，我心想：「反正也逃不掉，不如面對現實。」我決定要改變。在不影響課業為重點，我利用抽空時間來觀賞「日本動漫」，動漫裡的道理雖然跟作文沒關係，但同樣也是在講一群人從失敗到成功的過程，不斷的嘗試，不斷的失敗，最後迎接大勝利。在過程中，他們也懷疑過自己的能力，不過他們轉換了心態，鼓勵自己，讓我產生共鳴。

當我在懷疑自己，就等同於不認可自己，每個人一定都有過，只是時間長短和處理方式不一樣。我呢，就像動漫裡的某些人一樣，覺得自己不夠好，羨慕別人有如此高超的技能，而忽略了自己最擅長的地方。就跟我寫作文一樣，當初只是開心當樂趣，後面卻因為在乎分數和名次而變成壓力，還想過要試試別人的寫作風格，反而得到了反效果。也許這就是一個挑戰，要如何寫得好？

看完動漫後，我重新振作，打掉我對分數和名次的執著，想想以前寫作的目的——快樂，我帶著輕鬆愉悅的心情，重新接納作文，用著自己最擅長的寫作方式，寫出最真實的自己。想必也有很多人和我一樣在低谷期，那就想想，當初自己是為了什麼才做這件事的，用正向的心情接受不同的自己並調整，相信自己，就可以重新站上舞臺，做最真實的自己！

賞析

面對挑戰，實為人生在世每一個人的課題，挑戰或大或小、來得或早或晚，我們要如何用智慧通透的方法，應對挑戰，乃是人生的智慧；而要運用何等心態來調適心靈，更是一種生命的修練。本文作者以面對寫作競賽作為起頭，娓娓道來自己在面對挑戰時的心情轉換，從一開始的懷疑、否定自己，以致於認為做什麼都無法扭轉局勢，陷入一種深沉的罪惡感之中。再透過動漫作品的內容，喚醒自己內在暗伏的勇氣，搭配不懈的努力，以及適時地訓練與修正，除了在寫作中有所突破，更多的，是對個人生命歷程的進步與成長。

全文透過作者內心的心路歷程，扣緊挑戰事件的發生，一步步向前邁進，正面迎擊挑戰，在生命的舞臺中，重新找回相信自己的勇氣，成為最真實、踏實的自己。

國小高年級組初賽第一名

散步的樂趣

維多利亞小學／**吳采恩**

題說：散步時，可以看到形形色色的人們，各自在生活之中忙碌。田園裡，農夫辛勤耕耘；工地裡，建築工人揮汗如雨；街市上，商家笑盈盈的接待客人，以及人潮熙來攘往等。散步時，亦能望見許多大自然的生態與美景：豔陽高照的晴天，萬物欣欣向榮，充滿生命力；淅瀝嘩啦的下雨天，一切被雨水滋潤，展現另一種截然不同的面貌。當我們散步時，會發現有許多風景是搭車時容易錯過的，是專屬於散步的享受。請以「散步的樂趣」為題，寫一篇文章，分享你在散步時的所見所聞以及其中的樂趣。

*

萬里無雲，今天是散步的好日子。湛藍如淼海般的天空，晴朗的露出笑臉，首先映入眼簾的是街道旁的桂花樹，香氣透著微風而來，使人神清氣爽，前面，是形形色色的人們，各自在生活中忙碌。

田園中，是阿伯的身影，辛勤耕耘，揮汗如雨，在他腳下的，是一株株未成熟的稻穗，隨風搖擺著，阿伯的臉上，是自信的笑容，透露出，即將收割的欣喜。再往前，是熙來攘往的商店街，商家笑臉盈盈的接待客人，販賣著當地盛產的貨色，每個人，皆是滿足的表情，一個個，透露出滿載而歸的欣喜。

陡然，風雲驟變，淼海般的天空，像點上一筆墨汁，慢慢的暈染整個天空，清澈晶瑩的雨珠降下大地，滋潤萬物，我選擇享受清涼的雨水滴在身上的爽快感，而不是倉皇逃離，大家被屋子關得緊緊的，何不放鬆自我呢？我欣喜的看著小草，美麗極了！小小的水珠在翠綠的葉子上，別有一番風景，這是在搭車時不會注意到的，被忽略的美麗。

我走在毛毛雨的路上，街道空無一人，只有一旁穿著反光背心的警察指揮來往的車子。小花的花瓣上，有一珠珠水滴，為嬌柔的花朵，增添一絲風景。漸漸的，雨越來越小，直到消失不見，焱陽露出笑臉，天空也披上一層寶藍的衣裳，蓋住了灰灰的雲，再次亮出光芒。農夫阿伯又出來了，他心疼的看著稻子，像雨過天晴般露出笑臉，商店街突然又擠滿了人，商家找回了笑臉，我也笑出聲來，看著坐落在天空彼端的彩虹，我靜靜的坐在長椅上，享受風雨後自己的寧靜。

只是忙碌的來往，世間風景，有時近在眼前，為何不正眼去看？比起有目的的旅行，還不如注意腳邊風景？在散步時，其中的樂趣，可謂一言難盡，只有自己體驗才會感受到，那個滋味呀！有機會，請放空自我，在天地中漫無目的散步吧！你體會到的滋味，一定是現在我所感受到的，如此美妙的滋味！

賞析

其實，在繁忙的生活下，我們都明白散步所帶來的愜意與產生不同形式的樂趣，只要稍微放慢腳步並留意環境周圍的細瑣，寶藏便在你我的身邊。因此，文字間是否擁有足夠細膩的視角望向散步中沿途的美好，便成為了本次主題決勝的關鍵。

本文寫作上，不僅文辭淡雅能流露出文章的平實而不流於俗套，更能細節地展現作者所見的人像、物象和景象之美！眼界獨特且每個畫面彼此串聯，而非走馬看花泛泛而談，尤其是作者能聚焦於人物表情的變化、天空隨著天氣轉變的色彩濃淡，以及作者本身沉浸其中的情感表現等，都能讓讀者深刻感受到那份別有「滋味」的樂趣。

「散步時，其中的樂趣可謂一言難盡，只有自己體驗才會感受到那個滋味呀！」用心的感受生活中的大小事，皆是成就文章脫穎而出的寶貴題材呀！

雲林區

國小中年級組初賽第一名

形狀狂想曲

雲林國小／朱禹璇

題說：在我們的生活中，隨處都可看到各種形狀，比如太陽、時鐘、火鍋、甜甜圈等是圓形的，書本、冰箱、國旗、豆腐等是方形的，山峰、屋頂、金字塔、三明治等是三角形的……，而各種形狀給人的感受都不同，圓形給人溫和或圓滿的感覺，方形給人堅定或可靠的感覺，三角形則是給人尖銳或平衡的感覺……。

小朋友，你覺得世界上最美麗的形狀是哪種形狀呢？這種形狀給你怎樣的感受呢？如果把世界上所有的東西全都變成這種形狀，將會發生什麼事呢？請以「形狀狂想曲」為題，寫出你心中的想法與想像。

＊

我最喜歡的形狀是圓形，圓圓的東西給人一種頑皮、活潑的感覺，但也能讓心情平息下來。

在日常生活中，圓形的物品和我們息息相關，例如綿密細緻、入口即化的冰淇淋、香甜可口的甜甜圈，和我們的居住地——地球。可見圓形的物品可說是無所不在呢！我覺得圓形給人幸福、和平的感覺，到這裡你是不是覺得圓形是我們最忠實、可靠的好朋友？但並非所有物品都是圓形的。也不一定世上所有物品都變成圓形的就是最理想的事情，比如教室裡的黑、白板變成圓形的，就十分怪異，鉛筆盒如果是圓形的，那筆不就裝不進去了嗎？

如果每樣物品都是圓形，那我們就感受不到每一樣物品，給人不同的感覺，世界將會亂成一團，且擁有不可收拾的慘局。假如美麗、芳香的花朵都變成圓形，就看不出不同品種的花到底哪裡不一樣，花海也就不如以往的美麗、動人了。圓形的身體讓人看起來十分肥胖，走到哪都要看到像皮球一樣的人，不就嚇到徹夜難眠、難以入睡。

假設所有物品都是圓形，那人們還會有快樂嗎？身在圓形世界，那活著還有什麼樂趣？生活也就不如以往的便利，使全世界高興的事，不就只有天天盼望著回到原來那擁有各種形狀、充滿光明的世界；在一個怪異的世界，心情肯定焦躁不安。

只要能重回光明，那就是值得我們高興、高聲歡呼的大事。所以不是所有物品都變成你想的那樣，就是最理想的！

賞析

作者以生動流暢的文字，描寫了關於圓形的喜愛以及從圓形進一步至世界若變成圓形世界，會有什麼樣的感受，並活潑的給予身邊的圓形物品有趣的評價，帶領讀者深刻了解到作者在透過形狀發想中，對於自我乃至於世界的省思。

作者於首段即定義圓形能使人感覺頑皮、活潑，但又能讓人心靈平靜，由此處小結，開啟下文更詳細的補充這些想法源自於生活中的何種物品，並言明圓形是人類最好的朋友。段末話鋒一轉，開始討論若世界變成單一形狀，身邊能看見的物品又會有何轉變，進而延伸討論單一形狀帶來的不好之處，並著重於人們對於再也看不到其他形狀的心靈狀態描述，最終肯定有著多樣形狀的繽紛世界，是最令人喜愛嚮往的狀態。

全文趣味，文章鋪排靈活巧妙，極富情感又論述清晰，讓人讀起回味再三。

傳統與現代

嘉義高中／王晨佑

題說：傳統與現代往往被視為新舊的對立。有人說：傳統意味著「保守」、「落後」；現代則是「創新」、「進步」。事實上，在社會發展過程中，傳統不斷演進到現代，現代也會因時間推移而逐漸變為傳統，傳統與現代是一種延續與轉化的進程。在傳統與現代的變遷中，如何在維護傳統的同時也支持著現代創新，或者如何在發展現代的同時也保持對傳統的尊重，是人們必須思考的課題。請以「傳統與現代」為題，分享你對傳統或現代的觀點，並針對傳統與現代的體驗及感受，說明你的看法與反思。

＊

傳統是底蘊，而現代社會變遷的齒輪，造就了某些傳統益發燦燦，同時也使某些傳統益發黯淡。究竟傳統與現代的天秤會倒向何方？

洪醒夫的〈散戲〉便述說著傳統與社會變遷下的衝突與無措。歌仔戲的式微，故事中金發伯的無奈，都在時代的推移下淹沒，取而代之的，是一部部社群媒體上的短影片，傳統文化不再發揚光大，代表臺灣的習俗也將會消逝得無影無蹤……。

但要是傳統融入現代，會不會有更多的觀眾，而使傳統歌仔戲文化得以保存？雲門舞集便是最好的例子，它將西方舞蹈加入臺灣的在地文化，林懷民將第一個現代舞團推向國際，也推向臺灣基層人民的心中。傳統不是被替換，而是藉由現代的洪流，達更長遠的地方，正所謂：「君子善假於外物也。」因此，歌仔戲可藉由與現代網際網絡的推廣，並加入一些年輕族群喜愛的元素，便可將傳統文化推廣給更多民眾。

我的父母白手起家，經營著一家賣傳統皮飾皮箱的商店。自幼，我便跟隨著父母一起看店，在那條印象中的文化路上。每到過年，家家戶戶吃完團圓飯便出來逛街，整條文化路充斥著大紅色的喜氣，我總跟著父親忙進忙出，看著他介紹行李箱專業又不嚴肅的神情，不免心中增添幾分敬畏。人情味是傳統文化路的標配，路邊的香腸攤的香味，水洩不通的汗味，零錢的銅臭味，都一一的佔據我的童年，我依賴與敬仰的文化路。

但不知從幾時起，文化路像是經歷現實的沖刷，而完全不見傳統的樣貌，大型連鎖商店的進駐，夾娃娃機的櫛比鱗次，美妝店的雨後春筍，都將童年中的文化路拆解得潰不成軍，老店就像黴菌發黑陰濕地生存在巷弄暗角，被歲月壓印揉進牆裡，一枚在嶄新商品架後無聲無奈的汙漬。皮飾店經歷了幾次的搬遷，也離開了文化路，每每經過文化路，心中不免激起陣陣漣漪，也不是一味認為傳統最好，而是時代在變遷，我們也得試著接受新樣貌，就讓回憶珍藏於心中。

傳統與現代，舊與新，保守與進步，它不是二元論，而是相輔相成，現代融入傳統，使舊有的傳統發揚光大，儘管現代仍不免地淘汰掉傳統，但那些回憶，我想，才益發珍貴吧！傳統與現代在天秤的兩端維持平衡，而我也與現代的文化路達到共識，童年的美好時光都收藏於記憶的木盒中，而共同迎接更繁華的文化路。

賞析

一篇好作文，除了合乎題旨、選材良善、立意新穎、文筆流暢之外，也必須結構井然、層層遞進，方能引人入勝，扣人心弦。本屆題目必須有清楚的價值判斷，「傳統」與「現代」看似存在悖論、水火不容，倘若能從中體察兩者的相容與互補，便能明白時代演進的意義，是螺旋式的成長，而非彼此抵觸。本組第一名的作品層次儼然，巨觀微觀，從定義、綜整、類比，再到舉出實例、給予建議。通篇環環相扣、娓娓道來，見樹又見林，理性與感性。不但具有知識份子標配的洞察力，又能兼備這世代寫作者的精神——社會關懷。以嘉義市最繁華的文化路為核心，收納其古今興衰、新舊交替與時代眼淚；以冷靜犀利之筆作論，卻又蘊含對於嘉義的柔情。在地關懷、多元視野，寫作並非是為賦新辭強說愁的表達，而是真正具有觀點、內省與啟發的梳理過程。本文能實踐寫作者的意義，實為上乘之作品。

國中九年級組初賽第一名

輔仁中學國中部／**吳怡潔**

題說：請先閱讀以下資訊，並按題意要求完成一篇文章。

下列是一一一年嘉義市藝文活動個數統計（按類別）：

文章整體內容應包含：

一、對於下列圖表顯示的活動類別，簡要說明你的理解是什麼？

二、將這樣的理解結合你的經驗或見聞，寫下感受或想法。

◎你對下列圖表的理解，可以是針對某一類型的解讀，例如：劇劇活動較少，可能是劇團數目不多；也可以是多個類型的比較，例如：和視覺藝術相比，古典與傳統音樂或許更有票房，或者是其他的想法。

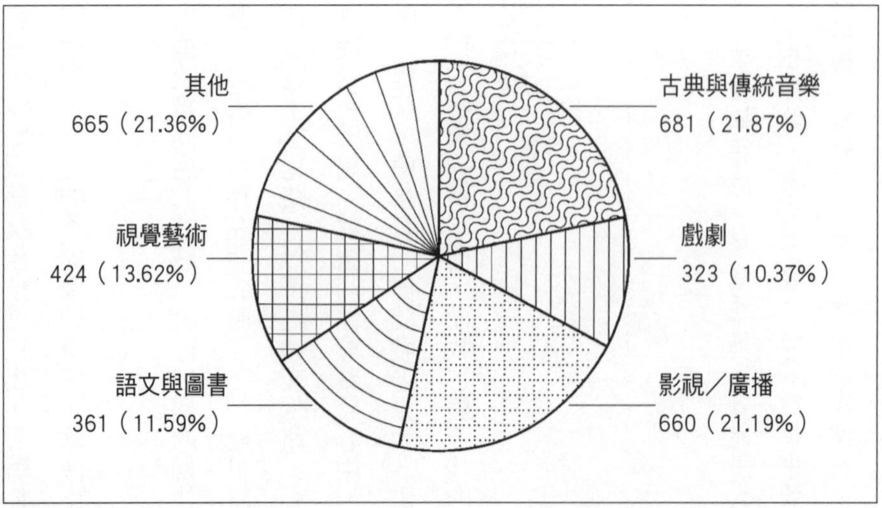

資料參考：文化部文化統計網

*

嘉義是中華民國臺灣省中的其中一個第二級城市，為省轄市之一但並非直轄市，然而相較於其他縣、市，嘉義最具代表的活動必定為一年一度的踩街音樂季——管樂節，其固定邀請國內、外有名的管樂團和市內各校培訓起的校團進行交流及相互執導、觀摩，目的即提升我市甚至我國的管樂造詣，及藉其活動的推廣及媒體的傳播與報導，以使國內甚至國際認識嘉義特有的管樂文化，同時也更使民眾旅遊至嘉義的意願增加，振興嘉義的貧瘠的觀光經濟。

然而對於圖表「一一一年嘉義市藝文活動」個數統計的資料所顯示的活動類別，我認為類似嘉義管樂節的古典和傳統音樂方面的活動似乎有些贅多，其以六百八十一佔所有圓餅圖表的約百分之二十一，雖和其他活動項目相比，此類活動所帶來的收益及打響的知名度要來得大許多。但不意味著目前傳統戲劇或者餘下項目被壓縮而沒落的問題不需重視處理。因音樂類型表演的佔用資源，使得原本已為弱勢的戲劇及視覺藝術更加不堪，也使得本市的文化活動趨近於單一，僅有的特色限制於古典和傳統音樂。

我認為未來嘉義市若想不再拘泥於、局限於單一古板的古典和傳統音樂方面的特色發展及對外形象塑造，可以嘗試像苗栗或者高雄的作為那樣，提升其餘活動佔比，並發掘餘下活動的特色及價值，為其增添更多文青小物或者周邊，甚至設立品牌及鮮明的形象；立體大眾對嘉義市視覺藝術、語文和圖書及戲劇……等藝文活動的印象及觀感，樹立特點；也可以融合管樂節等音樂活動以更大範圍的推廣，也為傳統管樂活動點綴出不同的趣味及風格，改變味道，做出不一樣的特色料理，豐富大眾的味蕾。

而且其他不同類型的活動若相續崛起，進入國內甚至進階踏入國際的視野，並成為一說到嘉義就能馬上想起的特色文化，更能夠順勢拉帶起當地的經濟及相關收益，為嘉義同鄉帶來一筆不俗的財富，也能避免非音樂季所導致的空窗期，使路街商店及住宿飯店的生意慘澹的問題悲劇。教育方面也需改善原本對於音樂才藝的一味盲目推行廣傳，轉而完善對其他文藝活動的教師制度和學生課程。

我覺得讓家鄉更好是我們甚至政府每一個人、每一處、每一丁點的責任及努力，統計圖表及數據呈現問題、需求，再由各團體、民眾、市政府部門共同響應，推廣嘉義的好，打破嘉義「公園之都」的既有事實所延伸的刻板印象。未來，說不定嘉義將升級成一線都市，成為臺灣的形象特色代表，甚至走上國際舞臺，邁入外國人的視野，成為最不可忽視的勢力、最閃耀的明星！

賞析

本文能精確解讀圖表，梳理出一一一年嘉義市藝文活動個數統計呈現的意義，呈現出嘉義的各項藝文活動特色。立意取材方面，能依據題目的寫作任務要求，適切地統整、運用材料，能深刻描述所見所聞，文字精準中帶有情感，並能進一步闡述說明以凸顯主旨，文章敘述能力頗佳，論點明晰且井井有條，並且能分析出各項活動數據，背後的可能成因，總結後還能夠提出對政府藝文活動規劃的建議與期許，言之有物，殊為難得。

本文貴在能精準解讀圖表，如「其以六百八十一個占所有圓餅圖表的約百分之二十一」；而且能結合生活中所見所聞，如「本市文化活動趨近於單一，僅有的特色限制於古典和傳統音樂」；並提出有說服力的建議，如「可以嘗試像苗栗或者高雄的作為那樣，提升其餘活動占比」，視角擴及全臺，不囿限於嘉義，更是可貴。本文已展現出擷取訊息、綜合統整、省思應用能力，令人激賞。

民生國中／黃苡晴

題說：請先閱讀以下資訊，並按題意要求完成一篇文章。

下面是民國一一一年嘉義縣市排名前五的觀光遊憩據點人次統計表：

文章整體內容應包含：

一、在下表所列的遊憩據點中，你會首先推薦哪一個給外來遊客？為什麼？

二、對於下列圖表中所顯示的任一個環節，簡要說明你的理解是什麼？

三、將這樣的理解結合你的經驗或見聞，寫下感受或想法。

＊

在起伏跌宕的生命中，我們都只是過客，生命之途短促，如何使它多采多姿？旅遊是方法之一，走訪各地的大街小巷，一睹各地壯麗之風姿，方能使心靈富足，覓得生命的吉光片羽。反觀嘉義縣市這個狹小卻充滿人情味的小鎮，觀光遊憩地點更是多元而豐富：蘭潭觀光人數名列前茅，騎車在幽靜河畔，享受涼風吹拂；故宮博物館收藏各式古物，帶著我們穿越古今，觀光人數緊追在後。而我，最喜歡並想推薦給外來旅客的，是阿里山國家森林遊樂區。

鳥囀鶯啼，蟲鳴悅耳，彳亍在山徑間，每一個轉角，皆有其獨一無二的

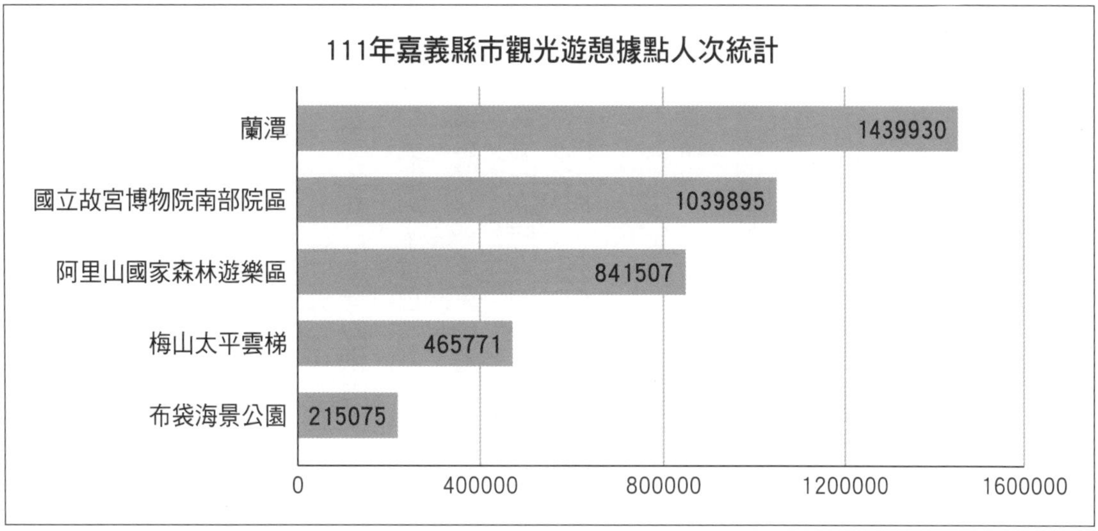

壯闊。漫步在林中，拾級而上，每一層石板皆被歲月磨蝕，記載了千千萬萬個腳印。在此，可以暫時遠離都市的喧囂，靜謐卻也動感，涓涓小溪，樹葉枝椏擺動，大化萬物生機勃勃；在此，仍可感受到人情味，氣喘吁吁的我，坐在石梯上大口喘氣，此時，一位中年婦人為我加油打氣，振奮人心。我們居住在繁華都市，匆促的步伐，深邃無神的面孔，日日夜夜的在我們肩上疊加壓力，但來到阿里山，光景彷彿急速倒退，回到昔日。坐在小火車上，我彷彿看見了阿里山昔日的盛況，如今也漸漸消逝在人們的記憶裡。我推薦阿里山森林遊樂區給有緣經過嘉義的人們，體會自然之美之外，亦能放慢腳步，欣賞人與人之間的美。

我再次注視「嘉義縣市排名前五的觀光遊憩據點人次統計表」，蘭潭的名氣仍高高在上，其最主要的原因，也是因當地具有我們生活中缺乏的「美」。騎著自行車在河畔，看著陽光照映在湖水上，湛藍中發散著金黃色的光點，閃爍不定，接著漫步到「後山」，在一片綠蔭中有一條蜿蜒的小徑，陽光糝落，明亮而朝氣，樹影間，一束束金黃色的光投射在大地上，簡單、樸實，卻也美好。再瞅故宮博物館的人數也不遑多讓，那是因為它具有另一個時空的「美」，每一個古物都是經過別出心裁的設計，再經過日日夜夜的雕琢，成了名留千古的寶物。走進故宮的大門，宛如回到遠古，暢遊在古今之間，放下了日常繁瑣的雜事，亦是心靈上的一大享受。

「嘉義縣市前五的觀光遊憩據點人次統計表」，自然景觀、人文薈萃使這些據點人聲鼎沸，正是因為它們的「美」是我們日常生活中缺乏的。因此，用心體會生命的每一幅光景，它們皆存在著獨特而迷人的風景。放慢腳步，仔細觀察，方能有「一沙一世界、一花一天堂」之感悟，那麼不只有「前五名」的觀光遊憩地，每一隅，皆能成為「第一名」。用心體會生命的美，我們的生命便會滿溢彩漾，繽紛、璀璨，覓得人生的吉光片羽。

賞析

本文能精確解讀圖表，梳理出一一一年嘉義縣市排名前五的觀光遊憩據點人數統計呈現的意義，呈現出嘉義有山、有海、有文化、有美食的豐沛觀光資源特色。立意取材方面，能完成題目的寫作任務要求，適切地統整、運用材料，能深刻描述所見所聞，並給予外來遊客極佳建議，文字溫暖且飽蘸情感。作品中能進一步闡述說明以凸顯主旨。敘述能力頗佳，論點明晰且井井有條，能分析出各景點遊客出遊背後的可能成因，總結後還能作出旅遊點自然多、人工少的可能原因，及對政府觀光發展的建議，言之有物，殊為難得。

作者以「在起伏跌宕的生命中，我們都只是過客」破題，扣合題目觀光遊憩據點統計表，甚為精妙。結尾以「每一隅，皆能成為第一名」，總結出用心，體會「一沙一世界，一花一天堂」，境界高遠，是篇立意取材、段落結構、文字運用，皆屬上乘的優異作品。

失眠

嘉義國中／**賴玟君**

題說：每個人可能都曾經歷這樣的晚上，夜色已深，聽著指針滴答滴答響，明明已經躺在床上許久，卻仍輾轉難眠。彼時彼刻，世界彷彿只剩下自己一個人。在這個失眠的夜晚，可以選擇繼續躺在床上，將一整天的思緒沉澱，再靜靜思考白天時想不透的問題，或把握這段神祕的時間，任思緒天馬行空，在腦中上演一齣奇幻劇場；也可以選擇起身，在不打擾其他家人休息的情況下，做一些自己喜歡的事情，處理一些未完成的事務，或布置一些幫助入眠的情境……。在失眠的夜晚，你的感受如何？是覺得新奇、覺得無聊，還是擔憂著明天會沒有精神？在失眠的夜晚，你會做些什麼事呢？請以「失眠」為題，寫一篇文章，描述自己失眠的經驗與感受。

＊

那是一個夜闌人靜的十二點，萬物都闔上了沉重的眼皮，輕輕的睡了。只有我，一位思念外婆的女孩，靜靜躺在床上。我凝視著上方漆黑的天花板，心中彷彿有無數隻威猛的吸血鬼，貪婪的吮著我那了無生氣的紅褐血液，一顆斗大的淚珠快速的從眼角滑落。

我，睡不著，像是躺在床上的人，心靈卻溜去找長眠已久的外婆。她好像是隻擺放在木箱的玩偶，蒼白如月的臉色打動了我思緒，眼皮子闔著，手和腳失去了血色，乾硬的嘴唇，又如我的心靈，如久旱未雨的大地碎裂開來。

想起早上的種種畫面，那是外婆的告別式。許多人的臉上有著哀愁、傷心，連平時膽大如獅子的父親，也拿著紙巾將自己對於外婆的不捨渲染上一滴滴的水珠。只有我，一位不知情的女孩，仍好奇的看著父親哭泣。直至我瞥見了那箱大木盒，我嚇到了，阿嬤為什麼要睡在這，正當我驚訝之餘，母親緩緩的將我帶至椅子上。「啊！」一聲把我帶回了現實，撫摸著自己的臉龐，淚水早已溼潤了臉頰，只有破裂的碎心，拼不起來。

我，失眠了，像是有萬隻黑馬在思緒中奔馳；又如千隻麻雀在耳畔啁啾。我不能接受外婆的死，究竟是死神的狹小心胸，將滿面春風的外婆送至神靈，而並非我們？望著桌上的照片，那是全家人和外婆的最後出遊日，就在前天。外婆的臉上有著甜美的笑容，縱使幾根白髮在她頭間環繞，幾條皺紋呈現於歷練的風采，她那慈祥的笑容，還是如此的扣人心弦。還記得那天，外婆牽著我的手，帶我四處走走；還記得那月，外婆教我了第一個單字——外婆；還記得那年，她陪伴我走過小學漫長的適應期……還記得，她永遠是我，最敬重的家人——外婆，我愛她。

瞧見時鐘，已經深夜兩點逾十分了，那被淚弄得腫大的眼皮，是我對外婆的思念；一旁被沾得溼透的玩偶，是我對外婆的緬懷；遠方書桌的照片，是我對外婆永久的回憶。我，失眠了，可能永遠都會失眠，只要想起那伴我走過長久年華的外婆，淚就會不停的滴落，我想用雙手搖醒她，但我知道，她是永遠都不會醒了……。

我願以自己失眠的魄與外婆相換，讓外婆重新醒來，再和我們一起遊山玩水，和她共享天倫之樂，一起做從未體驗的新奇挑戰，只要外婆臉上有著滿面笑意，我就能有多了一次與外婆的出遊經驗，令它烙印於我的心內。

但，時間悄悄從外婆指隙間流走了，一切都太遲了。

我輾轉難眠，任淚水自由灑落，我，失眠了……。

賞析

本文能切合題目之要求，針對失眠時的個人的經驗與感受抒發，鉅細靡遺地將躺在床上的所見所感如實刻劃，而非泛泛而論失眠的好處壞處、或者如何避免失眠的解決之道，更能展現作者的生命感受與失眠時的心情，實屬佳作。

全文緊扣失眠的夜晚，面對時間的分秒流逝，回想外婆告別式的種種。孩童不諳世故，面對生死離別一事，在第一時間尚且不能理解父親的眼淚，然而，透過夜晚不能入睡時的回憶，逐漸體察生命的分量，以及外婆對於自己的重要及影響。而夜晚的漫長、失眠的難捱，也透過對外婆日益增加的思念顯得綿密而漫長。

失眠的苦悶寂寞，在細數天倫之樂事中，得到療癒與釋放，至此，失眠對於作者而言，除了是夜晚裡獨自的表白，更是與親人在記憶腦海中的相逢。將失眠的經驗與感受娓娓道來，令人心疼。

嘉義區

國小高年級組初賽第一名

味蕾中的記憶

崇文國小／**黃彥碩**

題說：味蕾是有記憶的，很多人都曾在享用某種食物的瞬間，觸發回憶，想起過往品嚐它的畫面或經歷。比如：咬下鬆軟甜膩的蛋糕，回想起和外婆一起自製蛋糕的幸福時光；喝下一口溫熱的雞湯，回想起某次生病時受到父母細心照顧的情景……。在你的成長過程中，有什麼食物的滋味曾讓你感到熟悉且令人懷念呢？它吃起來滋味如何？那留存在味蕾中的記憶，是快樂的、甜美的，還是難過的、苦澀的呢？請以「味蕾中的記憶」為題，寫出曾觸發你回憶的一種食物，並分享你的回憶故事以及心情。

*

蓊鬱的大樹，澱藍的蒼穹，金黃的稻浪，在我心激起一股回憶的浪潮；樸而無華的清香，落霞般的嫩蛋，如滔滔江海般源源不絕的暖意，滋潤我乾涸的心田；慈祥的笑顏，石牆般的大手，為家人們奮鬥的英勇，使我旋入回憶的漩渦。那是一段樸實無華的日子，平凡，卻也不凡，而勾起回憶的便是——蛋花湯。

回首當年，我仍舊是懵懂的幼童，金黃色的稻穗，成為我的憧憬，窗外嬉戲的雛鳥，成為我幼時的玩伴。每當我肚子餓時，外公總會拿冰箱中的剩蛋煮一碗暖人心脾的蛋花湯。蛋花湯看似平凡，卻也不凡，外公烹煮的蛋花湯有一種難以言喻的香氣，濃郁的湯頭、鮮嫩的蛋花，好似跳起了華爾滋；夕陽也為蛋花點綴上了金黃。外公總說他添加一種祖傳祕方，隨後用他粗糙的大手撫摸我的頭，那是一雙為家人們奮鬥的手，粗糙、厚實卻溫暖。我充滿外公慈祥笑顏的童年歲月便漸漸地……漸漸地……消逝在時光的長河中。

公轉送走春華，自轉迎來暮靄。光陰如白駒過隙般飛逝。在烏煙瘴氣的蒼穹下，我的腦海中只剩下醫生的宣判，「中風」一詞在我腦海中盤桓流連，我無法相信外公得到了中風。我只能在千里之外為他祈求，祈求上蒼別將他帶走；

我也只能在醫院中緊握他如石牆般的大手，感受他手心的溫熱，祝福他能從痛苦的桎梏中解脫。外頭的鳥兒依舊在啁啾，稻田依舊金黃，大樹依然蓊鬱，但家中卻少了外公的溫暖。外公的房間空蕩了三個月，我們也為他流淚了三個月，外公的溫暖正在從家中流瀉出去，蛋花湯的滋味也伴隨著北風，和從前的回憶一同從窗戶的縫隙中緩緩流逝，只剩下滿滿的牽掛和思念……。

直到今日我才明瞭，外公的祖傳祕方是「愛」。因為有愛，嫩芽方能茁壯；因為有愛，雛兒才能勇敢翱翔；因為有愛，一碗平凡的蛋花湯更顯不凡；因為有愛，才有今日。

外公，我們之間隔有千里的鴻溝，我無法無時無刻伴你身旁，予你安慰，但即使隔有千里鴻溝，我的思念和愛仍能到你那方。願我的筆墨，能跨越鴻溝，直達彼岸，願我的紙船，能航越滔滔江海，到達彼岸。外公，祝你……幸福！

賞析

以優美文辭營造自然樸實的田野畫面，溫馨舒適的氛圍下，由景抒情而道出那記憶中最平凡而真實的滋味——蛋花湯。取材獨特且情感真摯，扣緊個人的生命經驗，傳達了童心的純真、生活的簡單以及代代相傳的親情。然而，世間哪有不散的宴席？「蛋花湯的滋味也伴隨著北風，和從前的回憶一同從窗戶的縫隙中緩緩流逝，只剩下滿滿的牽掛和思念。」隨著季節遞嬗，周邊環境或許未必會有巨大的改變，只是生命的老去卻從未待人，留給作者的便是那份記憶中的滋味、永恆的「愛」。

全文結構井然，善用修辭營造具有氛圍感的景象並承載濃厚的情感；段落轉折層次清晰分明，能流暢地表現其對生命的依戀和不捨，即使那千里鴻溝讓人無法再次相聚，願留存在味蕾中的記憶亦能傳遞祝福。

動物班長發表會

崇文國小／許可澄

題說：動物學校開學了！在新學期的開始，綜合動物班要選出新的班長。獅子老師說：「無論是哪一種動物，都有獨特的才能，請同學們踴躍提名新的班長候選人，再請被提名的候選人發表自己的才能。」小朋友，請想像自己是綜合動物班裡的一分子，而且被提名為班長候選人之一，那麼你可能是哪一種動物呢？這種動物有什麼才能？透過這樣的才能，能夠帶領動物同學們做好哪些事情，度過美好的學期呢？請以「動物班長發表會」為題，分享你的想法與作法。

*

「現在請所有候選人上臺分享你的才能吧！」獅子老師說完，就開始點名候選人一一上臺。這學期，綜合動物中，要選出一位新班長。

我等待著其他候選人分享出自己的才能、發表出自己的想法，最後，終於輪到我了！我站上講臺，滔滔不絕的說：「大家好，我是大熊，我的力氣大，搬重物我最行；而且我很會打架——我指的不是跟同學打架，而是用來打敗敵人，所以一定能保護大家。」我停了一下，才繼續說下去：「如果我當選班長，我絕對會好好保護大家，且我有正義感，肯定不會欺負弱小，我向大家保證，當選後，我會盡力去做好每件事，所以，請大家把你們神聖的一票投給我吧！謝謝大家的聆聽。」我走下臺，臺下馬上響起如雷的掌聲，我緊張的情緒也緩和下來。

隔天，我滿懷期待的下了車，走進學校，到了自己的教室。你問我，為什麼那麼期待今天？那還用說！當然是因為今天要宣布誰當選了呀！獅子老師走上臺，深吸一口氣，說：「這次當選的人是……」吵鬧的氣氛一下子變得鴉雀無聲，大家都盼望著自己心目中的最佳候選人能當選，我更是緊張得不得了。

「是……大熊！」獅子老師宣布完，教室立刻吵鬧起來，有的拍手，有的興奮的說：「太棒了！」我則是手舞足蹈的大叫：「耶～我當選了！」美夢成真，真是太好了！

賞析

文字表達流暢，內容活潑有趣，整體架構完善，段落前後安排適宜，能準確扣合題目要求，雖小有錯字，但不影響全文閱讀。首段以鮮活的畫面敘述引領讀者進入情境，彷彿身歷其境，跟著文字內容一起參與了一場動物發表會。在發表會中，說明自己身為「大熊」的優勢何在，將優點與政見內容巧妙結合，說明此項優勢又能如何對班級帶來改變、引領班上同學前進。其中大熊在聲情並茂的發表結束後，透過心情、語氣起伏變化之描寫，加強本身對於這場發表會的重視程度，從中不僅可以感受到作者靈活的思緒脈絡，更不失本身對於政見發表的戰戰兢兢及懇切，直至最後成功當上班長，興奮歡呼更傳達了自身對於當選班長的內心振奮，使人會心一笑。

臺南區

高中職組初賽第一名

我的幸福「食」光

臺南女中／蕭詠璦

題說：《味覺獵人》一書說：「我們對食物的體驗，雖然只稱為味道，其實卻是多種感官的冒險。」的確，食物不同的味道、色澤會帶給我們不同的感受，也會深藏在我們的記憶中，並適時撫慰我們的心靈。心理學專家黃佩娟說：「食物不只滿足生理的營養需求，也從被餵養的過程中，感受到被愛、被照顧，以及對人、對親密關係的歸屬感。」飲食過程中，無論是獨自一人享受美食的好滋味，或是有人陪伴，得以透過進食的過程，滿足心理情感的愛與歸屬需求，都是一段美好的幸福「食」光。或許是在幽靜巷弄中，獨享充滿異國風味的早午餐；抑或是在繁忙的學校活動結束後，伴隨著家人歡聚的談笑聲，享受屬於家的溫馨晚餐——在繁忙生活的壓力下，能有悠閒的用餐時光會讓人倍感幸福與珍貴。請以「我的幸福『食』光」為題，依據身處其中的相關經驗，與大家分享屬於你的幸福「食」光。

＊

老舊的火車頭緩緩駛過鄉間鐵路，穿梭在金黃低垂的稻穗之間，匡啷匡啷的聲響頓時劃破了鄉村的寧靜。我坐在回鄉的列車上，映入眼簾的是無邊無際的茶褐色，土壤、稻桿、乾草屋融為一體。列車到站的那一刻，我又看見她提著相同的餐盒，掛著相同的慈笑，迎面朝我走來。

小時候對於奶奶家的記憶是混濁不清的，只記得處處瀰漫著燥熱的油漬味，破裂斑駁的灰地上也不乏零落的稻穀、咬一半的花生殼和腐敗的果肉，然而，當濃厚的中藥香衝破蒸氣重圍、穿出一層層的木製蒸籠，最後以飛快之勢霸佔整條長廊、整棟老屋、整座村庄以及每個人的鼻腔。小時候的我體孱多病，當濃厚的中藥香突破我鼻腔內層層稠密的黏液侵佔我軀殼的每一處孔洞，我才不情願的睜開惺忪雙眼，因為此時天尚未亮，奶奶卻已坐在床邊，靜候多時，準備把那經歷過無數高溫淬鍊和急速碰撞的「補湯」送入我口中。一如既往，我的賣力抗爭始終敗在奶奶麾下，最終只能任由那無止盡的深褐色浸染著潔白的齒縫、攻擊著我的舌根，那濃醇的苦逐漸在舌尖處四溢擴散，當苦味發揮到極致時，淡雅的香才緩緩從愁苦的後勁探出頭來，最終，只剩香氣猶存，苦來得也快，去得也快。

直到往後我到外地念書時，才漸漸迷戀上那清晨獨有的香醇。繁重的課業壓力使我不得不挑燈夜戰，我卻總掛心著當時針與分針在十二上相遇時，有人能端著一碗極致苦、香伴隨的補湯輕輕扣門。過了幾天，奶奶打了通電話，說：「你還是老樣子，回來吧！」那苦依舊不變，彷彿隨著奶奶逐漸加深的皺紋，增添了一絲苦韻緊隨其後，我似乎嚐出了某一種獨特的韻味少了，那種韻味是融合了清晨的淡霧、神明廳那一柱香以及奶奶疾力翻炒的痕跡，顯然，奶奶的手不如以前巧了，但我在濃厚的苦中彷彿嚐到了光陰所留下的無聲刻痕以及事與願違的人生況味。當香濃了結了一切的苦，我才釋懷，生命中的那些黯然時刻以及每個使我無能為力的長夜，根本比不上這無邊無際的稠苦，總有香味的餘韻緊隨其後，完美收尾。

回鄉的火車上，我依舊陷入了那無盡的灰褐色，中藥香彷彿偷偷潛入了車廂每一處角落。它伴隨著勇氣和力量縈繞我心頭，當列車進站的那一刻，我彷彿又望見了您。

賞析

本文透過中藥食材連結與奶奶的記憶，描繪成長過程中的幸福時光，帶出濃郁的鄉愁。開頭以細膩筆觸描繪出鄉村的景色，營造出一幅溫馨而寧靜的鄉村畫面，讓讀者感受到作者回鄉的喜悅和期待。

隨後回憶小時候在奶奶家的生活場景，尤其是對中藥氣味與滋味的細緻描寫，使回憶充滿感官的描寫，讓讀者彷彿置身於那個充滿中藥香氣的早晨，讓中藥香成為一種具象化的存在，象徵著奶奶對作者的愛。而奶奶為作者熬製補湯的情節，更是展現奶奶對作者的無微不至與關懷。不論是中藥香氣竄入鼻腔或是飲用補湯的過程，皆能將飲食書寫的細緻刻劃的精神極盡展現，讓讀者共感作者當下的感官知覺。

結尾處作者在回鄉的火車上，再次聞到中藥香，利用循環式架構使得文章結構緊密，情感連貫，使得中藥不僅象徵著奶奶的愛與關懷，還賦予作者勇氣和力量，深厚全文情感。

臺南區

國中九年級組初賽第一名

社會萬花筒

長榮中學國中部／鄭子娟

題說：有別於黑白分明的版畫，臺灣社會是萬花筒下絢麗多彩的景緻。我們擁有多元文化的社會：傳統與現代，碰撞與激盪出獨特的文化火花；多種族群共同生活，融合出兼容並蓄的社會氛圍。百花齊放、絢麗多彩的社會，每個族群都能為自己發聲，每個議題都有存在及被討論的價值，就像萬花筒內每一個彩色的紙片，互相成全，相互碰撞，最終將勾勒出色彩鮮明，璀璨奪目的美景。但，就像茶葉要和沸水溶合，才能舒展葉脈，釋放清香；寶劍要與烈火共冶，才能鍛鍊其無堅不摧的鋒芒——多元文化的社會如何和諧共融，便是當前我們要努力的目標。

你有感受到臺灣是由不同族群及文化組成的社會嗎？你看到的多元文化並存是和諧共融的或偶有爭議或不公的現象呢？你對臺灣這個「社會萬花筒」有何想法呢？請以「社會萬花筒」為題，寫下你的觀察、感受或想法。

*

眼下臺灣社會融貫了許多多采多姿的風貌，不同的族群、新異的外來文化，改變了從前傳統固有的概念、刻板印象，我們必須學習去包容，認同這些新潮流，而不是以異樣的眼光、想法去看待。

前幾日，我在新聞報導看見關於「外籍勞工和在地居民起衝突」的事件，雖然不清楚事情原委，但我卻看見一名在地婦女似乎仗著外籍勞工不甚流利的中文能力，而不停的大肆謾罵，我便感到奇怪：或許在他們原本的國家並不常使用中文，但必然有原始的文化，為何能夠仗著自己在語言上的優勢就欺凌他人？現在雖然大眾對外籍勞工的刻板印象普遍減輕，但還是有部分民眾會用「高人一等」的態度去審視對方，這不僅是不夠尊重，也沒有發揮出身於臺灣人最基本的風度。面對不同於我們的文化，我們應該是嘗試去理解、接納，而不是強加我們的認知在他們的身上。

原住民文化的保存持續成為近日大眾關注的焦點，如何利用土地、山林資源，抑或打獵規範、祭典實施，各據一方的原住民及政府官員，鬧得沸沸揚揚，但是否有人記得這其中的核心意義——臺灣。有人為了開發增加經濟效益，有人為了千百年前的祖先遺訓，兩方都沒有錯，但如何在這兩者當中取得平衡，便只能由時間去決定了。不只是外來新文化，本就存在的山嶺及平地，也有互相牴觸的時候。

在人聲鼎沸的小吃街，商店林立，招牌上混雜著不同地區的生活結晶。美食文化是我覺得臺灣最特殊、兼容並蓄的特色了。美食從不分國界，因為每個人對美食產生的幸福感都是相似的。像是美式速食店，澈底的掌握了臺灣人的味蕾，漢堡、薯條、炸雞已是生活中不可或缺的小確幸；日式生魚片、壽司，精湛純熟的工法也在臺灣繼往開來，拓展出更新穎、獨創的料理；韓式料理更是興起了臺灣人對辣味的狂熱，臺式泡菜、年糕也是文化交融下迸發的新產物。外來的美食文化不僅使臺灣變得更多采，也使我們想更進一步的增進和國際的交流。

近年來，越來越多的外國青年來到臺灣，不只是來旅遊，甚至是長期的定居。他們願意去學習中文、了解臺灣的歷史、去走訪古蹟，只為了可以更貼近臺灣，以及這個小島的文化。以前我總認為是臺灣在汲取外國文化，而現在卻轉變成外國人來感受我們的文化，這是我感到很驕傲的事。臺灣不再只是一味的接收，而是有能力去吸引更多人認識這美好土地的文化。

臺灣社會是許多文化的總和，雖然我們或許還無法接受這潛移默化的轉變，但相信只要每個人多一點包容，用友善的心去擁抱新的文化，在不久的將來，這些都會成為璀璨的結晶，使臺灣變得更閃耀，進而發揚國際、照亮世界。

賞析

文章開頭立即以「多采多姿的風貌」形容臺灣社會，對應題旨並快速破題，為全文訂定積極正面的基調。為了對應多元文化的概念，作者切入外籍勞工、原住民文化、美食文化及外國青年的融入等諸多方面，不但探討臺灣社會中的文化融合，同時還反映臺灣社會中的多樣性和複雜性，強調包容和理解的重要。

描述外籍勞工事件時，通過在地婦女與外籍勞工的對比，強調語言優勢與文化尊重之間的矛盾；討論原住民文化保存問題時，作者展現雙方立場的對立，卻也強調核心意義——臺灣，不僅展示文化衝突的現實，也引發讀者思考如何在發展與傳統之間找到平衡；描述美食文化時，作者運用細膩的描述，指出臺灣美食的多樣性，體現文化的兼容並蓄。

最後，作者以外國青年對臺灣文化的熱愛和學習作結，呼應首段的包容題旨，強調臺灣在國際上的吸引力和影響力。

志工經驗談

港明中學國中部／張洛綾

題說：日常生活中、社會的每個角落裡，總能看到志工們熱心服務的身影：他們是學校裡指揮交通的志工媽媽、圖書館裡協助借還書的志工爺爺；也或許是在課後指導學生課業的志工姐姐。莎士比亞名著《威尼斯商人》中有這麼一段話：「慈悲是不會損傷人們的，它像自天而降溫煦的雨，落在地面上，它是雙倍的祝福；慈悲祝福施予的人，也祝福接受的人。」的確，在困境中能受到別人的施與是幸運的，但有能力可以幫助別人，更是一種幸福。

隨著年齡的成長，你或許曾是某位志工，為團體、學校或是社會盡心力。或許只是一日淨灘、募集發票，或是打掃校園。在這個過程中，你經歷了什麼？你有何感受呢？在奉獻服務的過程中，除了覺得辛苦疲憊外，是否也感受到自我成長的喜悅？請以「志工經驗談」為題，寫下你的經驗與感想。

*

善良和慈悲是社會中淡雅的清香，驅走黑暗的腐臭味；是一座堅定不移的磐石，是每位社會公民依循的指標；是一縷明亮的陽光，劃開社會中的暗影。它像天降那溫煦的甘霖，持續滋潤你我的心扉。

自小父母待我總是百般溺愛——大雨中替我提書包、一伸手便能得到自己想要的東西、無微不至的照料……等，而我卻絲毫不懂得珍惜，認為一切本就是應得的。嬌生慣養的大小姐脾氣使得我人際愈發稀薄……我仍渾然不覺。直至那一天早晨，我的生活發生翻天覆地的變化……。

那天早上，父親虛弱得倒在沙發上，當我正埋怨自己上學要遲到時，救護車十萬火急的到了，救護人員合力將父親抬到擔架上，此時，母親傳來了噩耗，父親罹患的是急性猛爆性肝炎！我們家失去了經濟來源，頓時陷入了一片黑暗……。幸好社會局的人員持續的提供我們協助、鄰居大媽不時送來一些小吃食，幫助我們度過難關。自此，對於慈悲和善良，我的內心有了不一樣的想法。

隔年，同學邀請我參加獨居老人照護的一日志工，我欣然答應了。到了現場，情況遠比我預想的還要糟糕：發霉生出綠麴的枕套、堆積如山的垃圾、滿屋子橫行的蟑螂……等。我望著老人久病憔悴的面容，內心像是被鉗住般揪心，我彎下腰將地上的瓶瓶罐罐一一拾起，再用水刷洗地板並替他將那些枕套、大衣放進洗衣機……中午休息時，我問起了他的近況：身體狀況如何？下次回診什麼時候？有定期回診嗎？……。其中，他最令我感到痛心的一個回答是：「平日裡我都一個人吃飯了，一個人回診有什麼？」我告訴他可以向福利局申請補助和愛心送餐，有疑問也可以向社工求救。下午我們繼續完成屋內的打掃並將屋內裡裡外外一一細膩的清理，望著眼前的客廳是如此地窗明几淨，陽光自窗臺灑進，灑了好幾枚又大又亮叮叮噹噹響的金幣，空氣中一股陽光雜揉綠葉的清香漫漶入我的鼻腔。雖然我的膀子和小腿因長期使力而痙攣的發疼，但在看見屋內和初來時已截然不同及老人家臉上的微笑，內心便認為一切都是值得的。

古人有云：「助人為快樂之本」，而著名女明星奧黛麗‧赫本也曾說過：「別總是把手心向上，而是要把手心向下。」在為社會盡一份心力的同時也是在幫助自己，使自我提拔到更高的層次、成長並培養人人應具備的公民社會關懷素養，共同打造人民安居樂業的幸福社會。

賞析

文章開頭便運用譬喻和排比的手法，將善良和慈悲比作清香、磐石和陽光，不僅明確地指出兩者能為個人與社會帶來正向效益，還具體展現其重要性。

正文處作者從父親生病的重大變故出發，描述頓失家庭支柱的無助與驚慌經由接受社會局人員、鄰居的接濟後，自己已能從嬌生慣養到理解慈悲和善良，進而在心中埋下幫助他人的想法。之後透過參加獨居老人照護的一日志工，具體展示慈悲和善良的實踐。

其中描寫獨居老人的情況時，運用大量細節描寫呈現老人獨居時的髒亂模樣，帶出初到現場的驚訝。隨後逐漸適應並投入工作，用心替老人打理環境，期間嘗試以言語對話與老人互動，最後利用窗明几淨的屋況和老人臉上的微笑，讓作者真切地感受到助人的成就感。

文末引用俗諺和奧黛麗赫本的名言，再次強調助人同時不但有益社會，還能增進自身生命層次。

青春不迷「網」

港明中學國中部／**康碩軒**

題說：根據兒童福利聯盟的調查，二〇二一年兒少每週平均上網使用時間為四十二點七小時，比二〇二〇年增加快一倍，是青少年運動時數的四倍。青少年網路成癮的問題正倍數成長，造成的問題包括人際關係的困擾狀況、自信心下降、成績變差……。很多學生因為沉迷於網路、沉溺於遊戲，生活完全變調，有的人開始產生學習困擾，甚至覺得生活乏味。處在科技日新月異的年代，面對「網路世界」，我們要如何才能在「網路世界」和「現實世界」的兩者之間取得平衡點？要怎麼做才能「既能善用科技，又能不被它所控制」？請以「青春不迷『網』」為題，依據見聞或經驗，分享自己的體會與看法。

*

我將手機開機，黑暗在一個個分頁的細縫中，悄然地蔓延。學業的光輝遭掩蓋；青春最珍貴的時光被吞噬；甚至與家人的相處，亦被這可畏的力量拉得疏遠。當我沉浸於網路的世界時，正有一條無形的繩索，在不知不覺中將我捆綁，限制了我人生中青春的發展。

生於科技繁華的時代，難以脫離各種電子產品，因此，不少人甘願把一生一次的青春奉獻給3C。倘若人們成癮於各種網路世界，那便會遺忘自己應盡的本分，及最重要的健康。網路成癮最致命的一點，即是——使大腦不再思考。當我們沒有判斷力，便無法節制上網的時速，更無法靜下心靈讀萬卷書，而我們因遊戲破關大聲歡呼時，視力不停地下降，但我們絲毫沒有驚懼，反而繼續沉迷在遊戲的短暫勝利中。

該如何避免使用3C呢？事實上，我們無需避之，只要控制好使用時間即可。例如在有限的課餘時間內，安排輕鬆的上網，也規畫認真的讀書時間；於週休二日期間，多計畫家庭旅遊，促進家人之間的和諧；又或者每天撥出半小時，做些輕易上手的運動。在網路世界與現實中抓取平衡，青春將不再迷「網」。

我默默的放下手機，黑暗於一個個分頁中不告而逝，在寂寥晦暗的網路世界裡，我脫離了束縛，久久未見的青春暖陽灑落全身，重新翻開蒙上塵埃的書本，提起筆，刻下生命中最可貴的一刻。

關掉手機，我的青春不再迷「網」。

賞析

文章開頭描述作者開啟手機後，瀏覽在各個分頁的畫面，以悄然和黑暗的形容，道出網路對自身無形的侵蝕，營造出一種壓抑的氛圍。接著，作者描述網絡成癮在學業、青春和家庭關係的負面影響，利用「掩蓋」、「吞噬」以及「疏遠」的詞語，嘗試使讀者感受到問題的嚴重性，同時搭配具體的譬喻手法，敘述青春受到網路束縛的模樣。

正文處能針對引文的要求，嘗試提出具體方針，讓自身在網絡世界與現實生活之間取得平衡，並且舉證說明，方法不僅實用，還能讓讀者能夠輕鬆地將其應用到日常生活中。

結尾處，作者通過放下手機重新投入學習和生活，展示擺脫網絡束縛後的積極變化。透過對比手法呈現過往沉迷網路的樣貌以及迎向青春暖陽的現狀，強調兩種生活狀態的巨大差異。最後，以關機舉動呼應首段並且再次扣題，留下正向積極的餘韻。

臺南區

國小高年級組初賽第一名

我的收藏品

山上國小／陳貞妤

題說：散文名家琦君，總能以簡單淳樸的語言，將往事娓娓道來，感情真摯而動人。她的文章中，很多僅是圍繞一件小事、一個小物——那些看似平凡無奇的物品，卻因為人與人的關聯互動，帶出不可言喻的深情及永生難忘的回憶。〈母親的金手錶〉一文中的金錶是琦君的父親送給母親的禮物，母親一生珍藏，至死也捨不得戴，它承載著夫妻間的深情；〈小瓶子〉寫的是作者童年時期喜歡收集的各式瓶子，它們不僅陪伴作者成長，更有作者對早夭弟弟的點滴回憶。這些心愛的收藏品，即使早已不在身邊，但在琦君心中卻是開啟回憶的無價之寶，一輩子的珍藏。

生活中，我們或多或少擁有一些當下覺得珍貴想留存的物品，比如：存了好久總算買到的明星周邊商品；努力了許久，終於獲得的檢定證書；思念的親人由遙遠的海外寄來的稀珍物品……。這些收藏品的背後承載的是怎樣的情感及回憶呢？請以「我的收藏品」為題，寫下你的經驗與感想。

*

破曉時分，陽光傾瀉而下，斗室裡一隅存放著那在日光照耀下，金光四射、熠熠生輝的獎盃。它承載著我的酸甜苦辣，至今仍令我念念不忘，歷歷在目。

將故事的篇章翻回小學四年級，猶記得，那是個蟬鳴的夏季，我滿心歡喜，手舞足蹈的踏進機器人教室，彼時，機器人在心裡是首選，從組裝至寫程式，任何有關它的事物，我都十分喜歡，課堂上更是一心一意，專心聽講，因此，對於即將到來的跨縣市交流、我擁有充分的自信與把握，能為學校和自己，爭取最大的榮譽。

終於，在一個禮拜後，期盼的比賽將至，在車上，我早已沉浸在拿著獎盃，博得掌聲的夢境之中。不久後，目的地到達，踏進會場，來自全國各地的選手成千上萬，宛若武林大會般，摩拳擦掌，蓄勢待發。

「預備！開始！」裁判高聲吶喊，我開始了和時間鬥爭的競賽。儘管認為自己是冠軍，然而，在最後一刻，猛然發現程式寫錯，這瞬間，我落下了顆顆代表後悔的淚。

直至看到黃仁勳先生前，我都將自己封閉，沉浸於後悔的魔掌中，無法自拔。黃仁勳的創業生涯與許多創業人士相同，一開始面臨大量資金問題，甚至倒閉危機，然而他卻沒有放棄，憑藉著謙虛且勇於面對錯誤的態度，化解一次又一次的挫敗。現今，他已闖出一番事業，更為人類的科技發展，譜出嶄新的扉頁。

是啊！他在挫折之前勇敢面對，而我又憑什麼輕言放棄？於是，我回到了機器人課堂上，重新學習，重新參與競賽，這一次，我虛心請教，仔細檢查，終於奪得夢想的冠軍。然而，勝負已不再是關鍵，從比賽中成長，從步步中成為更好的自己，那才是重點。

轉眼間，童年的大門已徐徐向我關閉，然而我的這份收藏品，永遠熱烈且深刻，我難以忘懷，而屬於它的故事，永不凋零。

賞析

文章開頭描述清晨日光照耀在獎盃上的模樣，刻劃相當細膩，隨即給讀者強烈的畫面感。同時，熠熠生輝的模樣也帶出獎盃對於作者有著很重要的意義，為後文起到很好的鋪陳效果。

正文處作者詳細描述從組裝機器人到參加比賽的過程，充分展現自己的興趣和熱情。比賽過程中的緊張與期待，在最後關頭卻功虧一簣，敘述失敗帶來的巨大失落感對自己的打擊甚深。接著援引黃仁勳的創業故事和自身的經歷形成鮮明對比，強調堅持和不放棄的重要性。通過黃仁勳的例子，認識到自己應該勇敢面對挫折，讓讀者感受到成功需要莫大的努力和堅持。最後自己能秉持這些精神，讓自己成長，邁向更好的未來。

文末，脫離童年的作者每當回憶起這段經歷，都能藉由該收藏品回想對這段成長歷程的珍惜與感恩，正好對應首段金光閃閃的獎盃模樣，使讀者再次體會到這段經歷對作者的重要性和影響。

臺南區

國小中年級組初賽第一名

打招呼

新南國小／張芯瑜

題說：俗話說：「禮多人不怪。」師長們常教導我們遇到熟識的長輩或同學，若能主動打招呼，是禮貌的表現，不僅能讓人對你產生好印象，也能開啟和別人的情感交流。小朋友，在生活中你是否常常和周圍的人打招呼？你都怎樣和別人打招呼呢？對於不同的人，你是否有不同的方式？「招呼」之後有增進彼此的情感嗎？或是你曾經因為猶豫不決錯過了打招呼的時機而與對方面面相對，尷尬無言，甚至因為沒有打招呼而引起了不必要的誤會呢？請你以「打招呼」為題，分享與人打招呼的心情點滴。

＊

小時候我都不知道該怎麼打招呼，每一次看到家人，爸爸都會叫我打招呼，然而我聽不懂什麼是打招呼，所以爸爸就會七竅生煙，到了現在我才知道，原來打招呼就是「你好」的意思。

我以前和爸爸、媽媽、弟弟一起回鄉下找奶奶，當時我才一年級，所以不太了解打招呼，一看到家人，我就會像一股風般，跑到爸爸和媽媽身後，弟弟也會跟著我一起跑，所以我們兩個都會一起被罵，所以我們兩個就決定，以後我們一看到家人，就小聲的叫，這樣我們就不會被罵了。

升到三年級後，我一看到家人，就會大聲的叫：「奶奶！」，所以奶奶就會跟爸爸說：「小孩子現在長大了，跟以前不一樣了呢！」，爸爸一聽到就會很開心的說：「是啊！」早上，我一到學校就看到校長站在校門口，所以我就跟校長說：「校長早安！」校長也跟我說：「早安啊！」進到了教室，同學就跟我說：「早安！」我也跟他們說了早安後，就走到我的位子坐了下來。

長大後我才知道，原來打招呼能讓我們和師長、家人還有朋友有更好的感情，讓我們能好好的迎接下一天的到來，也能讓我們的感情更要好。

賞析

文章敘述自身從小到大對打招呼的認識與改變，藉此呈現個人成長和人際關係的發展。以童年時對打招呼的困惑及逐漸理解的過程作為取材。從小時候不懂打招呼的情景入題，描繪父親不了解作者為何不打招呼的生氣模樣以及見到奶奶後不知所措地躲在家人身後的模樣，在在凸顯作者對於打招呼的陌生，也因此無法達到與他人情感交流。

隨後描述長大後對打招呼的理解對比小時候的不理解，兩者形成鮮明對比，強調成長和學習的重要性。從人物對話中體現已知曉主動打招呼，並且讓他人加深自己的印象，進而開啟情感交流的機會。

文末揭示打招呼的背後目的在於打破人際隔閡，拉近人與人之間的距離，最終達到深化情感的環節，不論是對比的寫作方式或是由生活小事切入，都能夠發揮題目引文所引導的題旨。

高雄區

高中職組初賽第一名

「聲」活市集

瑞祥高中／林芝瑩

題說：市集中，除了琳瑯滿目的食物或商品等待著消費者購買外，最吸引我們的是許多生動的叫賣聲，或是喧鬧的音樂聲。陳黎的〈聲音鐘〉便透過栩栩如生地描述，寫出對流動小販的叫賣的深情，他將其比擬為人間天籟——具體而微地把整個民族、整塊土地的生命濃縮進一句呼喊，並且認為這些聲音是有活力的人間，不可缺少的色彩。簡媜在〈發燒夜〉中，也將如洪水氾濫成災的叫賣聲詼諧幽默地穿插在文章中。身懷絕技的小販們透過大聲公，傳出的激情吶喊，不但反映出臺灣庶民文化特色，更強化了逼真的臨場感，讓我們感受到喧囂夜市中，臺灣民眾不容忽視的購買力，以及另類的經濟奇蹟。

你曾有過清晨或黃昏與家人到市場買菜、到人聲吵雜的市集購物，或是在夜晚來臨時優閒地與友人逛夜市的經驗嗎？市集中除了人潮洶湧外，你是否也會被不同的聲音吸引，並且引發你的好奇心呢？你對市集的聲音是覺得有趣，還是有時會因為太嘈雜而厭煩呢？請以「『聲』活市集」為題，寫下你對臺灣市集的觀察，並且抒發你對市集的聲音產生的感受或想法。

*

每逢週六夜晚，小販們會在高雄文化中心的周圍擺攤，我總會在結束繁忙的一天後，來到吵雜忙碌的都市中唯一能漫步、靜靜聆聽世界美妙之音的市集。在那裡，我聽到「勇氣叫賣聲」、「希望笛聲」、「堅韌回收車」。

勇氣叫賣聲，看見活著的勇氣。走到轉角處，總能聽見「來買喔！香皂一個五元！」的叫賣聲，看著一個個五彩斑斕且精緻的香皂，我不禁好奇地問：「為什麼這些香皂這麼便宜？」身材消瘦的爺爺總說：「這是我的興趣。」原來，剛過耳順之年的爺爺是一位胰臟癌的患者，而「做香皂」是他唯一的興趣，更是給予他勇氣對抗病魔的唯一動力，因為「香皂」，讓他有勇氣面對一切，用熱情的叫賣聲感染每一位顧客。

希望笛聲，看見不屈的生命。陶笛聲渲染整個市集，走近一瞧，一位女孩正賣力地吹奏著陶笛，吹奏完，一旁工作人員扶著她走下臺向觀眾敬禮，她天生患有小眼球症，出生即失明，然而，對音樂的熱愛使她不顧一切地學習，看不到譜，就用一隻手摸點字譜來讀琴譜。她總以溫暖的微笑面對觀眾，她說：「只要我不放棄，生命就會對我笑。」命運翻牌後是未來，機會翻牌後的重生，在生命的交叉口，她以不屈的笛聲重生。

堅韌回收車，看見生命的堅持。每次到市集，總會聽到推車的輪子聲，一位八旬的老奶奶推著回收車，彎腰拾起每一個被她視若珍寶的瓶瓶罐罐，一旁路人走去問老奶奶為什麼這麼老還要出來撿回收，原來，家中唯一和奶奶相依為命的兒子一次車禍成了植物人，「撿回收」是老奶奶一家唯一收入來源。每逢聽到推車聲，心中總有一股心酸和不捨湧上心頭。

「聲」活市集中，不僅看見熱鬧的城市，更聽見「勇氣叫賣聲」、「希望笛聲」、「堅韌回收車」，看見生命的堅韌、不屈。

賞析

這篇文章將「總分法」的寫作技巧發揮得淋漓盡致。文章開頭立即破題，點出市集位置，緊接著就用「篇目總起句」，寫出：「在那裡，我聽到『勇氣叫賣聲』、『希望笛聲』、『堅韌回收車』。」在首段提示了三大重點事例，後面的每一段便圍繞著這一「篇目總起句」來分述。第二、三、四段亦運用了「段落總起句」，每一段開頭的第一句話為中心句，分別是「勇氣叫賣聲，看見活著的勇氣」、「希望笛聲，看見不屈的生命」和「堅韌回收車，看見生命的堅持」，後續的內容都圍繞著各段的「段落總起句」來敘述。而末段則是呼應首段，精簡有力的收束了全文。此篇文章能獲獎而歸的原因在於立意取材適切，結構完整穩固，脈絡清晰；假使作者能在各種不同的聲音上加以描摹、刻畫，增添文章的瑰麗色彩，必將使文章更為文情暢達、雋永動人！

換個角度

題說：說明：請先觀察下列圖片，並按題意要求完成一篇文章。關於這二張圖，你的理解是什麼？為什麼會產生不一樣，甚至完全相反的理解呢？生活中很多事情都是如此，同一件事、物，換不同的角度看，就會有更多的新發現。但人們卻有盲點，習慣用單一角度看事情，因而不知不覺被限制。從不同的角度去看事情，用心去思考，會讓我們思緒更清明，思想更開闊。請以這二張圖片為發想，以「換個角度」為題，寫一篇結構完整的文章。

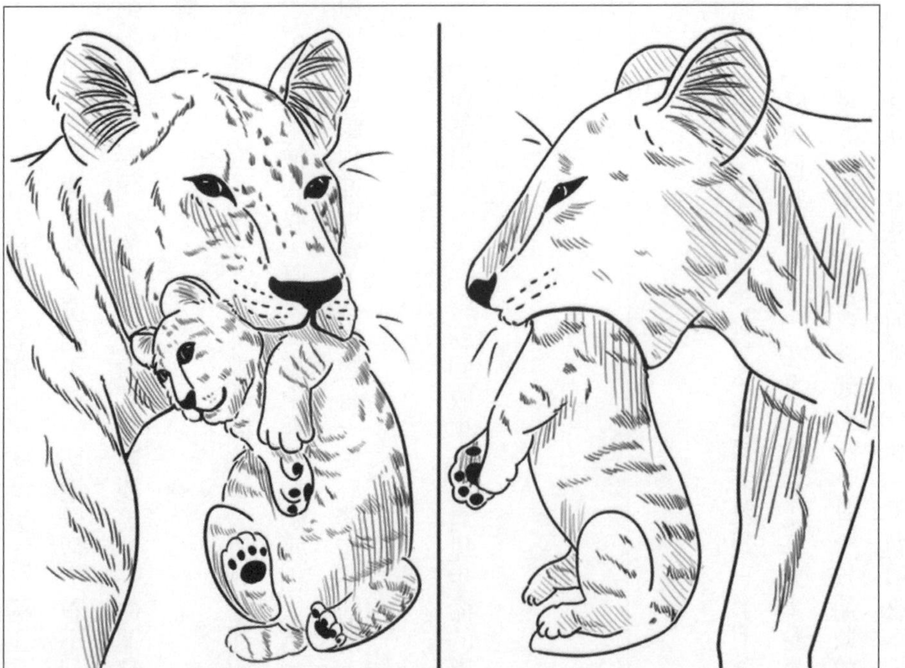

立志中學國中部／蔡喬安

＊

母獅鬆鬆含著小獅子頸上的皮將其移動至安全的位置，這是貓科動物常見的行為。從看得見幼獅全身的角度來看，這是一個有趣、可愛的畫面，是獅子母愛的表現。可一旦換了一個角度，就成了可怖的惡夢，母獅張開血盆大口咬住幼獅的頭，幼獅的腳不斷的踢動，似是在掙扎。換個角度看同一個畫面，產生了完全相反的理解，畫面是如此，那如果是換個角度看人，甚至是看世界呢？

換個角度看事、物，都會產生不一樣的理解跟感覺。人一直都有一個很大的盲點。看世界時總是習慣於自己主觀的角度，很難改變，更難的，是將心比心。比如：金庸小說中的成吉思汗，他帶領蒙古打下了跨洲的大帝國，在他自己的心中，他是千古難見的大英雄，沒有人比得過他，可若是換個角度呢？被征戰的人民家破人亡，有的無家可歸，對他們來說，成吉思汗不是英雄，而是惡夢的化身！這個世界沒有一定的是非對錯，有時換個角度，可以看到更多不一樣。

除了「看」，換個角度「思考」也很重要。人人都是利己主義者，沒有人不是最愛自己。在決定時也好，做事時也一樣，大家都想拿到最好的，都希望做最輕鬆的，那不好的或是比較辛苦的又該是誰來做？古人說：「己所不欲，勿施於人。」自己不喜歡的就不要強迫他人接受，這就是典型的換個角度思考。如果人人都能做到如此，那相比之下較差的東西自然就會由眾人一起承擔，同時也能有個好的名聲。

最重要的，我認為是換個角度生活。現代人的步調總是匆忙的，大人被工作淹沒，孩童的生活被升學體制安排。日復一日的單調生活，許多人早已麻木。但如果換個角度，適當的休息是成功的鑰匙，多親近大自然，仔細想想，有多少流傳千年的佳作是在悠閒的心態寫出來的？他們休息了，也成了千古傳誦的文學家。

改變生活的角度還有一點，不要冷淡、麻木的面對生活，遇到瓶頸也無妨，相信未來，相信夢想，要一直燃燒著、一直熱情的活著，就像太陽一樣，總有落下去的那一刻，可日落之後的太陽，也是發著光的，不是嗎？

換個角度吧！無論是看、思考或是生活，試著從其他角度體會，說不定原本毫無希望的事物能出現新的轉機；說不定能學會以同理心看人；說不定生活品質和成就能有新的高度。換個角度，或許世界比想像還要更美好，生活其實更有希望！

賞析

近年來十分流行「圖文並陳」型的寫作題目，題目除了有文字敘述說明，還提供了圖片、圖表或卡通漫畫等。

其實無論是圖還是文，它們都包含了兩大功能：第一、「審題」的輔助，讓寫作者能將思緒聚焦，不要偏題；第二、「取材」的來源，讓寫作者有更多相關的書寫材料，避免內容乾枯。

此篇得獎作品針對圖文題說適切的展開文章，開頭先書寫對於圖片的理解，藉此準確回應了文字題說的寫作要求，也充分發揮出首段的引言功能；文章的中間段利用分層羅列的方式，論述換個角度「看」、換個角度「思考」，以及換個角度「生活」，緊緊圍繞題目核心，層層展開，使整體架構極為明確、富層次感，也彰顯出作者的見地非凡；末段的收束則採建議的方式加上臆測的口吻，用了三個「說不定」和一個「或許」來呈現，不偏激獨斷的將主觀意識強加到讀者身上，還能帶動讀者反思。作者寫作能力不俗，值得肯定。

國中八年級組初賽第一名

消費新習慣　發票存雲端

七賢國中／田芯宸

題說：儘管很多人仍然習慣索取紙本發票，但經由財政部大力推動國人使用手機條碼儲存電子發票後，有越來越多人在消費結帳時選擇以發票載具儲存。使用雲端發票，將發票存在雲端不僅節能減紙有益環保，還能方便保存不會遺失，更有自動對獎，中獎後，獎金自動匯入帳戶，同時還有享有雲端發票專屬獎等諸多優點，希望大家都能養成發票存雲端的消費新習慣。請以「消費新習慣　發票存雲端」為題，依據你的經驗或見聞，寫下你對使用雲端發票的看法和想法。

*

在這個日新月異的時代，隨著科技的日益進步與發展，人們的消費習慣逐漸改變。從古代的以物易物，到使用貝殼、使用銅幣，再到近代的鈔票，甚至演變成虛擬貨幣。而紙本發票問世後，消費時索取發票也成了人們稀鬆平常的習慣。但是，電子發票的出現，卻可謂是為一個嶄新的世代拉開了序幕。

近年來，由於財政部的大力推動，使得越來越多國人選擇在消費時以手機條碼將電子發票存在載具中。在數十年前看似不可置信的事，如今卻成了大街小巷中司空見慣的景象。而民眾也從最初的一頭霧水，到後來早已見怪不怪。

古人有云：「眾惡之，必察焉；眾好之，必察焉。」如此普遍且為大眾所接受的新穎消費方式，讓身為國中生的我也不禁十分好奇。的確，既有益於環境保護，又方便保存不會遺失的電子發票，更能幫助我們自動對獎、中獎後獎金自動匯入帳戶，還能享有雲端發票專屬獎……等諸多優點。然而，一件事情從來都不會只帶來正面影響。我不禁思考，其實這樣的消費方式，並不是那麼適合長輩，老花眼、對電子產品不擅操作，若未來的紙本發票已被全面取代，該讓這些長輩們如何是好？抑或現代人網路成癮的現象十分嚴重，現在連日常消費都不得不用到電子產品了，豈不是會讓此種情形日益加深、民眾對手機的依賴性更高了嗎？思索過後，我發現電子發票，其實並不是百利而無害的。

但難道我們就要因為這些壞處，而選擇不去使用如此便利的工具嗎？即使要在利弊中取得平衡可能會十分艱辛，我們也不該放棄。我認為即使電子發票十分方便，對長輩們來說可能依然難以取代紙本發票。因此相關單位在推行政策時，也應該兼顧不同族群的需求，才不會本末倒置，讓長輩們無所適從。而網路成癮現象若是要被解決，也要釜底抽薪，電子發票才能被妥善使用。

對我來說，電子發票其實依舊讓我有些許恐懼。我想我還是不太適應這種消費方式。但為了我們美麗的地球村，我會盡力克服自身的障礙，勇敢邁出這一步。就讓我們一起開始這個新習慣，一定會快樂得像人身在雲端！

賞析

寫作論說文時，必須提出自己的思辨與見解，若是說理太過嚴肅，很容易讓文章變得生硬無聊；而這篇文章的作者透過書寫自身在日常生活中的諸多觀察，使筆觸顯得十分清新，不若一般論說文那樣沉重，是本文得以脫穎而出的原因之一。此外，在作文比賽中遇見此類「政令宣導」題目，許多參賽者都會側重在書寫政策的優點，但一味的讚頌不免流於歌功頌德或是有些矯情；此篇作品則是另闢蹊徑，提出：「我發現電子發票，其實並不是百利而無害的。」令人眼睛為之一亮！「提出問題」、「分析問題」，並思考著如何「解決問題」，這三者也就是議論文的寫作常律。本文作者遵循此一穩固架構，引用古文：「眾惡之，必察焉；眾好之，必察焉」來開展文章，以客觀且理性的態度去觀察生活周遭的人事物，分析社會現象，展現出獨立思考的能力，並成功的傳達了自我的思想。執筆在稿紙上碰撞出思辨的火花，使文章不落俗套，可圈可點！

國中七年級組初賽第一名

那一次，我很勇敢

龍華國中／高瑄蔚

題說：勇敢，是種不懼困難，勇往直前的精神；勇敢，是種不怕權勢，堅定不移的態度。有冒險犯難的勇敢，才有哥倫布發現新大陸的輝煌扉頁；有堅定意志的勇敢，才有李時珍嚐遍百草，邁向中醫的顛峰；有無畏拚搏的勇敢，才有富蘭克林冒險捕捉雷電的電學成就，因為有勇敢相伴，我們才能更進一步。

你曾有過什麼樣勇敢的行為？當時的你面臨什麼樣的挑戰？是什麼想法使你決定為自己勇敢一回？你勇敢面對後的結果如何？有什麼心得想和大家分享呢？請以「那一次，我很勇敢」為題，描述自己曾經勇敢的經驗，並說明自己的想法與體會。

＊

日光迤邐，溫潤柔軟的陽光，輕輕的跳進屋門，喚醒沉浸在睡夢中的我，我掙扎著起床，餘光無意間的瞄到塵封已久，被灰塵覆蓋的相簿，當我翻開第一頁，須臾間，時代巨輪開始旋轉，將我帶到那個自己被雲霧籠罩的時刻。

自幼，我便跳脫舒適圈，在冰冷、澄澈的水中學習游泳，不知是天賦，還是熱忱，到了國小低年級，我已不再像從前剛開始練習，且和水不熟的自己，水裡游泳成為了消遣休閒時光的運動。然而，一波強勁的波浪，讓原本風平浪靜的水面激起了浪花，自由式，成為了我學游泳之路的堅石，因為在換氣時沉下去的我，時時游到一半便停在旁邊，甚至有屢次想讓我離開這條初始熟悉的道路，但在父母與教練的陪伴和指導下，加上我覺得不能如此消沉、怠惰下去，終於使內心被名為害怕恐懼之網籠罩的自己，克服了一場人生道路的考驗。在平時練習時，我總能持續的游自由式數趟，因此透過這次經驗，洞悉到任何一條道路總會遇到困頓，不會順利，而唯有勇敢向前，持著堅定的心，思考解決方法，才是面對困境的解藥。

每個人都會在人生生涯間，碰到絆腳石，像是日本動漫《獵人×獵人》，男主角小傑在獵人試驗中巧遇曾是殺手的奇犽，並成為莫逆之交，在拿到獵人執照後，兩人沒有因而鬆懈，勇敢的攜手面對種種困難，小傑還成功的找到自己的爸爸。英國知名影星——艾瑪・華森，從小便是童星，但在當時，因性別及其他原因的關係，受到多人的冷嘲熱諷，可是她沒有放棄，反而找尋舒壓方式，相信自己，勇敢向前，如今才有現在聲名遠播的她。由上述可知，成功不是一蹴可幾的，要有克服難關、勇敢的精神，方可嘗到甜美的果實。

白駒過隙，一抹晚霞照映在湖面，如星般眾多的光點隨風起舞，揉合了當時游泳的困境的回憶，勇敢並不容易，但陷入絕望的漩渦，只會讓自己無法進步，所以可以透過慢慢的調適，勇敢通過人生考官給予的關卡，也期許自己能承襲小傑的精神，不畏懼前端命運之神所鋪的路，更不使自己沉浸在如骨牌效應般無限綿延的深淵。

賞析

這一篇文章取材於真實的生活經驗，作者描述自己原本擁有游泳的天賦與熱忱，卻因練習自由式時不順利，在換氣時沉下去，內心因而對游泳產生了強大的心魔；而人生難免遇上困頓、憂傷，只要勇於面對挫折、思考問題所在，經過堅毅的努力與練習，最終將克服考驗，嚐到甜美的果實。接著，作者舉出漫畫情節與人物，以及影星成名的心路歷程，如此不僅能用來對應自己的經歷，還能佐證自己的論點，在記敘中增添一點論說，使文章更富有變化。作者在首段使用回憶式的寫法，並在首段與末段都安排了描述時間的文句，運用優美的文字鋪陳時間的推移，使首尾得以貫通。文章結構平穩妥當，敘事完整，行文流暢，在情感的表達上雖較為含蓄、內斂，卻不失正向與積極的力量，整體表現堪稱優異。

國小高年級組初賽第一名

發現更好的自己

題說：在堅持不懈、努力奮鬥的過程中，你可曾不經意地發現解決困難的奧妙與樂趣；當投注心力與熱情，奮力不懈的同時，你也尋找到生命的價值與意義。挑戰自我，全力以赴的過程令人情緒激昂，當內在豐盈、心靈滿足時，你也發現了一個更好的自己。小朋友，你曾經有過接受挑戰的經驗嗎？過程中的努力或之後的收穫中，你有所成長嗎？你有發現自己變得更懂事、更貼心、具備更多處理事情的能力，因而變得更好嗎？請以「發現更好的自己」為題，寫下你的經驗、感受或想法。

中正國小／**徐天賜**

*

蝴蝶，用勇氣，破蛹而出，在花叢中翩翩飛舞；蒼鷹，用自信，展翅高飛，在千里廣袤中自在飛翔；魚兒，用毅力，破卵而出，游出屬於自己的一片天。而我從小時候的懵懂無知，蛻變成懂事的高年級生，此時，我已發現更好的自己了！

「樂觀進取，勇往直前，持之以恆，是克服困難的妙方。」有一次，我養了一隻無尾鳳蝶，每天替牠清理大便，並幫牠換葉子，就是希冀牠能安全的破蛹而出，我每天放學一回到家，第一件事就是看牠是否長大許多。某天，我看見牠在吐絲，這種喜悅溢於言表，因為，這意味著我可能成功了，也印證了「好的開始是成功的一半」這句話。但是，世事難料，在牠破蛹而出時，翅膀卡在殼裡了，我被這個景象嚇到了，心急得有如熱鍋上的螞蟻，不知如何是好，不久後，牠就奄奄一息了，那時，我真想說：「都是我的錯，害你無法變成蝴蝶」，可是，我忽然想起一句話：「樂不足喜，樂極也生悲；苦不足憂，苦盡也甘來。」的確，我一定要樂觀。此時此刻，我發現了更好的自己，一個不再總是悲觀的自己。

「零碎布料可以織彩衣，零碎時間可以織美夢。」薰風吹起了時間的書本，定格在娛樂那一天。媽媽約了朋友一起去遊樂園玩，但是，我還有許多未竟的功課，早上，大家雀躍三尺的出門玩耍，而我卻心不專、念不一，寫了一下子的作業，就休息一會兒，並去翻閱參考解答，結果一事無成。猶記得一句話：「唯有腳踏實地的專攻一個領域，從不想著花大量時間和精力去尋找所謂捷徑的人，才能取得平庸之輩難以企及的成功。」因此，我靜下心來，慢慢的寫，十分專注，不到半小時，我就將所有未竟的功課完成了。此時此刻，我發現了更好的自己，一個懂得駕馭時間的自己。

「勇氣不可失，信心不可無，世間沒有不能與無能的事，只怕……不肯。」勇氣和獨立是融合一體的，會獨立的人往往都會有勇氣，想要獨立，就得先有勇氣。登山女性江秀真，她是全臺首位登上珠穆朗瑪峰的女性，她每天低氧訓練，經歷了一連串艱難的測驗後，正式出發，一路上，她冒著隨時跌落谷底的危險，忍受著呼呼作響的寒風，最終，她攀上了心中的頂峰。而我寫作文亦是如此，好不容易經歷了痛苦的琢磨，才有機會參加聯合盃。此時此刻，我發現了更好的自己，一個勇於挑戰，不怕堅苦的自己。

從這些過程中，我發現了更好的自己，不再以悲觀的角度看待任何事，不再分心，會專注於任何事上，懂得駕馭時間，產生勇氣，愈挫愈勇，不怕失敗。我找到了生命的價值，看見更好的自己了。

賞析

此篇文章首段使用排比來破題，以相同的句式層層堆疊，而且字裡行間也足見這位小作家的詞彙量十分豐富，因此一開頭就氣勢非凡，令人驚豔。

「發現更好的自己」這個題目，對小學高年級的孩子來說雖不是特別困難，但想要發揮得好也不太容易。因為這個年紀的孩子對生活中的許多事理都還似懂非懂，書寫時往往很難有深一層的見解。但這位小作家卻能從生活中微小的事件，看見背後所隱含的深層意義與正面價值，從中發現更好的自己，著實值得讚賞！這位小作家舉了三個生活中的事例，養鳳蝶、寫功課、參加作文比賽，取材多元豐富；結合名言佳句，讓生活事件變得意義非凡，使整體格局抬升到更高的層次；結尾歸納收束，不急不徐；整篇文章結構井井有條，文意銜接流暢，足見小作家的文思分明、條理清晰，是一篇相當難能可貴的佳作。

高雄區

國小中年級組初賽第一名

趕走壞心情

美濃國小／**邱翊綺**

題說：心情就像天氣，有時風和日麗，有時烏雲籠罩，有時也會有風雨襲來。當壞心情像烏雲籠罩心房，眼前的世界瞬間煙雨迷濛，讓人心情沮喪、無精打采，只有等到陽光露臉，烏雲散盡，大地才能恢復生氣。我們的心房裡住著天使與惡魔，當惡魔出來搗亂時，瞬間心情變得烏煙瘴氣，這時需要天使出來趕走惡魔，才能得到安寧及祥和。小朋友，在你的生活中發生什麼事時，壞心情會出來搗亂？你會用什麼方法趕走壞心情，讓心情恢復平靜呢？請以「趕走壞心情」為題，寫下你的經驗、感受或想法。

*

在生活中，心情不但是人類用來表達感受的方法，也是讓人發洩情緒的方法，好心情有如微風吹拂、風和日麗的天氣一般，令人感到全身放鬆；壞心情則有如狂風暴雨、雷雨交擊的天氣一般，令人有如窒息一般的感覺，感到頭痛。唉！真希望讓人煩惱的壞心情能灰飛煙滅，留下充滿太陽的好心情。但假如壞心情散不掉呢？這時候就可以做些熱愛的活動來開心、快樂起來。

當考不好的時候，回家的步伐無精打采，一顆大石頭「噗通」的深進了心裡，路燈一盞一盞的開了，心裡的結卻心如鐵石不受影響，融不掉的霜填滿心頭，空氣凝固著說不出來的害怕，好不容易吐出來的字字句句卻散了，我常常擔心著成績，想把它忘掉，又不知道要怎麼做。我開了檯燈，翻開一本本書，在書海裡的我，自由自在的遙想，夕陽照進房間，化為一抹微笑，掛在我嘴邊。當壞心情進入我心底時，我會讀書，讓陽光灑進心底，讓心平靜。閱讀，讓我覺得歡欣鼓舞。

我時常會感到緊張，當我感到緊張的時候，心臟好像有如野牛一般活蹦亂跳的快炸開了；呼吸有如獵狗一般急促的很不舒服，就算是深呼吸也一樣像氣球一吸一漏，漲個不停，每當我緊張的時候，天氣就有如寒冬、下雪那樣讓人摸不著頭緒，所以通常我都會作運動來緩和緊張的氣氛，我認為只要能管理好心情，就可以做一個自律的人。

心情就像季節那樣多變，天氣那麼頑固，變化多端的情緒是可以管理好的，就算壞心情讓人掉落、好心情讓人歡喜，我們仍然可以管理好情緒，趕走壞心情、留下好心情！

賞析

你是否曾在寫作時，面臨缺乏寫作材料的困境？其實，題目的說明引導可以提供我們許多寫作的靈感。比如這位小作家就十分聰明，懂得運用說明引導中：「心情就像天氣，有時風和日麗，有時烏雲籠罩，有時也會有風雨襲來」這段文字，重新詮釋，除了模仿用「譬喻」的手法來描述心情，更加入了自身的感受，為文章開闢出一個十分漂亮的起頭。在第二段中，小作家善用「形象化」的手法：「融不掉的霜填滿心頭，空氣凝固著說不出來的害怕，好不容易吐出來的字字句句卻散了……」描繪出擔心的感受；在第三段則是再次使用「譬喻」，寫出心跳像「野牛」、呼吸像「獵狗」、深呼吸像「氣球」等，描繪出緊張的感覺。這兩種手法，讓「擔心」和「緊張」這類抽象的心情感受，變得清楚且充滿畫面感。整篇文章切合主題，文字輕鬆活潑，是一篇好作品。若能再多加磨鍊，必能更上層樓！

花蓮區

高中職組初賽第一名

我想策劃那樣的展覽

海星高中／謝承佑

題說：臺灣社會內涵豐富多元且充滿文化活力，從各地常有五花八門的展覽可見一斑，例如世界名畫的巡迴展覽、無國界醫師的攝影展、日本動漫卡通展覽、人權故事行動展覽等。參觀展覽不僅能拓展我們的眼界，還能引發內心的感受與思考。舉辦一場展覽，並非隨意擺設展品、貼上告示牌即可，而是需要策展人精心設計，把素材加以整理、編排並呈現，才能將展覽的主題理念傳達給社會大眾。如果今天你成為一名策展人，你想設計什麼主題的展覽？也許是一場以「環保」為題的攝影展覽，藉以呼籲人們對生態議題的重視；或是以「童年回憶」為題的插畫展覽，試圖喚起人們的純真情懷……。請以「我想策劃那樣的展覽」為題，說明你的展覽設計理念、展出的內容及預期的成效。展覽形式、內容、題材皆不限。

＊

在今天的巨蛋裡，正在舉辦一場盛大的展覽會，裡頭的攤位櫛比鱗次，所展示的物品更是五花八門、琳瑯滿目。其中不乏藝術家的傑作、奇幻科學的展現、古代器物的亮相，各個攤位都擠滿了想一探究竟、大開眼界的人潮。但這麼多的攤位中，唯那個攤位乏人問津——這使得它在場中更加顯眼。這攤位有位關主坐在裡頭，桌上卻沒有擺放任何展品，看似毫無色彩的照片；它招牌上寫著「專屬於你的展品」，看起來特別，卻又散發出難以接近的氣場，每人經過此地，都很好奇這攤在「展」什麼，卻都不敢靠近和詢問。

經過了漫長的沉默與等待，有位客人注意到了這攤，眼看四周無人，便鼓起勇氣、硬著頭皮上前詢問：「請問這個攤位……在展示什麼呢？」

「任何東西，」關主他說道：「任何您覺得值得向大眾展示的物品，我都能展覽。只要您願意將它託付給我，我必讓它奪得眾人的讚嘆！別擔心，結束後會還你。」

客人想了想，從手上取下了他配戴的紅棕色手錶遞給了闆主說：「這雖然只是普通的手錶，但這是我爸在去前線打仗前送我的生日禮物。我非常珍視它，當作我爸靈魂的寄託……希望你能展示這個，讓大家感受這份思念。」

「沒問題！」說完，闆主小心翼翼的接下手錶擺在桌上，寫了「父親的思念」標籤擺在前面。這下有第一個展品了，許多人紛紛湊過來觀看，看見一只手錶靜靜躺在那。說也奇怪，明明只是只手錶，每位見到它的人的心中都湧上不明的悲傷和遺憾，以及永遠無法見面的空虛，有人甚至流下了眼淚。後來，逐漸開始有人來擺放展品，其中包含阿姨送的童話故事書、買給寵物的圍巾和衣服、陪伴農夫二十年的耕耘機鑰匙，甚至還有前男友的戒指、殺人凶手的頭髮，或是妹妹的髮圈、爸爸的眼鏡等等。雖然都只是普通物品，卻能使觀賞的人進入那物品的世界，成為當時的擁有者，讓他們親身感受到埋藏在內的喜怒哀樂和特殊的情感。到最後，這間攤位從乏人問津變成吸引最多人的人氣攤位，大家都想去感受那觸摸不著卻探入心頭的感受。

等到展覽結束，所有人領回他們的物品，但他們仍留下來問闆主：「您真正的主題是什麼？」

「我啊……」闆主說：「想表達的是『再怎麼平凡的物品，一旦有了故事，都是有價值的。珍視那些物品吧！它或許是你這輩子最值錢的東西。』」

賞析

「我想策劃那樣的展覽」一題，多數文章會從觀賞過的展覽入題，接著再述及自己想舉辦的展覽、背後的緣由、展示的物件等。然而本文卻別開生面，直接揭示一場展覽會的過程，宛如小說情節般曲折新奇。

文中描繪一個偌大的展場裡有許多攤位，然而有一攤卻乏人問津，更妙的是沒有擺放任何展示品。終於，有位客人開口問道此攤究竟展出何物，沒想到得到的答案竟是想展出客人身上任何一樣值得展示的物品。好奇心的驅使下，客人取下那隻父親打仗前送給他的手錶作展示，手錶被安上「父親的思念」標題，成為第一件展品。旁人紛紛湊前觀賞，緊接著陸續收到現場客人提供的物品——阿姨送的童話故事書、陪伴農夫二十年的耕耘機鑰匙、寵物的圍巾、妹妹的髮圈……，這些普通的物件，搭配富故事性的標題，竟讓大家無比動容，感受到埋藏其中的悲喜哀樂。文末點出展覽的主題——珍視平凡事物背後的故事。

全文匠心獨運，文筆洗鍊，寓意深刻，極富創意與巧思，堪為佳構。

花蓮區

國中九年級組初賽第一名

我看網路匿名版

慈大附中國中部／林芊逸

題說：網路上有許多匿名的討論版，它們允許使用者匿名發言和互動。有些人認為匿名發表內心真實的意見、宣洩自我的情緒，能夠紓解、釋放生活中的壓力；有些人則認為匿名發言既自由又安全，讓人對於敏感議題也能積極地給予評價或批判。然而，因為「匿名」的功能，無須公開自己的身分，也讓有些人變得肆無忌憚，發言流於謾罵，甚至散播仇恨言論或造成網路霸凌現象。匿名發言有好處也有壞處，你認為網路匿名版的存在是利大於弊？或是弊大於利呢？面對這樣的存在，我們能做些什麼呢？請以「我看網路匿名版」為題，結合自己的經驗或見聞，說明你的體會與想法。

*

這是一個無聲的世代。網路與科技跨越了層疊青山、飛過了湛藍大海，如同絲線將世界的脈動和每一位使用者緊密相連——於是線上傳訊取代當面問候，只需坐在家中，便能對數千公里外的新聞發表意見；我們盡情享受網路所帶來的便捷，手機螢幕映出的藍光的確照亮了許多未曾被留意的黑暗角落；然而當雙眸的對視與擁抱的溫度被取代，藏在匿名下發言的人們，又能否記得，每一個代號之下，皆是活生生的、會疼痛的靈魂？

首先，我在網路匿名版中看見一把伴人成長的傘。「同學排擠我，怎麼辦？」「爸爸常常打我，我好害怕……」青少年的心思往往柔軟而敏感，他們能比尖刀更銳利，又脆弱得一碰就碎，漲潮的情緒若未能被好好接下，極有可能一發不可收拾。於是，當時高中的季宛軒在臉書上創辦了「學生的心聲筒」匿名版，渴望讓失去言語的學生重新擁有聲音。當心情得以被傾聽、黑暗的夜便不再孤獨冰冷；貼文下，經常能看見溫柔的支持，亦不乏中肯的意見。一群淋過雨的人們回過身來，以搭建匿名版的方式，為身處飄潑大雨中的學生，撐起了名為守護的傘。

其次，我從網路匿名版中看見一把鋒利無比的刀。我曾置身於大海之中，失去氧氣、沒有名姓。那是蟬鳴不止的仲夏，一場班際球賽上，我不慎將對手推倒在地，原以為道歉便解決的小事，卻在學校的匿名版上泛濫成了一片大海，張牙舞爪的向我捲來。是尖酸的嘲諷、是對事實的扭曲、是我再也不敢站上球場的原因；躲在鍵盤後的人們花一分鐘送出匿名，我卻花了一年的時間才克服使用網路的恐懼。至今，我仍難以忘卻砭骨錐心的痛和無從解釋的無助，有人以言語之刀摧毀了我的夏天，而我亦看見披上匿名的黑袍，不只遮住了身分，更遮住了將心比心的同理與發言前的深思熟慮。

最後，我在網路匿名版上看見象徵生命與毀滅的火。星光可以燎原，點亮角落中的希望，一如以匿名平臺為自身經歷發聲的人們，又好比在學生會選舉期間，我能放心地發表對於政策的看法。然而火光衝天，卻也能以烈焰燒毀對世界的盼望，如同最後因為發布攻擊性言語而無限期停止營運的學校匿名版，如同二〇一八年被網民的攻擊推下深淵的藝人雪莉，以及更多沒有名姓的受害者。火點亮了希望，卻也是絕望的開端——因此，我期許自己，能成為以火炬照亮晦暗的人。

如傾盆大雨中守護的傘，卻又化做傷人尖銳的刀，網路匿名版承載希望，也能帶來悲傷。我曾被溫暖的話語安慰，也墜入過深藍的大海——而如今，我願從自身做起，以理性的態度與溫柔的心，舉起名為網路匿名版的火炬，在享受其便利的同時，不忘最初的本心。一如水能載舟、亦能覆舟，是助人、是傷人，往往只在一念間，願能在如此的世代中，仍然以真誠與溫柔待人。

賞析

修辭巧妙，時有佳句：例如「網路與科技跨越了層疊青山、飛過了湛藍大海」以擬人手法寫出網路科技無遠弗屆，「又能否記得，每個代號之下，皆是活生生的、會疼痛的靈魂？」以反詰扣問那些藏在匿名版下發言的人們，特別地能展現力道。

對比成文，說理精闢：「網路匿名版」有其利弊，使用對比方式，運用貼切的譬喻來精闢說理：以「一把伴人成長的傘」比喻匿名版上「當心情得以被傾聽，黑暗的夜便不再孤獨冰冷」的支持與守護；然而它同時也是「一把鋒利無比的刀」足以刺傷人心，喪失信心及勇氣。

現身說法，真切動人：寫出自己曾在匿名版上受到批評嘲諷的經歷，「我曾置身於大海之中，失去氧氣，沒有名姓。」有更多沒有名姓的受害者被攻擊謾罵，因此落入萬丈深淵。是以作者願從自身做起，舉起火炬，以真誠與溫柔照亮匿名版上「許多未曾被留意的黑暗角落」。

花蓮區

國中八年級組初賽第一名

稅收，讓生活更美好

慈大附中國中部／**吳京蔚**

題說：你知道為什麼人民要繳稅嗎？因為稅收是用在人民身上的！從行人步道、馬路橋梁、機場港口，到國民教育、住宅補貼、急難救助……，所有促進人民福祉的公共事務，舉凡社會安全、公共建設、教育文化、社會福利等，都需要有稅收來支應。「稅收」可說是國家社會安定與進步的資本，若沒有稅收，政府的各項建設與措施都將難以維持，不僅影響大眾的生活品質，國家競爭力也會因此停滯。

在日常生活中，你享受過哪些稅收帶來的好處呢？稅收又是怎樣讓你的生活變得更加便利、精彩呢？請你以「稅收，讓生活更美好」為題，分享你的經驗與看法。

＊

向大地灑下幾點甘露水，在那循環的天理下，小芽會發根、抽芽，最終長成參天大樹，結成的果子，甘美無比。而這些，都是當初那甘露水的功勞。若說國家是那大樹，我們便須身在其中付出，澆下甘露，便是稅收。

從前啊，學校的操場是黃土堆的，旁邊就是大水溝；校舍是以黏土堆起，枝稈糊實；午餐也就是從圍牆翻出去，削幾條甘蔗填肚子……以上，皆是從長輩口中聽見的兒時二三事，在那樣純真的年紀，卻在困苦中求生存，可為何我的世代是如此便利，有午餐，有舒適的環境？這便是「稅」的功勞，從人民、父母辛勤工作，用汗水，用每一分血汗錢，堆出子女未來成功的希望，在那兒時生命裡，希望我們用最好的書本，最好的環境學習，不重蹈他們從前辛苦的覆轍，感謝每一位自主的公民，為我們創造未來光明的路。稅收，使學子能向陽而生。

去年的五月，母親節前夕，一輛載著四個生命，滿後座行李，以及愛的小客車，在某條公路上，猛裂撞響了天堂的大鐘，震耳欲聾。噢，我幾小時前，對一個收銀員說謝謝，幫爸媽提東西，上帝啊……你說，我能否去天堂？當時，在不成形的後座的我，腦中一片混沌，只想要跑，可胸腹的噁心、鼻腔不去的汽油、血腥，使我心碎。這場自撞的車禍，我搖搖欲墜，父母的肩膀也承受不住，成為北風中委頓在地的凋葉，我想，手術費、保險費，是否會在車禍中，奪走我的幸福？我往後要靠誰呢？在這漫天烏雲下，一線微光忽然劃破混沌，夸父逐日般，使我衝破黑暗，這束光，便是醫療保險！當我知道，有保險時，我們家的醫療費用少了很多，不用再擔心家庭破碎、往後無依無靠。稅收，使人在危難下能重獲生命的資格，使人生能夠更美好。

以哈戰爭，是最近的國際焦點，以色列被哈瑪斯突襲後，揚言要報仇。多少年前，猶太人在痛苦中死去，而今，猶太民族又要反過來，仇恨百年，何時方休？我們永遠不知道，什麼時候，在逃難民潮中，會不會多一個我們，但是，我們卻要防護自己，也許我們不會拿槍，那就讓會的人，拿起，捍衛腳下淨土，稅收能從每個公民手中摘取一份力量，成為國家的棟梁，經濟循環，競爭、成長，在世界的地圖上，保護那片青天白日滿地紅！

錢，很重要，也有人抱怨，稅收稅收，每天工作全年無休，但，請想想，一個個學子的未來、受苦之人的期盼、全國的希望，也許需要你重要的一份努力呢！所以，用每個人的力量，錢只是表面，內在，是一個含有未來、平安的世界，在我們的付出之下，幫助、感謝每個努力活著，對生活充滿展翅高飛的人，珍惜稅收帶給我們的便利。

稅收，使生活更美好！

賞析

全文架構平穩，雖是理性論題，但能以細膩筆法破題，從泛論進入深論，從自身實例帶到他國範例，層層推進，文末再回扣主題，並以反思深化題旨。

首段以大自然的恩賜為喻，將「稅收」比擬為天地之間的「甘露」，滲透滋潤著世間的一草一物。其中暗含著稅收之德，常在不知不覺間育化萬物，這樣的類比恰當且深刻。從對比過往長輩生存年代的苦辛，到今天因社會進步，百姓納稅而進步的公共環境、普及教育、健保給付等，列舉實例以證明稅收帶來的美好生活。除卻古今對比，也帶出國外實例，可見作者旁徵博引的能力，及宏闊的觀點。

最末的省思，引導讀者站在智慧的高點，察覺稅收為大眾生活帶來的助力，同時守護著這世界的安穩，精準地詮釋了稅收讓生活更美好的意旨。

花蓮區

國中七年級組初賽第一名

那一抹清香

花崗國中／張晏寧

題說：夏天的竹蓆散發淡淡清香，讓你想起童年慵懶的午覺時光；溫熱的烏龍茶散發陣陣清香，讓你想起和外公在院子泡茶聊天的情景；烏黑的秀髮散發縷縷清香，讓你想起靠在媽媽肩上撒嬌的歲月。那一抹清香，縈繞鼻腔，留存心底，成為難以忘懷的記憶。在你的生活中，有沒有哪個清香的氣息讓你印象深刻？那是什麼樣的清香？為何令你難以忘懷？背後有什麼故事？請以「那一抹清香」為題，分享你的經歷及感受。

＊

曾經，我也是總依偎在母親懷中的孩子，母親身上常散發著淡淡洗髮精的香味，有時些許花香，有時則是帶著些許甜味的果香，因為工作關係，偶爾會混雜著不易察覺的魚腥味，卻和香味沒有絲毫違合感，反倒令我產生了放鬆愉悅的感覺。有一段時間，因為弟弟的出生，母親的身上帶著奶粉味，非常純淨，因為沒去工作，身上的魚腥味少了許多，使奶粉香更加明顯，讓人忍不住沉醉其中。

上學後，有一段時間我還是滿黏母親的。三年級放學回家，因車內座位不夠，我是坐在母親腿上，母親身上的魚腥味混著汗臭傳入鼻中，我並不覺得反感，反而覺得放鬆。那抹味道對其他人而言雖算不上清香，甚至算不上好聞，卻成為了我學習的動力，我似乎可以從中嗅到父母的辛勞，努力工作將我們養大。除了父母身上，其實車上也有，我卻不怎麼喜歡，就感覺少了點人味，只是普通味道。

上了五六年級後，我便不怎麼和母親做擁抱等親密接觸，上國中後更少了，總覺得這有點丟臉。其實，我真的滿懷念以前，懷念被母親抱在懷裡，傳來若有似無的魚腥味，不知何時，我已離開了母親的懷抱，小心翼翼的開始接觸外面的世界。升上七年級，好像一個分界點，即使跌倒了，也再無法像孩提時期一般，哭著跑進母親懷裡，嗅著那抹常見卻是母親獨有的氣味平靜下來。但，我知道母親會隨時歡迎我回去，回去那溫暖且總散發獨特氣息的懷裡，只不過是我拉不下臉，用長大當作藉口，遲遲不願去追尋本心，只為了我那無意義的自尊，放棄了我最想念的地方，和於我而言最難忘的那抹清香。

對不起，但請等著我，請相信我總有一天會回到溫暖的懷抱中，嗅著那因辛苦將我們拉拔長大的那抹魚腥味，那抹令我永久無法忘懷的「清香」。

賞析

有別於大眾認知的茶香、草木香，作者巧妙選用與「香」矛盾、因工作沾染的魚腥味和照顧幼童的奶香，透過嗅覺編織的記憶圖畫，勾勒出母親的日常生活縮影。「清香」之純淨，不因氣味的駁雜影響，正因母親的氣味對孩子最為可親，點出了獨到之處。

母親的氣息與其自身成長經歷緊密環繞、難以割捨。作者細膩描寫依偎在母親胸懷嗅聞的場景和感受，並與其他氣息比較，顯現物與人之間的差異在於多了份人的「溫情」。而伴隨成長，無論是對親密互動的抗拒、在乎大眾目光，或急於脫離孩子身份向外探索的渴望，寫實寫出青少年的煩惱，並藉由文字真情剖析自我與告白中，寄望能重溫生命中不可抹滅的清香。

全文緊扣清香與作者的日常，文字質樸動人，字裡行間可見對孩子對母親的孺慕真情，引人內心深處與之共鳴。

國小高年級組初賽第一名

早起的風景

北昌國小／謝艾珊

題說：早晨，是一天的起始，在這個時刻，有著許多值得讓人停下腳步、從容欣賞並且細細感受的風景：也許是清晨日光從魚肚白的天邊逐漸暈染開來的景象；也許是早餐店老板掀開饅頭蒸鍋時熱氣蒸騰的畫面；也許是公園中阿公阿婆們揮汗健走或做體操的場景。這些晨間風景，或許能讓人感受到悠閒舒適的美好，也或許能為我們的一天注入滿滿的力量。

在早起的時候，你曾經欣賞過怎樣的迷人風景？早起的風景帶給你什麼樣的感受？請以「早起的風景」為題，分享你的見聞與體會。

*

黎明，太陽公公從山頭緩緩爬升，灑下早晨的第一道曙光，也喚醒了沉睡的大地。此刻，金黃色的陽光穿透雲層，點亮了沉寂的萬物，伴著早起鳥兒的啁啾、隨著潺潺流動的小溪，拉開新的一天的序幕。

早晨的水田，成群的白鷺鷥悠閒的漫步，時不時低頭啄食肥美的蟲子。一隻隻咖啡色的田鼠從土裡探出頭來，鼓起小小的腮幫子，呼吸早晨新鮮的空氣。耀眼的陽光照映著水田，波光粼粼，一陣微風吹來，嫩綠色的稻子整齊的左右搖擺，掀起一波波稻浪。早起的水田充滿旺盛的生命力。

早晨的海邊，日光從魚肚白的天邊逐漸暈染開來，我喜歡就這樣坐在沙灘上，感受清晨的海風輕拂臉頰，享受溫暖的陽光擁抱著我。海浪一波波拍打著岸石，在太陽下閃閃發亮，充滿希望。暖暖的沙灘上，一隻隻寄居蟹揮動紅色的爪子，好像在和我打招呼呢！早晨的海邊，是多麼熱情！

早晨，是一天的開始，是天地萬物共同甦醒的一刻，更是最充滿活力與能量的時刻。仔細觀察、細細品味，早晨的風景是如此美麗。

賞析

非以「早起的鳥兒有蟲吃」或「一日之計在於晨」等俗諺起頭，而是以光線的流動視角帶出萬物甦醒的景象為開頭，足具畫面感。

段落的安排上富有層次感，如隨著鏡頭流轉，將讀者的眼光帶至田野風光，以視覺、觸覺、聽覺等感官描摹，聚焦寫出田鼠、微風、稻浪的動態感，帶領讀者領略早晨的生命力；從田野再到海邊光景，細微刻劃沙灘、海浪、寄居蟹等萬物的變化與物我之間的互動關係。

末段精準寫出早起帶來的人生感思，以體察萬物、品味生活為體悟，透過觀察早起風光，寫出回饋予自身的生命活力與動能。

全文架構清晰，段落間相互綰合，語句流暢，筆觸細膩。

國小中年級組初賽第一名

那一次，我自願

中正國小／張慈晞

題說：當老師或父母問：「有沒有人自願？」通常代表這件事情可能不是每個人都想做的，也許是擔任班級幹部、參加語文競賽、幫忙倒廚餘垃圾、放學留校布置教室，或是假日抽空擔任志工等。自願，表示自己是在無人強迫的情況下願意去做某件事情，更意味著願意挑戰、願意付出的處事態度。

你有什麼自願的經驗呢？為何那一次會選擇自願？那一次自願的經驗帶給你怎樣的收穫？請以「那一次，我自願」為題，分享你的經驗、想法及收穫。

＊

以前升三年級的時候，剛開學，老師說要選班長、體能班長和代班長，常常會有許多同學紛紛自願，但是這次分了班，單單只認識一、二位的好朋友，每個都是安靜般的思考與決定，像我因為太害怕、太社恐一直沒當選任何班級班長，那天我決定勇敢大聲說：「老師，我自願。」

當上班長的第一天早休，老師要把資料給其他老師，可是桌上還有各式各樣的作業和習作，於是老師想請一位同學幫忙，我也剛好沒事要做，就跟老師說我可以幫忙！上課時，我自願幫老師發改完的課本、習作，讓我和老師分工合作順利將課本、習作發給同學，下課時，我看到有同學不會寫，我就自願將我的做法一五一十的告訴同學，漸漸的日子一久，我就成為老師、同學的小助理。

有一次閱讀課，老師在圖書室等其他同學，大家以為老師不在就可以大吵大鬧、玩鬼抓人，使整個教室的自律亂七八糟！讓人只能蓋著耳朵才好點、安定下來，身為班長的我，實在看不下去了！我自願到黑板，把吵鬧的同學一一登記下來，可是大家卻用生氣的眼神小小聲的說話，不時用眼睛瞪著我，想也知道是因為我登記他們才會瞪我，可是明明是他們做不對的事，為什麼要對我生氣呢？這件事讓我心裡好難過，作為班長的意志也隨著流去。回到家，我思考我之前的動作，我發現我的自律不完整，我其實可以發揮「同理心」跟他們說！我的想法讓我興奮了起來，我起身拿新的日記本，寫下「我當班長的經歷」標題。

今天一大早上學去，那幾個人紛紛來到我座位，一一向我對不起昨天的動作，也感謝我自願登記的動作，讓他覺得「安靜」是多麼美好的事啊！我也決定，從今以後，一定要一天比一天做得更好！

我的「自願」讓我變身成班長，打破人生中的社恐！讓我覺得我越來越棒了！「自願」這個學習心態，除了改變心理難關，也可以變成人山人海中最亮的光，讓我們一起變成人見人愛的人吧。

賞析

本文以自願擔任班長為素材，敘寫自願時的心態與擔任班長後的經歷成長，筆觸真摯誠懇，段落架構完整，十分扣題。

原本有社交恐懼的作者，為了克服障礙，勇敢地自願擔任班長一職。求好心切的他，自願發作業、指導同學課業，儼然是老師與同學的小幫手，獲得大家的認同。然而在某次老師不在時，全班秩序大亂，作者主動上臺登記吵鬧同學，卻遭他們白眼批評，這讓作者沮喪萬分，開始對同學產生怨懟，也對擔任班長一職有所懷疑及猶豫。後來他轉念檢討自己，發現其實可以更富同理心來處理此事，結果和同學誤會冰釋，和好如初。文末他慶幸自己當初自願擔任幹部，從而獲得了寶貴的學習經驗。

全文例子恰切，鋪陳通暢，將「自願」的心路歷程敘寫得相當精彩。

高中職組初賽第一名

蘭陽女中／朱子希

題說：請先閱讀以下資訊，並按題意要求完成一篇文章。

下表是前瞻建設註1一～三期計畫中，對宜蘭縣補助的項目與金額：

註1：前瞻建設是指臺灣推行的經濟建設計畫，希望透過興建及完善各種基礎設施，強化民間投資的動能，帶動整體經濟成長。

文章整體內容應包含：

一、對於下表補助金額與項目，簡要說明你的建議是什麼？

二、將你的建議結合你的經驗或見聞，寫下感受或想法。

◎你對下表補助金額與項目的建議，可以只針對單一項目來說明，例如：宜蘭縣人口老化嚴重，「整建長照衛福據點計畫」的金額應該再提高；也可以針對多個項目來統合說明，例如：在推行「高中以下學校班班有冷氣」與「城鎮之心工程計畫」等項目時，應同時考慮環境的永續或者其他的想法。

前瞻建設拚出宜蘭好生活

前瞻1～3期，補助宜蘭縣

項目	金額
提升道路品質計畫	18.32億
縣市管河川及區域排水整體改善計畫	16.34億
文化生活圈建設計畫	7.42億
營造休閒運動環境	7.24億
高中以下學校班班有冷氣	5.85億
城鎮之心工程計畫	4.79億
全國水環境改善計畫	4.32億
整建長照衛福據點計畫	2.47億

資料參考：國家發展委員會

*

在「前瞻建設」計畫中，我認為對宜蘭縣「文化生活圈建設計畫」的補助金額應有提高的空間。其實，其預算所占比例已較我預想高出許多，但可惜我無從得知此筆經費究竟具體用於何處，我認為宜蘭獨有的文化、抑或展現得較其他地區佳的層面，應值得國家投注更多資源、精力去保存、延續和推廣。

以發源於宜蘭地區的「歌仔戲」為例，其實為一項獨特而珍貴的傳統文化，多年前曾為在地居民茶餘飯後的娛樂活動，同時，也經常結合宗教祭祀大典等場合進行演出。可近年來隨著大臺北等其他地區都市化發展快速，宜蘭青年為求更好的生活品質而離鄉打拚、以及科技日新月異帶來人們娛樂習慣改變，宜蘭的戲曲文化似乎也日漸消失在一般民眾的視野中。

兒時，我正好住在土地公廟附近，住家旁每逢重要節氣時分都會搭起戲臺子，供戲班演出，父親鍾情於在地傳統文化的復興與推廣，經常帶著我在臺下看戲。而自從搬家後，我鮮少再看到類似的演出，偶爾遇上中元普渡等時節再看見，更婉惜於歌仔戲文化的式微。因此，我期許政府能將更多的經費，用於推廣、復興在地的戲曲文化，使其再次活躍於大眾視野中，免於就此消逝。

再者，我作為一名自幼學習「國樂」的學生，更有感於大眾對傳統文化的陌生與誤解。宜蘭地區的北管文化應仍有些名氣，而我最熟悉的國樂、絲竹樂，單以各校學生樂團在全國音樂比賽的表現來看，一直是數一數二的；同時，宜蘭的國樂文化也孕育出「同根生」這樣能登上金曲、國際舞臺、與現代音樂結合的樂團。然而，如此亮眼的成果似乎一直只局限於圈內人的狂歡。

單以我所見事實為例，學校音樂課多著重於西洋音樂相關的介紹，鮮少著墨於國樂的推廣，身邊同儕認識所有西洋管弦樂器，叫得出名字的傳統樂器卻屈指可數。而更令人唏噓的是，傳統南北管、國樂確實常用於婚喪喜慶等紅白事、以及宮廟大小慶典，而如今人們卻只刻板地將國樂和喪葬音樂畫上等號，可其實現代國樂曲目所含意義和古典詩詞相似，有些追憶歷史上的英雄與戰爭、有些描繪淒美的愛情、有些敘寫四季流轉，實有極其豐富的內涵。因此，我認為政府亦可將更多經費用於國樂的普及與推廣，如同其他縣市，多有公營職業、青少年國樂團，將國樂推展至大眾的生活中。

綜上所述，我認為宜蘭應有更多的金額投注到「文化生活圈建設計畫」中，將許多如此珍貴而難得的傳統文化，融入、推廣到大眾的生活中，甚至能邀請人們將其繼續延續到下一代、未來。

賞析

文章開頭便能從「前瞻建設計畫」諸多補助項目中，選擇「文化生活圈建設計畫」的補助金額提出建議。作者特別聚焦於宜蘭地區的傳統文化——歌仔戲和國樂，強調這些文化形式現今面臨挑戰，此兩項文化不僅具有鮮明的地域特色，還能代表臺灣豐富的文化遺產，展現出文化保存與推廣的重要性。

內容以個人的成長經歷和親身體會為依據，由小時候觀看歌仔戲和學習國樂的經歷，闡述這些文化目前隨著現代化和科技的發展，逐漸淡出人們的視野。利用對比手法凸顯文化傳承的困難，也點出保護和推廣傳統文化的迫切性。

結尾強調政府應該加大對文化建設的支持，展望未來，希望傳統文化能夠融入現代生活，並被下一代繼續傳承。通篇層次清晰，從議題引入、問題分析到提出建議，敘述具有說服力，且能從字裡行間中感受到作者對傳統文化的豐沛情感。

宜蘭區

國中九年級組初賽第一名

我的英雄之旅

頭城國中／謝雨霏

題說：美國著名神話學家約瑟夫．坎伯曾用「英雄之旅」來說明故事的敘述結構，他認為所有精彩故事都依循著一個共通的結構，也就是「英雄之旅」的模式：英雄進入冒險世界，踏上試煉之路，在過程中得到強大的啟發，取得勝利，最終帶著嶄新的能力或戰利品回到原來的世界。

其實，英雄的旅程就是一個發掘、開啟自我的歷程，我們每個人的故事也像英雄之旅一樣，有轉折，有驚喜，更有收穫。請以「我的英雄之旅」為題，套用「英雄之旅」模式的三大層次，敘寫你生命中發生過最具影響力的一個事件。「英雄之旅」模式的三層次如下：

啟程	一個事件的背景動機、問題與目標。
啟蒙	過程的經歷、挫折、轉機與心路歷程。
回歸	收穫、轉變與體悟。

文章內容必須包含這三個層次，按順序書寫且務必分段，但不需要列點或是分小題。

＊

煙霏雲斂，晨曦摩挲著樹梢；氤氳繚繞，曙光劃破天際；浩淼蒼穹，雄鷹逡巡著領域。我願是一隻自適自在的白鴿，分享幸福的悸動，散播希望的種子；溫馨的愛，如慈母的雙手般和煦；窗櫺外，望見雨後自信的彩虹。

夏日午後，微雨。窗外無雷響，但我耳中卻聽見那一聲霹靂：「語文競賽，學校就派你去比作文吧！」老師輕描淡寫，卻使我那懵懂的童年，扛下了一個不小的擔子。或許對於其他人來說，提筆揮灑，是如同吃喝玩樂一般容易的事情，但於我而言，卻是不得不的接受，那陌生又疏離的文字，我該如何予他一個合適的歸屬？

在老師的鼓勵和比賽的壓力下，我開始去追尋，反覆的打磨，迫使自己更接近完美的輪廓，一篇又一篇，我開著夜車，就著燈，拿著修正帶和原子筆的不斷膠著，筋疲力竭，而看著那一格一格的血淚，我竟不可自已的覺得，我與文字，那份相見恨晚的執著，正在慢慢、慢慢的發酵，如同唐諾在《推理小說選讀》所寫：「我們對於美的認知，源於有意識的思考和無意識的發酵。」或許，是時候該讓我們共舞。「我願為你付出這許多，而你，總回以我，滿溢的感動。親愛的文字，你準備好了嗎？」

數日後，比賽叩響我和他的貴賓間，亦師亦友的我們，彼此扶持，走上臺，沒有掌聲，但我們會心一笑，明白長久的淬鍊，深自緘默後，終將聲震人間……。

一筆一畫，完美的你落下；一開頭一收尾，他，亮麗登場；掌聲響起，為了我們喝采；熱淚滴落，我們都明白，此生，再也不分開……。

賞析

其實，在最初，我對於文字，總是在閱讀當中發現，並深陷那樣的排列組合，更甚於幻想成為一名筆者，但真要提筆，又望而怯步。所幸，我們終究沒有錯過彼此，而相得益彰的，是你成就了我，而我這名眾人眼中的英雄，仍然願意為了你，默默。

太史公在〈報任少卿書〉寫到：「人固有一死，或重如泰山，或輕如鴻毛，用之所趨異也。」也許，在與文字的相識相知中，我能明白，錯過就不再，而嘗試也並不損失，那為何不去勇敢拚搏，讓生命有價值呢？

在汪洋裡，找尋生命的長篙，雲嵐飄渺，選擇盤踞的谿壑，而我的夢想就在前方等候。

「文學本是寂寞之路，但有了那麼多提燈的人，便總是亮光不息。」——泰戈爾。

文章回憶起某個夏日午後，當老師指派自身代表學校參加語文競賽時，當下產生如何與文字建立聯繫的困惑，但也由此作為自身寫作之旅的啟程。

在老師的鼓勵和比賽壓力的雙重推動下，展開一段追尋和打磨文字的旅程，同時也是開啟自我寫作能力的歷程。儘管過程充滿挫折與疲憊，每篇文章的修改和重寫，都像是在血淚中成長。然而，在這不斷的磨練中，作者和文字之間的關係逐漸發酵，從起初的陌生逐漸轉變為深厚的執著。

競賽後雖未能獲得獎項的肯定，但作者明白這長久的淬鍊終將聲震人間，將會深鏤在他的成長歷程。

最終，作者與文字之間建立深厚的情感聯繫，這段旅程使他從一個懵懂的孩子成長為一個擁有堅定信念的筆者，讓他從一位平凡無奇的學生轉變為成就自我寫作夢想的英雄，體現勇敢追夢和堅持不懈的價值。

永續校園由我做起

復興國中／游迦茜

題說：二〇二三年宜蘭綠色博覽會續辦「宜蘭縣永續發展特展」，推廣宜蘭在永續發展上的具體作為，包括地熱、太陽能與微水力發電、海洋永續發展等，努力將宜蘭打造成「心宜之地」。為了讓永續落實到生活當中，身為學生的我們，其實也可以在校園中實踐永續發展，例如：參與校園資源管理計畫，提供節能建議，力行水電節約、垃圾分類、資源回收等。請以「永續校園由我做起」為題，具體提出能在校園中實踐永續發展的作法，並且說明永續發展對校園、對地球的重要性。

＊

「你們真的很離譜，全班二十八個人放學從教室離開都沒有任何一個人發現教室的電燈和電扇沒關？不要把方便當作隨便，給你資源和良好的學習環境請好好珍惜，不要濫用！請記住，不要再有下一次了。」這是班導在早自習時的訓話，全班沒有一個人敢抬起頭看她一眼——因為已經不是第一次了。即使我身為班級的一分子，也曾嘗試提醒和告誡周遭同學，也只是於事無補，就算再如何地苦口婆心相勸，在他們眼中我就是個「重度強迫症患者」，意思就是說太「雞婆」了。

有科學家曾提出：「地球不是永遠的，它遲早會因資源的耗盡或太陽的膨脹而被吞噬。」都是早晚將發生的事情，只是時間的問題，所以我們——應該要好好享受身邊的福利與資源！如果認為將環保與永續發展的意識及計畫推卸給下一代的話，那麼你終將鑄成大錯，這不是拖延症的問題，更不是鬧著玩的兒戲。為什麼那麼多提倡環保的人士與遊行紛紛倡議？因為沒有人願意去拯救這些被濫墾的土地、瀕危絕種的動物、消耗怠盡的天然資源還有極端氣候——班上更沒有任何一個人去注意到教室的電器沒有關。其實並不是沒有發現，只是都選擇視而不見，多一事不如少一事，大概就是惰性成習吧！但是如果就這麼放任資源被消耗，而我們人類也終將遭遇波及、無一倖免。

前幾年一直在討論的「核四」議題，透過公投來票選是否啟用，身為國民的我雖然還不是公民，但是我認為這是件全國人民都值得深思的問題。火力發電是臺灣主要供電來源，雖然成本低廉但是其汙染極高；而風力發電受地區影響，造價成本也不便宜，而核能發電是個很好的方法，但是人民擔心廢核料輻射外漏，導致波及居民人身安全。其實核廢料只要妥善保存，並不會有以上問題，一公斤的核能能抵三百萬噸的火力發電煤炭，它比火力發電更來得環保。近期政府積極推動的太陽能發電也頗有成效，我們學校的屋頂都有增設太陽能板，不僅能供校園內部冷氣的發電，更能進一步促進環保，這是個一舉數得的好辦法。

地球只有一個，它美麗又富有內涵，而人民共同享用它的資源，如果愛它，請好好珍惜，別一直把它當作永遠不會消耗怠盡的資源，請守護它。身為學生我們也能從平常的隨手關燈做起，哪怕影響力渺小，但你仍然堅持了自己的信仰與法，你做出了供獻，那是值得驕傲的事。最後我想感謝那些一直默默為了環境而付出的人。謝謝你們的付出！

賞析

文章藉由班級內能源浪費的事件為契機，對地球資源的有限性和能源供應方式進行討論，興起永續發展的念頭並思考如何落實在校園。文中引述科學家的觀點，指出地球資源有限將會引發問題，帶出環保意識的重要性。而校園中常見教室電器未能確實關閉，便是人人忽視的能源浪費，同時，作者透過描述班級同學的無動於衷和漠不關心，進一步凸顯人們對於環保問題的忽視，加深認知能源永續的必要性。

隨後提出自身對於不同發電方式的優缺點之見解，正向肯定太陽能發電的效益，所就讀的學校也是太陽能發電的受益對象，再次將主題回扣在校園之中。

文末的感謝表達對環境付出的人的尊重與感激之情，替文章增添一絲溫情和感人之處。也表明學生在校園能夠為能源永續做出貢獻，並且呼籲更多民眾關注和參與環境保護。

國中七年級組初賽第一名

當我和別人意見不同的時候

復興國中／方心柔

題說：每個人可能都有過與別人意見不同的時候，面對不同的聲音，我們或許會將他人的意見拒之門外，全盤否定異己的想法；也或許是感到茫然無措，而被牽著鼻子走、隨波逐流；又或許是三心二意，陷入立場兩難的矛盾之中。

和別人意見不同的時候，我們應該嘗試著讓雙方的溝通更友善且更有效率，為此，我們在心態與行為上應該如何調整呢？請以「當我和別人意見不同的時候」為題，分享你的經驗、做法以及心情體悟。

*

每個人對不同事情，都有不同的意見，小至班級事務，大至總統選舉，對於不同的意見，有人希望把不同意見一起採用，有人只想用自己的，有人不願理會他人的意見，有人不想管。

以前創作班服時，班上幾乎每個人都交了初稿，但老師把每個人絞盡腦汁想出來的創意班服貼到黑板上時，有的人卻因覺得別人的比較精彩而把票投給別人。經過幾次票選原本的二十幾件只有三件還掛在黑板上。

剩下來的三件都各有千秋，每一位同學的看法都不同，有人想在三件中選一件；有人想直接叫創作的人以剪刀石頭布的方法決定採用哪個版本；有人毫無意見，只想跟朋友投同一個版本；我覺得三件都很漂亮、很有創意，想把每個人的創意融合。

隔天，老師拿出融合版的叫我們擇一使用，每位同學都投了票，我們以「少數服從多數」為原則，選了較多人喜歡的第二版。成品出來時，雖然有少數人不喜歡、不願意穿，但他們也只好慢慢的接受現實。

公民課時，老師曾說：「每一位國民都是國家的一分子，意見都應該被接受。目前是以少數服從多數為原則，但公民素養裡有一個重點：『理性批判及包容』，多數人的選擇不一定是對的，而少數人的想法也不一定是正確的，所以我們要包容大家各式各樣的想法。」

我覺得老師說得很好，因為不同族群的人，會對同一件事擁有不同的想法，但我們卻常常忽視那些少數人的意見，如果我們仔細調查他們的身分，或許就會發現他們有共通點，正因為這些共通點，他們才會有這些和多數人不同的想法。

我覺得大家有不同的意見時，我們要經由自己的判斷做出選擇，但我們也要聆聽別人的意見，並運用同理心包容不同想法的人。世界像一幅五顏六色的畫，人們就像不同色彩的顏料，我們要採用不同人的意見，才能使世界更美好、受更多人喜愛。

賞析

文章以一次班級設計班服的經歷，探討集體決策過程中如何處理不同意見的問題，選材十分貼近學生的日常生活。此經歷是每個班級都會遇到的事情，班級內不同成員之間的意見分歧是極為普遍的現象，能夠適切展現題旨。同時通過描述這一場景，能夠有效地引起讀者的共鳴。

內容從班級設計班服的經歷引出不同意見的處理方式，再結合公民課上老師的教導，深化對理性批判及包容精神的理解。其中利用對比體現同學們在處理意見分歧時的不同方式，帶出面臨紛爭時該如何抉擇的思考。作者通過具體的事件展開敘述，使文章內容豐富且生動。特別是在描述投票過程和最終選擇時，細節描寫到位，能夠感受到當時的緊張和期待。

文章最後通過引用老師的話語，進一步強調包容和理性批判的重要性，使文章主題更加突出。

國小高年級組初賽第一名

天空傳達的訊息

壯圍國小／謝雲品

題說：古人觀察天空中的星斗，編織出許多美麗的神話；旅人看著天空中的日月方位，判別出東西南北；農夫望向遠處天邊的烏雲，預估何時該收拾農具、躲避風雨；詩人欣賞天空中的彩蝶翩翩、候鳥南飛，揮灑出無數動人的詩篇；孩童們追著天空中的風箏或飛機嬉鬧，希望有天自己也能展翅高飛。

廣大無邊的天空，有日月星辰、雲霧虹霞、蜂蝶飛鳥……，人們從中獲得了許多訊息與想法。小朋友，你在什麼時候會抬頭看看天空呢？你看到了什麼？你覺得天空傳達給你什麼訊息呢？請以「天空傳達的訊息」為題，寫出你的經驗、感受或想法。

＊

天地遼敻間，雄鷹展翅高飛遨遊蒼穹，成為雄峙天際的王者；高嶺極峰上，旅人懷揣堅毅攀越登頂，成為飽嚐孤寂的冒險王；宮商角徵羽，琴音躍然在五線譜上，化身為情感豐沛的吟遊詩人。我的學習過程並非一帆風順，天空向我傳達的訊息，唯有以勇氣做泥土，用堅持澆灌，以樂音滋養，讓「心願」的種籽萌芽，開出夢想的花朵。

尋回初心，加入口琴隊之初。偶然一次觀摩口琴隊的練習，沉浸在優美而和諧的音樂中，思緒猶如流淌在小溪潺湲，了解天空傳達給我的訊息，隨著清波蕩漾。

迎風展翅，我成了口琴隊最忠實的一員。一開始，我最大的困境是要突破，努力尋覓每一個音的位置，才能完美呈現每一個音質。從喉間吹出的音色也不協調，頓時，有種想哭，想放棄的感覺，有時，學習路途裡，我們所遭逢的一切，無論是順遂或是不幸都有其意涵，感受到天空傳達的訊息，給了我們許多學習的機會，彌足珍貴。回家的車上、書桌上、飯後的時光，口琴了我的良匠益友，漸漸掌握吹奏的訣竅，每一次的合奏，都是一場場心靈交流的聽覺饗宴。

翩然彩蝶，總是以口琴隊為榮。輕靈的音符不斷湧入我的心房；猶記得練習〈大黃蜂的飛行〉的日子，此首歌是以聲音大小聲、吹奏速度來呈現整首歌的靈魂，而我正面臨的困難是無法吹得快、音量大且精準，老師說：「多練習，就能克服了。」天空傳達的訊息，時光漫漫，終究要回到原點突破自我，心底那個膽怯的自己，唯有提起勇氣，擊敗那個看不見的敵人——自己。

當觀眾對口琴隊精湛的演出，此起彼落的讚嘆聲在我耳畔響起，我的心是平靜的，感受到遺落已久的愉快心情，是無法言語的。思緒猶如河面上的水波一陣陣向我簇擁，曾經受傷的心，隱隱作痛著，天空傳達的訊息，讓我明瞭，這一切已是過去了，過去的失敗正造就著未來的成功，我無法決定觀眾是如何看待我的，但我能穩住自己的步伐，勇於走向未來。

夕陽餘暉，灑了一地的金黃，煦黃的陽光斜照在路途上，我了解到自己的獨特，我願意努力付出一己之力，將琴音之美、音樂的悠揚，以另一種美的樣貌展現給眾人。抬頭仰望蒼穹，靜下心來思考，靜下心來閱讀，靜下心來繪畫，體會天空傳達的訊息，為自己的夢想畫下美麗的句點。

賞析

文章開頭運用排比句式以雄鷹翱翔蒼穹與旅人登頂遠眺的意象，訴諸兩者與天空的聯繫，緊接著聚焦在個人身上，破題敘述自身從天空中接收到的訊息為用勇氣和堅持，在音樂的路上追求夢想。

接著，描繪自身參加口琴隊的經歷，敘述從初次接觸口琴、面對學習的困難，到最終掌握技巧並獲得成就感的過程。體現學習過程中的心境變化，強調堅持與勇氣的重要性，展現個人對音樂的熱愛與追求，也讓讀者感受到作者的情感起伏和自我超越。尤其在描繪練習〈大黃蜂的飛行〉的過程中，面臨的挑戰和最終的成功，令人印象深刻。

末段開頭描繪夕陽場景頗具畫面感，不僅呈現餘暉景致，還傳達出肯定自我價值勇於追夢正面意涵，並且再次將視線挪移到天空，形成彷佛與天空達成了然於心的默契。

宜蘭區

國小中年級組初賽第一名

雨天最棒的享受

題說：潮溼的氣味和霧茫茫的景色，萬物彷彿隨著雨滴的聲音而靜止。這時，你可能喜歡撐著一把傘，在小路上哼著歌曲優游漫步，享受那舒暢的個人時光；又或者獨自在房間戴上耳機，點播最愛的樂曲，同時任意徜徉在書海的樂趣中，享受藝文世界的千變萬化；甚至也可能藉由這段時間嘗試其他不同的生活體驗。在下雨的日子，你會選擇如何度過這一天呢？你覺得雨天最棒的享受是什麼？請以「雨天最棒的享受」為題，寫下你的經驗，並抒發感受和想法。

光復國小／**蕭子芯**

*

下雨了，大街上的人們撐起了大大小小的雨傘，雨水就像珍珠般的美麗，從高處往下看，人們的傘就像一朵朵五彩繽紛的花朵，我坐在窗前，盡情的享受雨天帶給我的快樂。

下毛毛雨的時候，我撐著我最喜歡的傘，在路上走著，看雨滴從樹葉下滴落，就好像彈珠在地上滾著，有時下起了大雨，路上變得一片安靜，就只剩下白雲妹妹大聲哭泣的聲音，每次下雨的時候，我都會想，雷公公又把白雲妹妹打得一臉黑，白雲妹妹才會痛得哇哇大哭。

我非常喜歡下雨天，每當雨停下來時，太陽公公就會來安慰哭個不停的白雲妹妹，太陽公公照著大地，讓被淋成落湯雞的人感到溫暖，讓孩子們又可以在公園繼續玩耍，讓大街上又再次熱鬧了起來。我又來到大街上，看著被洗乾淨的小草，空氣好像變得更清新，難不成是白雲妹妹施了魔法，讓全世界都變得煥然一新？

「滴滴答答」的雨聲，就好像音樂家在演奏歌曲，太陽公公帶來的溫暖，就好像媽媽在擁抱我，雨可以為人們帶來快樂也可以帶來災害，每次下雨時，我都可以感受到，白雲妹妹在我耳裡滴滴答答的說著悄悄話，每次下完雨時，我都覺得世界充滿了新希望！

賞析

文中可見作者以細膩的觀察和豐富的聯想，將平凡的雨天轉變為一個富寓詩意並且帶有童趣的畫面。從撐起雨傘的大街，到細雨滴落在樹葉上，再到雨後的陽光，描繪雨天不同時刻的美麗景象，展現對雨天的情感。同時運用譬喻和大量的擬人手法，營造出童話般的筆觸來描繪雨天的美麗與變化，使得文章充滿生動的畫面感和情感色彩。在篇章安排上也頗具巧思，從雨天的開始、到小雨、轉而大雨，最後到雨後的晴天，以層次推移帶領讀者經歷一場雨中盛宴，從而同理作者在雨中獲得的愉悅心情。

此外，運用對應雨天的擬聲詞，使得文章在原先視覺畫面的基礎上，增添聽覺上的享受，再次切合題旨核心，讓享受的層次更上一階，於是才能將日常生活中的雨天景象寫得生動且富有情感。

人工智慧之我見——以ChatGPT為例

金門高中／吳威葳

題說：人工智慧（AI）的進步，已深刻的改變了我們的生活方式。二〇二二至二〇二三年使用人數攀升最快速的AI軟體「ChatGPT」，它可以透過自然、口語的方式來進行對話，還能生成有系統、有條理、有見解的文章，此外，它還能幫你翻譯、修改文法錯誤、整理重點、算數學，甚至是寫程式，因此吸引全世界高度的關注與使用。

請你以「人工智慧之我見——以ChatGPT為例」作文一篇，說明自己的觀點與想法，內容可以包含以下面向：

一、ChatGPT對人們的影響：請想像ChatGPT可能的運用範圍，如醫療、教育、商業和娛樂等，並探討它對教育學習、就業市場或生活方面的影響，以及社會是否應該採取措施應對這些變化。

二、ChatGPT的優缺點與使用：請分析ChatGPT的優勢，如：虛擬助手、教育輔助、自動化客服等，以及其缺點，如：可能的偏見與錯誤訊息，或引發「抄襲」、「類作弊」等疑慮。

三、思考身為學生，應如何適當的使用ChatGPT。

*

去年，ChatGPT 3.0上市，轟動了全球，它成為全球最快達到一千萬下載量的軟體。有別於其他人工智慧聊天機器人，它有了更廣大的系統模型，有效的幫助我們統整內容、查找訊息、翻譯和修辭文法……，更有趣的是，不像以前人工智慧是靠模板，沒辦法進行一長串的問答和討論；ChatGPT在對話中，除非你要求重新開始，它會記住我們的每一段話，並給予回應，不再出現上下文不呼應的情況。

目前為止，已有許多人或企業向微軟購買使用ChatGPT，原因不外乎其智識廣度，遠超一般學者，並可以分析句構，告訴我們一段文字中，作者想表達的含義，不論是用於教育或是醫療都有相當大的幫助。前幾日，我參加了有關微軟公司的講談，其中正有提到在心理諮詢和法律諮詢方面，ChatGPT不僅不用花諮詢費，也能提供到類似成效。

可隨之而來，ChatGPT也有幾項問題值得思考：一，是回答的準確和真實性。二，是引來的教育「抄襲」問題。三，是怕外資洩露的安全性。四，是資料中的種族、性別等刻板印象。因為ChatGPT是一種可以透過學習訓練的人工智慧，因此想使用此軟體的公司會害怕，如此一來，公司文件若使用ChatGPT進行諮詢和修改時會不會被其他查找資料人看見，為此，微軟公司強調每個被公司買來使用並訓練的ChatGPT是彼此不共享的，但一項問題解決了，其餘三項：「抄襲」、「正確性」和「偏見」卻較難處理，因為使用這軟體來寫個論文，做個報告會輕鬆很多，這只能憑藉人自己的道德。正確、準確的問題和偏見問題其實有異曲同工之妙，因ChatGPT是由前幾年所有網路資料訓練的，它也會有不熟悉方面，並加入許多網路上帶有歧視的觀點，這些則需微軟公司日後訓練處理了。

ChatGPT引起的抄襲和類作弊將來在科技不斷進步的全球中，一定是不可避免的，除了政府需要政策跟上科技外，還需人民的自覺，什麼樣才是你真正理解的知識，不是靠一篇論文、一篇報告就能掩飾的，這也是我不使用其做報告的原因，哪怕別人十秒就生成出來，我也願意用幾小時來完成，這樣，我才有安心感。

幾月後，微軟要推出ChatGPT 4.0了，它將更人性化，學得更多更專業，或許，我們真該趕上科技的進步，但也不能因為它的便利而丟棄人類最美的禮物——智慧與思考。

賞析

作文是以寫作者之眼，觀察社會百態，照見這個時代的精神意義。疫情三年彷彿上帝按下了時間暫停鍵，眾人的生活停擺；卻也促成線上交流的可行性，突破國界疆域，天涯若比鄰，AI人工智慧更是風起雲湧，ChatGPT橫空出世，成為網路時代的「怪物新人」。身處臺灣的高中生，即便還沒有深受ChatGPT的影響，卻也可能接觸過、體會過、試驗過，預知AI時代的來臨已是必然。於是，這個命題存在有趣的反差：既要能迎接AI時代，又必須反思科技的一體兩面。第一名作品就是在這樣的價值判斷中誕生，通篇層次井然，結構有序，一路讀來能夠綜觀、微觀、聚焦再到寫作者冷靜的反思，並緊扣ChatGPT可能造成的抄襲、拼湊等問題，集中討論、擬定對策；更可貴之處在於作者經過全面觀察、分析利弊之後，勇敢表示自己不願意用ChatGPT做報告的決心，有其思考、客觀與獨特觀照。通篇文筆順暢，兼具知性與內省，一氣呵成，實為佳作。

國中九年級組初賽第一名

金城國中／李庭穎

題說：請先閱讀以下資訊，並按題意要求完成一篇文章。

下列是臺灣推動限塑政策的時間表：

一、對於下列時間表顯示的內容，簡要說明你的理解是什麼？

二、請將這樣的理解結合經驗或見聞，寫下你的感受或想法。

◎你對下列時間表的理解，可以是針對某一限塑方式的解讀，例如：禁止含塑膠微粒產品，是因為塑膠微粒徑過小，汙水處理難以有效收集去除，會進入生態鏈與食物鏈，不僅破壞生態也危害人體健康；也可以是整體限塑政策的探討，例如：多種限塑方式推行之後的成效與影響；或者是其他的想法。

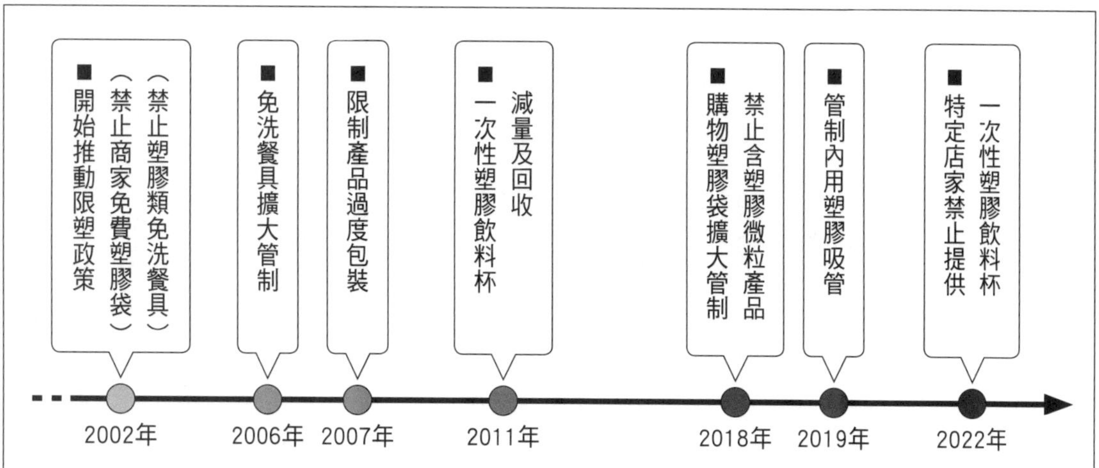

資料參考：環境部環境管理署

＊

地球，在人為與塑膠的破壞下，天空失去了湛藍色彩；海洋失去了乾淨美麗；動物失去了健康身體，一切的優美景色，一切的自然生態，都因為塑膠產品的危害，失去了曾經的光彩，臺灣從二〇〇二年開始推動減塑政策，準備還給大地與生物過往的風光。

自二〇〇二年開始限塑政策席捲了我們的生活，因為新聞與商家的推動，人們才後知後覺的發現，「塑膠」是個百年垃圾，也才恍然大悟、如夢初醒，減塑運動喚起了人們的環保意識，同時，也造成了一些懶散或疏失的居民忘記自備環保袋以及環保餐具，因此，店家依舊有提供此項服務，在二〇〇六年時，政府驚覺人民雖說意識到問題存在，但無法實行，只有少數人默默支持這項運動，因此政府積極的擴大管制，但在短短的時間內，怎麼可能做全民改變呢？因此在二〇〇七年至二〇一八年時，也只是限制了過度包裝，及減量回收，我認為在此時，政策的推動已逐步提升，畢竟循序漸進的方式，比一開始的強行推動更佳，因為新聞媒體，不斷灌入思想，讓人民知道塑膠是破壞地球的殺手，無形中讓空氣不再清新，海岸不再宜人，經過多年的報導結合時事，使人民環保意識逐步增進，同時，推動也需要如同爬山，一步一腳印，突然的改革不可能一步登天，完成目標，因此，我認為政府放慢步調，緩慢的在民間推行，透過無形的方式，使人民悄悄改變，效益相比前十年更佳，並且是翻倍價值，而二〇一九至現在，改革步調、減塑運動，成效可說是日增漸長，因此，政策的推動需要緩慢進行，不可心急。

物換星移，時至今日，我們行走大街小巷，也時常能看到一些減塑標語，進入店家，購買塑膠袋需多付一元，自備環保杯，甚至可以減五元，雖然皆是小錢，但因為此行動可減少多餘支出，因此，人民多多參與，使政策的效益又跨進了一大步，我認為成效相較先前真的是進步神速，這樣子的政策，可使人節省支出，政府達到目的，可說是魚與熊掌兼得，一舉兩得，自然是喜笑顏開，效益增長的，加上近幾年文創商店，也開始提供手繪環保袋，以及製作精美的手提袋，帶出去可愛方便，既可以減塑，也可以美觀，比塑膠袋好多了，因此，男女老少的參與，帶動了環保的循環。

現階段也有改變的空間，西方國家也不斷思考，如何讓塑膠袋融解，又不影響環境，加上塑膠微粒的粒徑過小，難以有效去除，進入了生物鏈，生物受到汙染、誤食，也進一步影響人類身體，因此，此項運動不僅是居民配合，也需政府推行，重點機構尋找立案，雖然目前無更多方法，但這場減塑運動，就如同接力賽，每個人都不可或缺，每個都積極參與，才能讓目標實現，共創美好家園。

減塑運動是一場比賽，需要大家的參與及努力，才可實現，只要人民政府共同加油，有朝一日，天空不再灰濛；河川不再髒亂；生物不再生病，在食物鏈及生態的影響下，這項運動一定可以使我們造就美好家園，共創生態平衡，讓灰暗的色彩變成曾經的美麗顏色，讓我們一起實行減塑運動，齊心協力愛地球，共創美好生態。

賞析

本文能精確解讀環境部環境管理署的限塑政策時間表，寫出不同年分臺灣對限塑政策的努力與實際成果。立意取材方面，能完成題目的寫作任務要求，適切地統整、運用材料，以實際日常生活中經驗，寫出限塑政策的成效與可以精進之處。作品除敘述所見所聞外，更能進一步闡述說明以凸顯主旨，敘述能力頗佳，論點明晰且井井有條，言之成理，總結後還能提出限塑政策的局限性與未來可能性。文末，作者以這場如同接力賽的減塑運動，需要每個人齊心協力愛地球、積極參與，才能讓目標實現，共創美好生機，正向作結。

全篇文章結構完整、脈絡分明、文句流暢且言之有物，實為難得之佳作。

金城國中／黃思穎

題說：請先閱讀以下資訊，並按題意要求完成一篇文章。

下表是實體書與電子書的比較：

評比項目	實體書	電子書
輕盈、方便攜帶		☺
容易保存、不占空間		☺
因觸摸能產生較強的閱讀體驗	☺	
可快速翻閱、重點速讀	☺	
對眼睛的負擔小	☺	
購買快速方便		☺
較少廣告干擾	☺	
價格便宜		☺

從前，人們將文字刻寫在石頭、龜甲、莎草、羊皮、布帛、竹簡上，用以傳遞資訊，傳承知識，直到有了造紙的方法後，紙質書籍的型態逐漸成為記載的主流。隨著科技日新月異，手機、電腦等電子產品的進步，電子書也應運而生，甚至逐漸動搖實體書的主流地位。請依據你對於上表（實體書與電子書的比較）的理解，結合你日常使用的經驗或見聞，分享你的感受或想法。

＊

朦朧月光如輕紗灑入書房，打翻的墨水瓶是文字的婆娑，謎雲飄，扉頁輕捲，徜徉於文字世界……。從〈漁歌子〉中悟出奇山異水，〈與宋元思書〉中體會悠然自得。人生不可無書，正如雨果所說：「閱讀是人生最甘甜的蜜糖。」歷史長河中，文化博大精深，一筆一畫鑄刻的古文字，到亙古不朽的銘文，至蘊含文化根源的竹簡，而後蔡倫造紙，一頁頁泛黃的粗糙書籍便隨時代更迭，踏出時光洪流，於生活中傳遞價值觀，激起漣漪。

馬克：「人生的目的地便是抵達知識的彼岸。」縱使課業繁忙，我仍為自己預留每晚的「重頭戲」——閱讀。在書海中，青山嫵媚，月下高歌，微落的桌燈閃著光芒，如此微不足道，卻又蘊藏力量。雙眸從容滑過那密密麻麻的文字，頃刻，我與莊周共化蝴蝶，一窺大千世界；我與琦君沐浴在桂花雨下，細品人間至美；我與桑柏格共同面對氣候變遷，為世界改變舉起雙手。我享受的是，指尖輕拂書頁的快感，聞那經歷歲月蹂躪的書香，還有那心靈的富足。闐黑寂寞的黑夜重燃起希望，觸摸被墨水渲染的皮紙，瞬間空氣凝結，神經傳送受器，一場場「實體」心靈享宴，於心富足不負時光。

曾經，我迷戀濃郁的書香，眷戀那安和的時光。但卻在科技的發展下，如破繭重生！

近年來，資訊業發達，科技產品如隨身「飾品」般，時光沖刷童年的回憶，取而代之的是一臺冰冷的智慧產物。偶然之間，我嘗試使用了電子書，原以為機器終是由金屬組成的成品，一與〇的排列組合抹殺了紙質書的那份真實。而隨著時代日新月異，各種電子書城上架，轉變了我對這冰冷機器的刻板印象。

雖然，我仍懷念實體書的厚重，但卻嚮往電子書的輕盈、方便，我回憶曾經擺滿書籍的木架，但卻喜愛電子書的多功能、易存檔，我難以忘懷實體書的「低成本」充實自己，卻經常運用電子書標示重點、查詢資料的快速。在一次次的呼吸間，深刻又有令人忽略，電子書逐漸動搖了我閱讀實體書的習慣。

科技隨生活成長，如一顆正發芽的種子，茁壯為參天大樹。我不再投身於圖書館，費盡九牛二虎之力找尋書籍，而是上網查閱電子書城，瀏覽電子書。當指尖觸摸到光滑的螢幕，思緒卻似浪潮般沖進頭腦記憶深處。是啊！我仍想念的紙質書的質感，而如何在生活中取得平衡？

閱讀使秋葉的脈絡美得鉅細靡遺，運用實體書賦予了我，那份豐富、充滿文學氣息的時光，而電子書卻增進了學習效率，豈不是一舉兩得？在大風大浪中，我仍與閱讀的習慣屹立不搖。

穿梭人頭鑽動的水泥都市中，總是翻越人生，何曾回首，自己錯過多少細節。在實體書轉變至電子書的時代，仍踏上那文字的紙飛機，不論科技與生活的發展如此走火入魔，我依然矗於初始之地，踏入紅塵，隨著閱讀的快樂，與書籍一同蛻變！

謎雲依舊飄，我已跟著閱讀的步伐，抵達蔚藍的蒼穹！

賞析

本文能精確解讀圖表，分析出實體書與電子書之間的評比優缺點。立意取材方面，能完成題目的寫作任務要求，適切地統整、運用材料，以實際日常生活中的閱讀體驗，精準寫出二者的不同。作品除敘述閱讀材料發展史外，更能進一步闡述說明以凸顯主旨。敘述能力頗佳，論點明晰且井井有條，言之成理，總結後還能提出實體書未來可能發展機會，與電子書如何更加優化閱讀體驗的可能性，言之有物，實為難得之作。

細觀結構組織方面，文章結構完整，脈絡分明，內容前後連貫，內文能精確使用語詞，並有效運用各種句型使文句流暢。全文幾乎沒有錯別字，格式、標點符號運用上非常精準，是篇立意取材、段落結構、文字運用，皆屬上乘的優異作品。

國中七年級組初賽第一名

我想見到這位名人

金寧中小學國中部／**莊語軒**

題說：《史記》的作者司馬遷，是史學家，也是了不起的文學家，當他讀到「名人」的著作時，他想的是：我讀了孔子的書，想見他的為人；我讀管仲及晏子的文章，被他們周詳嚴謹的論述深深折服，所以想看看他們的行事作風；我讀屈原的文章，為他的不得志而悲傷，到了長沙，站在屈原投江的地方四望，我不禁垂淚，真想見見他啊！當心中對某位「名人」產生崇敬與仰慕之情時，便會萌生想要見見他的想法。在你所熟知的名人中，你最想見到的是誰？為什麼？見到他後，你們之間可能會有怎樣的互動？請以「我想見到這位名人」為題，寫出你心中的想望和作為。

*

這個人，使我的生活有了色彩，不再黯淡；這個人，使我的生活有了方向，不再迷茫；這個人，使我的生活有了熱情，不再悲傷。這個人就是在自己生活困難時，卻堅持著自己對寫書的理想，寫出了大火的《哈利波特》的J. K. 羅琳。

羅琳小時候就一直有著各種異想天開的想法，也經常將自己的想像及創作告訴家人們，但卻被一再否定，即使如此，她也沒放棄一直以來寫作的夢想，繼續創作，然而，這個世界就是如此無情，一再的打著她的臉。長大後，她的書也沒能與出版社簽約，丈夫也因此而和她分開，就在她的生活面臨低谷，即將走不出此刻的

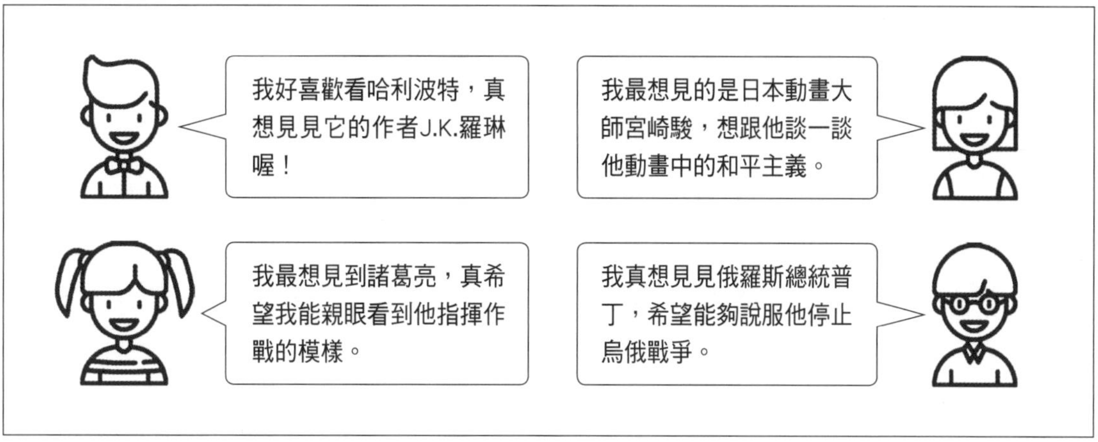
我好喜歡看哈利波特，真想見見它的作者J.K.羅琳喔！
我最想見的是日本動畫大師宮崎駿，想跟他談一談他動畫中的和平主義。
我最想見到諸葛亮，真希望我能親眼看到他指揮作戰的模樣。
我真想見見俄羅斯總統普丁，希望能夠說服他停止烏俄戰爭。

挫折時，突然，出版社願意和她合作，《哈利波特》第一集一販售，也立刻獲得廣大好評，這樣的回饋，也令她的生活走出絕望，迎來了美好未來。接下來的人生也走向巔峰，哈利與同伴們的冒險故事點燃了不少人的好奇心，每一集都一再創新的銷售紀錄，羅琳一直以來的努力及堅持終於結下了成功的果實。

記得我第一次閱讀《哈利波特》這部小說時，是在小學四年級，那時的我面臨絕望與低潮，因為騎腳踏車時不小心骨折的手，以及一旁同學們的嘲笑和酸言酸語，一次次回響在我耳畔，每一次都打擊著我的信心，刻在骨子裡的驕傲也漸漸被磨平，沒了銳角，生命對我來說似乎代表著嘲諷，告訴著我自己就只能永遠活在自卑中，走不出這個低谷。但《哈利波特》這本小說出現在我的生命中，閱讀著小說，看著主角從一開始的被嘲笑、欺負和霸凌，慢慢的靠著自己的勇氣及大家的愛，一步步的努力，成為大家眼中的救世主，他活出了生命的價值，也找到了自己的知心好友。這本書的光芒照亮了我，雪中送炭似的帶給我希望，鼓勵著我向前走，我才體會到，沒有誰的生活會一直是完美的，但我們無時無刻都要擁有面對現實的勇氣，心中有了希望就能所向無敵。

我從那時，就一直希望著能見到J. K. 羅琳，不僅僅是因為她帶給我面對世界的勇氣，也是對她一直堅持自己理想的佩服及欽羨。我想和她聊聊對於她的創作理念和如何堅定的寫著小說不放棄夢想的信心。我想：若能和她聊聊見到她，我也能更加相信自己，不再懷疑自我。

沒有礁岩，激不起美麗的浪花；沒有風浪，練不出水手的腕力。我想見到J. K. 羅琳，想和她聊聊如何堅持理念，更想感謝她令我跳脫深淵，相信自我，不再因遇到挫折而自卑，活出了生命的價值。

賞析

本文能切合題目之要求，提出想見的名人，以及其之於作者的具體意義，並想像兩人的互動，提出困惑，回到自己的生命狀態產生共感，發人深省。

J. K. 羅琳建構出天馬行空、奇思妙想的文學世界，讓初看《哈利波特》小說的作者，感到有趣新奇，彷彿打開新世界的大門，看見創造力和想像力的結晶。而隱藏在其中的關係問題、情緒教育，也使小學時正經歷類似同儕情況的作者，有種安慰與鼓勵的作用，進而產生勇氣和希望，開展出自己生命的價值，並能像書中主角一樣，找到可以互相扶持的夥伴、謹記初衷。

文末作者提到與名人的相遇，想詢問其創作的理念以及如何堅持自己的夢想，希望能帶著童年時的啟蒙之書，書裡的希望與純真，以及能夠創作出如此精彩豐富內容的名人，陪著自己走向更長更遠的未來。

金門區

國小高年級組初賽第一名

我的家是一座動物園

開瑄國小／**張芷寧**

題說：在日常生活中，我們常會將周圍的人聯想成其他動物，例如：舞臺上的表演者穿著華麗的舞衣，翩翩起舞，就像一群美麗的「花蝴蝶」；那位籃球隊長有著健壯的身材，長相粗獷、皮膚黝黑，所以隊員們戲稱他為「大猩猩」；市長每天辛勤工作，就像「蜜蜂」一樣，四處飛奔、忙個不停。如果把家庭比喻成一座動物園，家庭的成員們各自的特點，就像不同的動物有不同的面貌和本領，那麼，你會把自己和家人們分別比喻成什麼動物呢？在這樣的動物聯想下，家人們互動時有哪些趣事發生呢？請發揮你的聯想力，以「我的家是一座動物園」為題，分享你處於其間的趣事。

＊

若生命是春光燦漫的錦繡苑囿，那家人就是黑暗中的一盞明燈；若生命是一條漫長的路，那家人就是當面臨挫折時的啦啦隊，為我們打氣，我的家就像一座溫馨的動物園，每天充滿著「新鮮」事。

破曉時分，晨光灑落庭院，光與影交織後形成一片光彩，空氣中充滿新泥的芬芳，蝴蝶在庭隔中翩翩起舞，我的媽媽就像蝴蝶一樣，在我傷心難過的時候，帶給我無限的勇氣與力量，讓我重新找回信心，繼續努力，是我們家最溫柔的「花蝴蝶」。

我的爸爸有著細細長長的眼睛，高挺挺的鼻子，和一頭「爆炸頭」。爸爸很有衛生，常常每天都要拖地、掃地，最可怕的是每天都要檢查我們東西有沒有消毒，要是我們一個禮拜沒有洗車，他就會幫我們的車取笑為「百年不洗，千年不換」的車，所以我們稱他是清潔大使「大猩猩」。

我的弟弟是我們家的開心果，每天都會逗我們笑，每當我回到家時，他總是躲在門口嚇我們，因此每天我進門前都會先看一下再進去，怕被他嚇到。此外我的弟弟還是個大胃王，每天晚上都會吵著去外面買東西，普通人都有一個胃，我的弟弟彷彿有兩個胃一樣，他的胃就像一個無底洞，就像一頭貪吃的「獅子」。

而我，就像一隻兔子整天跑來跑去，彷彿有著用不完的體力，每天都充滿著活力，即使很晚睡覺，明天仍是活力滿滿，是一隻碰碰跳跳的「兔子」。

人生海海，春光漫漫，在人生的旅途中，家人就像陪著我們一同前行的帆船，而我的家就像一座動物園，正因為有了他們的陪伴，使我變得更勇敢、更堅強。

賞析

本文善用譬喻修辭，說明了家人對於作者本身的定位，有別於其他作品倉促點題的作法，讓文章起始的鋪墊更具有獨特性。將家人比擬為動物時，也能營造恰當的景象和氛圍，使人物所呈現的形象更為鮮明，為文章內容增添許多活力！

由生動的筆法和流暢的文辭，引領讀者進一步窺探家庭中的每一件「新鮮事」，不流於陳腔濫調，真實地刻畫家人之間的每一次互動，十足珍貴。總結之時，也再次賦予主題更深一層的意涵，為何我家是一座動物園？「因為有了他們的陪伴，使我變得更勇敢、更堅強。」原來每個家庭成員的不同特質，足足為「家」創造了各式各樣的回憶，並賦予情感上深刻的依戀。

全文結構完整，能掌握主題內涵，並巧用文學技巧畫龍點睛，使內容的呈現更為生動、有趣，由不同的樣貌描述家人並理解親情，便如同寶藏一般皆能長存在你我心中。

金門區

國小中年級組初賽第一名

我想要發明時光穿越機

題說：隨著時代一天天進步，人類擁有越來越便利的生活，這都要感謝從古至今無數的發明家。飛行器的發明，讓人們可以搭乘飛機到世界各地，搭乘太空梭前去探索宇宙；網際網路的發明，資訊得以大量且快速的傳遞，不僅改變了人與人溝通的方式，也使我們的學習和工作更有效率——發明，是為了讓生活變得更便利、更美好。小朋友，如果讓你發明一樣東西，你想要發明什麼呢？請以「我想要發明〇〇〇」為題，寫出你想要發明的東西和發明它的原因、目的，並介紹它的用法與功能。

金湖國小／**莊允辰**

＊

科技會隨著時代一步一步的進步，讓我們的生活可以更加便利，但發明一種東西是十分的困難，不是像一、二小時或一天的時間，是需要數十年，或者是一生都無法做出來的，所以我們要謝謝這些科學家，製作許多物品，讓我們能使用到這些實用且便利的東西。而我想要發明的就是——「時光穿越機」。

時光穿越機有著像汽車一樣的身體，像豹一樣的速度，像烏龜一樣有著堅固材質。只要你打出你想去的地方，時光穿越機就快速的將你傳送出去。怎麼樣，厲害吧！還有更厲害的呢！你只要在書上看過的人物，他們都會出現，說不定你還能和《三國志》裡的人物拍照留念呢！好了！你們心動嗎？心動不如行動，來！找到我，就能買到全世界獨一無二的時光穿越機。

我想要發明時光穿越機的原因是我想要看關羽帥氣的模樣，曹沖如何稱大象，呂布的赤兔馬，但我的主要目的是想讓失去家人、寵物的人能再次團聚，讓他們能夠忘記以前的痛苦和悲傷。

人們常說：「人死不能復生，只能等待投胎。」但我始終相信科技一定有辦法做出時光穿越機，讓那些失去家人、寵物的人能再次團聚，要是沒人做的話，那就等待我將它做出來吧！

賞析

首段先自感謝科學文明的進步開始，傳達個人希冀發明事物的來由，再流暢銜接到發明的目的，乃是為了製造對人類有幫助的實用、便利之物，進而說明想發明的時光穿越機。善用譬喻修辭，打造出讀者腦中具象的時光機器後，立即帶領讀者一同穿梭時空，隨著作者走過一個個興奮的記憶板塊，如和古人合影，參與過去只能在腦中想像的場景。在如此暢快淋漓的體驗後，文章立即轉深層次，話鋒一變，引出自己真正希望的是能滿足在時光流逝下帶來的遺憾，使那些心中懷抱傷痛的人，能和逝去的美好再次團聚，洗去內心久存的悲苦。文末更以此任自許，期望未來能成就如此想法之非凡。作者以行雲流水之文辭，傳達誠摯企盼之意，甚為動人。

【後記】

揮灑文字，勇於實踐，化焦慮為希望

聯合報教育事業部總經理

潘素滿

在這個充滿變遷和不確定性的時代，我們面臨著許多焦慮。AI的高速發展、環境永續問題、人文學科的學生減少……，種種挑戰無一不在考驗著我們的應對能力。然而，正是這些焦慮，驅使著我們尋找解決之道，推動我們從思考走向實踐。

第十七屆聯合盃作文大賽中，從初賽到決賽，可以看到題目圍繞著如何將想法轉化為具體行動這一核心。在初賽的題目中，無論是讓學生們思考如何在日常生活中實踐環保理念、參與校園管理，還是志工經驗的分享，例如協助圖書館借還書、參與淨灘行動，或照顧弱勢群體，從這些得獎作品中，我們看到了一顆顆年輕的心靈，如何在實踐過程中不斷成長，如何在行動中展現出對世界的熱愛與無私的付出。

與初賽相比，總決賽的命題更注重多角度的思考和系統性的分析，促使學生們在複雜情境中做出決策，並通過文字展示他們的觀點和解決方案。國小組通過觀察圖片中的對立與融合元素，思考如何在協作中實現互助；國中組則通過時間軸上的事件，選定角色，探討在複雜的社會情境中如何行動；高中組則從跨國的細胞治療事件中，設定自己的角色與行動，探索科技發展與倫理法規的關係。這些命題不僅考驗學生們的思辨能力，更引導他們思考如何實踐，從情境出發，尋找解決問題的辦法。決賽的得獎作品展現了實踐的多樣面貌，從校園到社區，從個人到社會，而且詮釋了協作的可能。

聯合盃的年輕學子們展現了如何在焦慮中尋找希望，如何在困難面前保持堅韌，用文字為我們帶來啟迪與感動。他們的筆觸，不僅記錄了當下的時代，也為未來留下珍貴的思考和行動的軌跡。關於實踐的書寫，無疑蘊藏著改變的力量，具有推動社會進步的動力。而當我們選擇實踐，便是在創造機會，拓展更多可能性，開啟多重的未來面貌。

聯合盃期盼，從書寫到實踐，再從實踐到書寫，希望每一位讀者都能從這些作品中汲取力量，並在自己的生活中找到實踐的方向，勇於實踐！

udn
一起稿事
不拚顏值 拚實力
你就是我的戰鬥力
一起組隊 成為創作家
udn

國家圖書館出版品預行編目(CIP)資料

寫作力實踐 探索文字新風貌：第十七屆聯合盃全國作文大賽/
第十七屆聯合盃全國作文大賽優勝同學, 廖鴻基, 鍾怡雯, 廖志峰,
黃文輝, 吳昌政, 鍾正道等老師及作家作. -- 初版. -- 新北市：
聯合報股份有限公司, 2024.09
面； 公分
ISBN 978-626-7035-34-4（平裝）

1.CST: 漢語教學 2.CST: 作文 3.CST: 中小學教育
523.313 113013287

第十七屆聯合盃全國作文大賽

寫作力實踐 探索文字新風貌

作　　者：第十七屆聯合盃全國作文大賽優勝同學
　　　　　廖鴻基、鍾怡雯、廖志峰、黃文輝、吳昌政、鍾正道等老師及作家
總 策 畫：潘素滿
主　　編：鄭曉帆
責任企畫：王蘭妮
責任編輯：呂佳燕
美術編輯：陳敏貞
封面設計：陳敏貞

董 事 長：王文杉
發 行 人：王效蘭
社　　長：游美月
出　　版：聯合報股份有限公司
編　　者：聯合報教育事業部
地　　址：新北市汐止區大同路一段369號
總經銷：聯經出版公司
讀者服務專線：0800-666-085
地　　址：新北市汐止區大同路一段369號
定　　價：400元
初版一刷：2024年9月